W0175460

Stephen Bogart
Mein Vater Humphrey Bogart

Stephen Bogart mit Gary Provost

Mein Vater Humphrey Bogart

Mit einem Vorwort von Lauren Bacall

Aus dem Amerikanischen
von Michael Althen

ECON

Titel der amerikanischen Originalausgabe: In Search of my Father
Originalverlag: Dutton, a division of Penguin Books USA Inc.
Übersetzt von: Michael Althen
Copyright © 1995 by Stephen Humphrey Bogart und Gary Provost

Bildquellennachweis, wenn nicht anderes angegeben: Motion Picture und
Television Photo Archives.

Die Deutsche Bibliothek – CIP-Einheitsaufnahme

Bogart, Stephen: Mein Vater Humphrey Bogart/Stephen Bogart mit
Gary Provost. Mit einem Vorw. von Lauren Bacall. Aus dem Amerikan.
von Michael Althen. – Düsseldorf: ECON, 1995
ISBN 3-430-11434-9
NE: Provost, Gary:

Copyright © 1995 der deutschen Ausgabe by ECON Verlag GmbH,
Düsseldorf.
Alle Rechte der Verbreitung, auch durch Film, Funk und Fernsehen,
fotomechanische Wiedergabe, Tonträger jeder Art, auszugsweisen Nachdruck
oder Einspeicherung und Rückgewinnung in Datenverarbeitungsanlagen
aller Art, sind vorbehalten.
Lektorat: Claudia Schlottmann
Gesetzt aus der Sabon, Linotype
Satz: Heinrich Fanslau GmbH, Düsseldorf
Papier: Papierfabrik Schleipen GmbH, Bad Dürkheim
Druck und Bindearbeiten: Bercker Graphischer Betrieb GmbH, Kevelaer
Printed in Germany
ISBN 3-430-11434-9

Für meinen Vater

Vorwort

Es ist ein langer Weg, den Stephen Humphrey Bogart gegangen ist, seit er am 6. Januar 1949 zur Welt kam. Da ich über jene Zeit intime Kenntnisse aus erster Hand besitze, kann ich wohl behaupten, daß seine ersten acht Jahre als Humphrey Bogarts Sohn eine glückliche Zeit gewesen sind. Doch dann erfuhr Stephen durch den Tod seines Vaters allzubald von der Endlichkeit der Dinge. Als Sohn von Humphrey Bogart aufzuwachsen – all die Neugier der anderen zu spüren und all die Sehnsucht, irgendwie zu einer eigenen Identität zu finden – war noch einmal etwas ganz anderes. Das unbeschreibliche Gefühl des Verlustes, die Verwirrung und die Wut, die damit einhergehen, das Gefühl der Isolation von seinen beiden Eltern – mit all dem fertig werden zu müssen in den Jahren, in denen man am formbarsten und am bedürftigsten ist, muß ein unbeschreibliches Hindernis und ein großes Unglück gewesen sein. Er hatte nicht das Glück, mit seinem Vater Zeit verbringen zu können, und er besitzt auch nicht diesen wertvollsten

7

aller Schätze – Erinnerungen, glückliche Erinnerungen, die ihn trösten könnten.

Hinzu kam die Wiedergeburt Humphrey Bogarts, seine Entdeckung durch jüngere Generationen, die ihn zur Ikone, zur Kultfigur erhoben haben – ein Status, den Bogie nun auf der ganzen Welt besitzt.

Aber es fing alles an, als Steve noch ein Teenager war.

So überrascht es nicht, daß er den Vorhang hinunterließ – nicht nur, um über den Verlust hinwegzukommen, sondern auch, um seinen Platz in dieser Welt zu finden.

Lange Jahre habe ich gehofft und gebetet, er möge einen Weg finden, mit seiner Rolle als Bogies Sohn zurechtzukommen, er möge seinen Vater kennenlernen und vielleicht die raren Qualitäten zu verstehen beginnen, die Bogie als Mann besaß: seine Charakterstärke und Integrität, Dinge, die man heutzutage so selten findet und die dazu führten, daß er für so viele zu einer so wichtigen Identitätsfigur geworden ist.

Es ist für Steve sicher nicht leicht gewesen, sich der Vergangenheit zu stellen, sich zum ersten Mal der Wirklichkeit seiner Verweigerung gegenüberzusehen, mit sich selbst konfrontiert zu sein, aber er hat es getan. Hier sind seine Worte, seine Gefühle, seine Entdeckungen.

Obwohl ich nicht behaupten kann, mit jeder seiner Schlußfolgerungen völlig übereinzustimmen, bin ich doch stolz und glücklich, daß er diese außergewöhnliche Anstrengung unternommen hat. Ich empfinde große Bewunderung für das, was er erreicht hat. Und was mich an diesen Seiten vielleicht am meisten befriedigt, ist die Tatsache, daß er nun – wie ich glaube – bereit ist, voller Stolz Humphrey Bogarts Sohn zu sein und all das, was er erfahren hat und was er fühlt, an seine Kinder weiterzugeben.

Ich achte ihn, ich liebe ihn und bin stolz, seine Mutter zu sein. Ich bin dankbar, daß er sein Herz und seine Seele geöffnet hat für diese schrecklich schmerzhafte, aber hoffentlich auch erhellende und lohnenswerte Zeit in seinem Leben.

Lauren Bacall

Vorwort des Autors

Als ich ein Kind war, hatte ich alles. So wie Bogie und Bacall. Die hatte ich sogar auch noch. Humphrey Bogart und Lauren Bacall. Sie sind meine Eltern.

In den frühen fünfziger Jahren lebten wir in einem wunderschönen Vierzehn-Zimmer-Haus am Mapleton Drive 232 in Holmby Hills, was ein ziemlich teures kleines Wohngebiet zwischen Bel Air und Beverly Hills ist. Es war ein großartiges Haus, zwei Stockwerke weiß getünchter Ziegel, durch Hecken und Bäume von der Straße abgeschirmt. An der Einfahrt stand eine 50 Zentimeter hohe Backsteinmauer. Daran hatte mein Vater ein Schild befestigt: VORSICHT – SPIELENDE KINDER!

Jahrelang war das Haus nur zum Teil möbliert. Besonders die Wohnzimmereinrichtung sah immer unvollständig aus, als wäre die Familie gerade erst eingezogen. Ich weiß nicht genau, warum. Ich glaube aber, es lag daran, daß meine Mutter Dad versprochen hatte, sich mit dem Einrichten Zeit zu lassen, wenn er nur das Geld für das Haus aufbrächte. Dad war nicht wirklich daran interessiert, ein großes Haus zu besitzen. Er war jemand, der mit zwei Zimmern glücklich ist, solange in einem von ihnen eine Bar steht.

Wir hatten auch einen Tennisplatz, eine Garage für vier Autos, eine Terrasse mit schmiedeeisernen Tischen und Stühlen und eine weitläufige Wiese, wo meine kleine Schwester Leslie und ich Purzelbäume schlugen oder auf dem Klettergerüst herumturnten, das uns mein Vater gekauft hatte. Nachdem wir eingezogen waren, ließ meine Mutter einen Swimmingpool bauen, an dem man noch heute die Fußabdrücke sehen kann, die Leslie und ich im Zement hinterlassen haben.

Zu den beiden Filmstars und den zwei Kindern gehörten drei Hunde: Harvey, Baby und George. In unseren Diensten standen ein Hausmädchen, ein Butler, ein Gärtner und ein Koch. Das war auch gut so. Meine Mutter war keine Köchin und mein Vater kein Heimwerker.

Ich muß geglaubt haben, alle lebten so. Sybil Christopher, die Mrs. Richard Burton hieß, als ich ein Kind war, sagt, sie habe mich in Los Angeles einmal in eines dieser riesigen alten Kinos mitgenommen, als ich sechs Jahre alt war, und sie erinnere sich noch, wie ich sie auf der Treppe hinauf zur Empore fragte: »Wem gehört denn das Haus hier?«

Die frühen Fünfziger waren eine idyllische Zeit, und ich habe viele schöne Erinnerungen an den Mapleton Drive. Aber wenn ich an das Haus denke, dann überfällt mich auch ein tiefes Bedauern darüber, daß ich nur so wenig Zeit mit meinem Vater verbringen konnte. Dieses Bedauern ist in den letzten Jahren schmerzhafter geworden, denn ich hatte die Erinnerung an ihn den größten Teil meines Lebens verdrängt. Ich ignorierte Humphrey Bogart aus Gründen, die ich erst jetzt begreife. Fast vier Jahrzehnte lang vermied ich es, über ihn zu reden, nachzudenken oder Fragen zu stellen. Erst durch die Hochzeit mit meiner zweiten Frau Barbara im Jahr 1984 und die Geburt unserer beiden Kinder Richard und Brooke fing ich an, mir eine Last von den Schultern zu laden, die etwa die Größe Idahos hatte und die ich seit meinem achten Lebensjahr, seit dem Tod meines Dads, mit mir herumschleppte.

Ich glaube, in der ersten Zeit unserer Ehe war Barbara schokkiert, feststellen zu müssen, daß ich weniger über meinen Vater wußte als die meisten seiner Fans. Ich behauptete zwar immer, die Familie sei für mich das Wichtigste, hätte aber bei jedem Bogie-Quiz miserabel abgeschnitten.

Es ist nicht so, als hätte mich nie jemand gedrängt, etwas über meinen Vater herauszufinden. Meine Mutter hat das jahrelang getan. Aber wenn man von seiner Mutter gesagt bekommt, was man tun soll, ist das praktisch eine Garantie dafür, daß man es nicht tut.

So hätte ich ewig weitermachen können – an jeder Ecke dem Phantom meines Vaters zu entfliehen versuchen. Aber Barbara ließ das nicht zu. Sie verstand meine Gefühle sicher besser als ich selbst und versuchte nicht, sie zu ändern. Sie zeigte mir einfach, wie wichtig es ist, etwas über seinen Vater zu wissen, wenn man wirklich begreifen will, wer man selbst ist. Sie führte mir vor Augen, daß ich meinen Vater nicht völlig ignorieren mußte, nur um ihn nicht zu glorifizieren.

»Finde etwas über deinen Vater heraus«, sagte sie. »Sprich mit deiner Mutter. Sprich mit seinen Freunden. Ich will, daß unsere Kinder etwas über ihren Großvater erfahren.«

Also fing ich an, Bücher über meinen Vater zu lesen. Ich tauchte – zunächst widerstrebend – in meine Erinnerungen ein. Und ich besuchte Menschen, die ihn gekannt hatten. Ich sprach mit Leuten, die geschäftlich mit ihm zu tun gehabt hatten, wie sein Agent Sam Jaffe und sein Manager Jess Morgan. Ich suchte Schauspieler auf, die mit ihm zusammen Filme gemacht hatten, wie Katharine Hepburn und Rod Steiger. Ich redete mit einigen der Autoren unter seinen Freunden, wie Alistair Cooke und Art Buchwald. Und ich sprach mit vielen Freunden der Familie – wie Carolyn Morris –, mit Leuten, die ihn nur flüchtig kannten – wie Dominick Dunne –, und mit Freunden, die über ihn geschrieben haben – wie Joe Hyams.

Wenn ich nicht Bogarts Sohn gewesen wäre, sondern einfach

irgend jemand, der ein Buch über Bogie schreiben wollte, hätte ich sicher mehr Zeit mit Lauren Bacall als mit allen anderen verbracht. Aber sie ist meine Mutter. Ich kenne ihre Ansichten zu diesem Thema. Sie hat mir sehr geholfen, aber letztlich wollte sie, daß ich es mache, ohne sie als Krücke zu benutzen. Und ich glaube, Mom ist zufrieden. Es gibt so viele widersprüchliche Geschichten über meinen Vater, da mußte ich eine Menge Leute zusätzlich zu meiner Mutter anhören. Außerdem hatte Bogart mehr als Dreiviertel seines Lebens hinter sich, als er Bacall traf. Wenn sich in diesem Buch also Fehler finden, und ich bin sicher, es finden sich welche, dann ist es nicht Moms Schuld.

Und auch nicht die der anderen Leute, mit denen ich gesprochen habe. Es liegt in der Natur der Sache, daß die Geschichten über eine Legende wie Bogie ausgeschmückt, verändert und sogar mit anderen Geschichten vermischt werden. Die exakte Wahrheit ist immer schwer faßbar. Aber es gibt viele Menschen, die sich die Zeit genommen haben, mir ihre Wahrheit über meinen Vater zu erzählen, und ich möchte ihnen dafür danken:

Dominick Dunne, Carolyn Morris, Alistair Cooke, Adolph Green, Rod Steiger, Katharine Hepburn, Phil Gersh, Jess Morgan, Sam Jaffe, George Axelrod, Art Buchwald, Joe Hyams, Sybil (Burton) Christopher, Gloria Stuart, Julius Epstein, Bruce Davison, William Wellman jr., Joe Hayes, meine Schwester Leslie Bogart und natürlich meine Mutter.

Für verschiedenste Unterstützung möchte ich außerdem danken: Chris Keane, Leslie Epstein, Nushka Resnikoff, Ted Eden, Bill Baer, Jeff Alan, Bob Pronvost, den Bibliothekaren im American Film Institute und der Academy of Motion Picture Arts und Sciences.

Ich möchte meiner Agentin Susan Crawford von der Crawford Literary Agency danken, daß sie mich zur richtigen Zeit mit den richtigen Leuten zusammengebracht hat.

Und ein besonderer Dank gilt meiner Lektorin Audrey LaFehr beim Verlag Dutton. Sie hat an das Buch geglaubt, mich auf dem langen Entstehungsweg unterstützt und mir manch wertvollen Ratschlag gegeben.

Sommer 1993. Ich bin in Kalifornien.

Seit einiger Zeit schon denke ich über meinen Vater Humphrey Bogart nach. Ich will ein Buch über ihn schreiben, aber die Worte stellen sich nur sehr allmählich ein. Ich habe einiges über meinen Vater in Erfahrung gebracht, doch seltsamerweise spreche ich nur ungern über ihn und darüber, wie es ist, sein Sohn zu sein.

Meine Mutter, Lauren Bacall, hält sich ebenfalls in Kalifornien auf. Wir haben eine Begehung des Hauses in Holmby Hills arrangiert, wo wir lebten, als ich ein Kind war. Das Haus gehört jetzt dem Produzenten Ray Stark, und er hat freundlicherweise eingewilligt, daß meine Mutter und ich zu Besuch kommen.

Aber es sind noch ein paar Tage bis zum Besichtigungstermin mit meiner Mutter. Ich bin allein. Ich verspüre den Drang, früh aufzustehen und mit meinem Mietwagen durch die Straßen von Los Angeles zu fahren. Unweigerlich zieht es mich zum South Mapleton Drive 232. Ich weiß, die Rückkehr zu diesem Haus wird eine wichtige Erfahrung sein, und ich möchte dabei mit mir allein sein. In Wahrheit will ich das Haus ohne meine Mutter sehen. Ich will nicht, daß sie mir irgendwelche Dinge erklärt und auf diese Weise meine Wahrnehmung verändert.

Es ist immer noch früh am Morgen, als ich vor dem Haus anhalte. Der erste Anblick ist überwältigender, als ich erwartet hatte. Fast sofort fange ich an zu zittern. Obwohl wir in diesem Haus noch einige Monate lebten, nachdem Bogie gestorben war, fühle ich mich nun so, als wären mir mein Vater, das Haus und meine Kindheit in einer einzigen gewaltigen Bewegung entrissen worden. Ich weine nicht, aber die Gefühle überwältigen mich. Ich weiß, daß das, was mein Herz erfüllt, Trauer ist, aber es fühlt sich wie Furcht an. Es ist keine Furcht, vor der ich davonlaufen, sondern etwas, dem ich mich stellen möchte. Ich will aus dem Wagen stürzen, an der Hintertür klopfen, den

13

Leuten, die hier leben, erzählen, daß ich Bogies Sohn bin, und sie bitten, mich von Zimmer zu Zimmer rennen zu lassen.

Andererseits will ich die Leute auch nicht wirklich belästigen. So bleibe ich lange in meinem Wagen sitzen und spüre die Empfindungen in Wellen durch mich hindurchrauschen. Gleichzeitig betrachte ich mich von außen. Ich war schon immer in der Lage, mich auf diese Weise von meinen Gefühlen zu distanzieren, indem ich gleichzeitig Patient und Psychiater spiele. Ich glaube, mein Vater hat das auch gemacht.

»Wie fühlst du dich, Steve?«

»Ach, nur ein bißchen ängstlich und traurig.«

»Möchtest du darüber reden?«

»Nein, es ist keine große Sache. Das war vor 37 Jahren, in Gottes Namen.«

»Ich verstehe.«

Zehn Minuten später zittern meine Hände auf dem Lenkrad immer noch. Ich starre hinüber zu dem Haus, als könnte es – oder ich – irgend etwas an der Vergangenheit ändern. Von dort, wo ich parke, kann ich den Hof sehen, auf dem Bacall manchmal Drinks servierte. Den Pool, in dem ich mit einer gelben Schwimmweste geplanscht habe. Die Tür von der Garage zur Küche, an der meine Freunde immer auf mich warteten. Bald komme ich wieder zu mir und denke, irgend jemand könnte die Polizei rufen, weil ein Fremder eines der teuren Häuser von Holmby Hills auskundschaftet. Ich beschließe, wieder zu fahren. Immer noch zittrig und verängstigt starte ich den Wagen und denke, mein Gott, das ist der Ort, an dem am 14. Januar 1957 meine glückliche Kindheit zu Ende gegangen ist.

1

»Mr. Bogart sagte: ›Hör zu, Junge, es gibt zwölf Gebote‹,
und dann bestellte er sich einen Drink.«
Sohn eines Bogie-Freundes

Meine Mutter ist eine Frau, die für gewöhnlich kriegt, was sie
will. Und in den späten vierziger Jahren war sie entschlossen,
ihren Mann, Humphrey Bogart, zum Vater zu machen. So
begaben sich Bogie und Bacall an die Arbeit. Sie besuchten
einen Arzt, um herauszufinden, ob all die Installationen funktionierten. Die Ausrüstung war in Ordnung, aber die Samen-
menge etwas gering. Also fing Dad an, Vitamintabletten zu
nehmen, und sein Körper mußte auch ein bißchen aufgemöbelt
werden, denn er war zwar einst ein guter Athlet gewesen, doch
nun ging er auf die Fünfzig zu und hatte seinen Körper außerdem mit Zigaretten und Alkohol versaut. Der Arzt empfahl
Bogie und Bacall, ganz locker zu sein, es würde schon klappen.
Obwohl mein Vater nicht so sexversessen war wie manch anderer bekannter Filmstar seiner Zeit, deutet doch alles darauf hin,
daß er am Sex Spaß hatte. Er sagte einmal, Sex sei der größte
Spaß, den man, ohne zu lachen, haben könne. Und ich glaube
nicht, daß er sein Liebesleben durch Gerede über Eisprung,

Gebärmutterschleimhaut und all die anderen unromantischen Themen verkompliziert haben wollte, die auftauchen, wenn ein Paar versucht, Kinder zu kriegen. Dennoch, von etwas Gemaule abgesehen fand er den Gedanken, Daddy zu werden, in Ordnung. Es würde eine Premiere für ihn sein. Dad war vorher dreimal verheiratet gewesen: mit Helen Menken, Mary Philips und Mayo Methot. Alle drei machten Karriere als Schauspielerin, und weder Dad noch seine Frauen waren je auf Fortpflanzung ausgewesen. So kann es auch kaum überraschen, daß Bogie, als ihm meine Mutter im Sommer 1948 mitteilte, sie sei schwanger, Bedenken hatte.

Meine Eltern lebten zu der Zeit in einem Bauernhaus im Benedict Canyon, abseits der »Szene« von Hollywood und all den Windeiern, die mein Vater verabscheute. Meine Mutter sagt, sie habe Dad vor dem Haus empfangen, als er an dem Tag aus dem Studio nach Hause kam, um ihm die großartige Nachricht mitzuteilen. Dad sei sehr still geworden. Dann habe er zärtlich den Arm um sie gelegt und sie ins Haus geführt. Er sei auch während des Abendessens schweigsam geblieben. Nach dem Essen hätten sie sich furchtbar gestritten.

»Es war der schlimmste Streit, den wir je hatten«, erzählte Mutter. »Bogie regte sich wahnsinnig auf. Er hatte Angst, das Baby würde sich zwischen uns stellen und unser Leben wäre nicht mehr dasselbe. Er sagte, er habe mich nicht geheiratet, um mich an ein Kind zu verlieren. Er war gräßlich.«

Wie bei vielen Bogie-Geschichten existieren auch von dieser zwei Versionen. Es gibt natürlich keinen Grund zu glauben, er hätte ausgerechnet der Presse die wahre Geschichte erzählt, aber folgendermaßen äußerte er sich ein paar Monate später gegenüber einem Reporter: »Es kam der Tag, da meine Gattin zur Tür hereinspazierte mit den Worten ›Also, der Arzt sagt, du wirst mir nie verzeihen, aber ich erwarte ein Kind.‹ Ich zeigte die richtigen Freudensbekundungen. Offengestanden glaube ich, daß ich das ganz gut hingekriegt habe, wenn man bedenkt, daß es mein erster Take war. Dann fragte ich sie: ›Warum sollte ich dir nie verzeihen? Für mich ist ein Baby ein Baby.‹ – ›Der

Sommer steht vor der Tür‹, sagte sie. ›Ich werde wohl kaum in der Lage sein, viel zu segeln.‹ Ich antwortete: ›Oh.‹«

Er erwähnte keinen Streit, aber am nächsten Morgen entschuldigte er sich bei meiner Mutter. Er sagte, er sei über sein Benehmen selbst erschrocken. Er habe ziemliche Angst bekommen, denn er wolle nicht das Glück verlieren, das er durch die Heirat mit ihr gefunden habe. Er fürchte, ein miserabler Vater zu sein, und er wisse nicht, wie er mit einem Kind umgehen werde.

Ich bin sicher, Bogie hatte ebensolche Angst vor Mißbildungen wie ich, als ich Vater wurde. Würde sein Kind alle Finger, Zehen und Ohren haben, die ein Kind haben mußte? Diese Angst ist wahrscheinlich noch größer, wenn man beinahe fünfzig ist und sein erstes Kind erwartet. Dad hatte also all diese Ängste, aber er sagte auch, er wünsche sich ein Kind mehr als alles andere in der Welt.

Nach der anfänglichen Panik fing Bogie allmählich an, in die Babysache einzusteigen. Seine Kumpels verpaßten ihm so etwas wie eine »Babydusche«. Frank Sinatra, Paul Douglas, Mike Romanoff und andere brachten Windeln, Rasseln und sogar kleine Babykleider – zu jener Zeit wußte man ja nicht vorher, ob man einen Jungen oder ein Mädchen bekam. »Seine Dusche war heftiger als meine«, sagt Mutter.

Bacall verbrachte einen Großteil ihrer Schwangerschaft damit, mitten in der Nacht das Haus umzuräumen und Ratgeber zu lesen. Sie bedrängte Bogart auch, in ein größeres Haus zu ziehen, weil sie noch mehr Kinder wollte. Bogie erzählte seinem Freund Mike Romanoff: »Wenn andere Frauen schwanger sind, heißt es, sie verlangen saure Gurken, Eis oder Erdbeeren zu Zeiten, wenn es keine gibt. Meine will nur große Häuser.« In den Zeitungen wurde ich bekannt als »Hollywoods meistdiskutiertes Baby«. Die Klatschkolumnistinnen Hedda Hopper und Sheila Graham riefen häufig an. Hat sich das Baby bewegt? Haben Sie sich bereits für einen Namen entschieden?

Während der ganzen Schwangerschaft war Bogie nervös. Er

lief ständig auf und ab und fuhr mit den Fingern durch sein sich lichtendes Haar. Manchmal muß er wie ein Gefangener in der Todeszelle ausgesehen haben, der auf den Anruf des Gouverneurs wartet – eine Rolle, die er so oft verkörpert hatte. Bogie hatte keine Erfahrung mit Kindern, und so versuchte er jetzt, die Kinder seiner Freunde kennenzulernen. Aber anscheinend hat er sich zu sehr bemüht und ist folglich oft zurückgewiesen worden, was ihn nur noch mehr verunsicherte.

»Ich kann nicht behaupten, daß ich jemals wirklich ein Kind gewollt habe, ehe ich Betty heiratete«, sagte er später einmal. (Betty ist meine Mutter. Ihr richtiger Name lautet Betty Perske. Doch sie hat den Namen ihrer Mutter – Bacall – angenommen, als sie noch ein Kind war und ihr Vater davonlief. Der Produzent Howard Hawks machte aus ihr eine Lauren, ein Name, mit dem sie sich nie besonders wohl gefühlt hat.) »Zum einen war mein Leben in der Vergangenheit nie beständig genug für Nachkommen gewesen. Ich spielte entweder in New York Theater oder war auf Tour. Und in Hollywood versuchte ich dann, meine Position beim Film zu festigen, oder ich war mit irgend etwas anderem beschäftigt. Aber Betty wünschte sich ein Kind, und als sie darüber sprach, wünschte ich mir auch eines. Und zwar unter anderem aus einem Grund, der etwas gruselig erscheinen mag, aber nichtsdestoweniger wahr ist. Ich wollte ihr einen Teil von mir zurücklassen, wenn ich sterben sollte. Der Altersunterschied zwischen uns beiden ist ziemlich groß, und ich bin realistisch genug, um zu wissen, daß ich diesen Planeten vermutlich vor ihr verlassen werde. Ich wollte deshalb, daß ein Kind bei ihr bleibt, das sie an mich erinnert.«

Am Tag meiner Geburt war Bogie ein Wrack. Das war in jenen Tagen, als die Männer vor dem Kreißsaal sitzen mußten und sich reichlich hilflos vorkamen. Ich weiß, wie sich Bogie fühlte, denn ich durfte auch nicht in den Kreißsaal, als mein Sohn Jamie geboren wurde. Aber ich weiß ebenfalls, was mein Vater verpaßt hat, denn ein Jahrzehnt später habe ich gesehen, wie Richard und Brooke geboren wurden, und diese Geburten waren mit Abstand die ergreifendsten Momente meines Lebens.

Im Krankenhaus machte Bogie keine gute Figur. Er wurde weiß, und ihm war schlecht. Mein Vater konnte eine Menge Schmerzen vertragen, aber nicht bei Menschen, an denen ihm lag. (Mehrere Leute erinnern sich, wie es Bogie ein paar Jahre später einmal übel wurde, als ein Arzt zu uns nach Hause kam und eine Nadel in mich steckte. Und noch ein paar Jahre später, als ich eine Leistenoperation hatte, fühlte sich Bogie wieder elend. Später prahlte er vor Nunnally Johnson, ich sei tapferer als ein Soldat gewesen.) Am 6. Januar 1949 um 23.22 Uhr hatte ich meinen Auftritt. Ich wurde Stephen Humphrey Bogart genannt. Stephen hieß der Mann, den mein Vater in *Haben und Nichthaben (To Have and Have Not)* gespielt hatte, jenem Film, der meinen Vater und meine Mutter zusammenbrachte. Ich wog 2.850 Gramm und war 51 cm groß. Nach der Geburt fühlte sich Dad so gut, daß er eine Flasche Scotch aus der Manteltasche zog und allen werdenden Vätern einen Drink ausgab.

Die Presse wurde benachrichtigt, und bald kamen von Bogie-Fans aus aller Welt Geschenke für mich. Darunter waren einige Spielzeug-Maschinengewehre, die Dad zurückschickte.

Das erste Geschenk, das ich von meinem Vater bekommen habe, war ein Schneemann. Kaum zu glauben, aber am Tag meiner Geburt hatte es in Beverly Hills geschneit. Drei Zentimeter Schnee, eine Seltenheit in Kalifornien. Und bevor meine Mutter mit mir nach Hause kam, hatte mein Vater auf der Wiese einen Schneemann gebaut, um uns willkommen zu heißen. Als Mom den Schneemann sah, fühlte sie sich, was Bogie und seine Vaterschaft anging, um einiges besser.

Ein paar Tage darauf fühlte sie sich noch besser. Meine Eltern hatten eine Sprechanlage zwischen dem Schlafzimmer und dem Kinderzimmer eingerichtet, damit sie hören konnten, wenn ich zu schreien begann. Eines Morgens kam Dad auf dem Weg zur Arbeit kurz herein und fing an, mit mir in Babysprache zu reden, ohne sich bewußt zu sein, daß meine Mutter ihn über

Dad, Mom und ich zu Hause im Benedict Canyon (1949)

die Sprechanlage hören konnte. Er wirkte irgendwie schüchtern und unbeholfen, denn er wußte wohl nicht so recht, wie man mit Babys spricht. Dann hörte sie ihn sagen: »Hallo, Sohn. Du bist ein kleiner Kerl. Ich bin dein Vater. Willkommen daheim.« Es wäre ihm peinlich gewesen, wenn er gewußt hätte, daß sie ihm lauschte. Bogie war ein stolzer Vater, und auf Familienfotos kann man ihn mit mir turteln sehen. Auf einem berühmten Foto wechselt er sogar meine Windeln. Aber das Foto ist irreführend. Es war, sagt meine Mutter, das einzige Mal, daß Bogie Windeln gewechselt hat.

Ob mein Vater den Babykram mied, weil er es so wollte oder weil er sich ausgesperrt fühlte, darüber läßt sich diskutieren. Es scheint, Bogie litt unter dem Gefühl der Isolation und des Verlassenseins, das viele junge Väter befällt. »Betty hat mir einen Sohn geschenkt, als ich die Hoffnung bereits aufgegeben hatte«, sagte er einmal. »Sie verkörpert alles, was ich mir je gewünscht habe, und nun vervollständigt mein Sohn Stephen das Bild. Ich weiß nicht, was es braucht, um ein guter Vater zu sein. Ich glaube, ich bin ein guter Vater, aber natürlich erweist sich das erst mit der Zeit. In dieser Phase im Leben eines Kindes wird der Vater eingepackt und weggestellt. Die physischen Aspekte wie Stillen, Bäuerchenmachen, Wickeln, Gymnastik und so weiter sind Sachen für das Bogart-Komitee, und das besteht momentan aus einer einzigen Person ... Betty. Also werde ich mich für einige Zeit zurückhalten. Wenn es dann soweit ist, werde ich den Jungen so behandeln wie jeden anderen in meinem Umkreis. Will sagen, ich lasse ihn er selbst sein. Ich werde ihn zu nichts zwingen und nicht versuchen, ihn zu beeinflussen.«

Ohnehin war Humphrey Bogart nicht gerade der windelnwechselnde, neue sensible Mann der Neunziger, den man heutzutage auf dem Flughafen am Wickeltisch stehen sieht. Und wenn er so jemand gewesen wäre, dann nicht, um seine Frau zu entlasten. Wir hatten ja Bedienstete.

Als ich zur Welt kam, war Bogie bereits 49 Jahre alt. Er war zum vierten Mal verheiratet – und zwar mit einer wunderschönen Schauspielerin, die 25 Jahre jünger war als er. Bogie war ein Mann mit festen Gewohnheiten, und er hatte eine unumstößliche Regel: Ich lebe mein Leben, wie ich es will. So war er schon gewesen, lange bevor ich die Szene betrat. Als er meine Mutter heiratete, behielt er sogar seinen Butler, seinen Koch und seinen Gärtner. Er dachte also gar nicht daran, nur wegen eines Babys sein Leben groß zu ändern. Davon abgesehen hätte er überhaupt nicht gewußt, wie man das anstellt. Ich habe mit einer Menge seiner Freunde darüber gesprochen, und sie haben alle dasselbe gesagt. Bogie war unbeholfen im Umgang mit Kindern. Er wußte nicht so recht, was er mit ihnen anfangen sollte. Er fürchtete sich sogar vor ihnen.

Was sein Agent Sam Jaffe mir erzählt hat, ist typisch: »Ich bin Vater von drei Kindern, Großvater von vieren und Urgroßvater von dreien, also habe ich einen Blick für Kinder, und mir ist immer aufgefallen, wie andere Leute mit ihnen umgehen. Als ich zum ersten Mal mit Bogie und euch Kindern zusammen war, habe ich aufgepaßt. Ich werde nie vergessen, wie ihr, du und deine Schwester, die Treppe herunterkamt und er diesen fragenden Blick aufsetzte. Er sah euch mit einer Neugier an, als hätte er noch nie zuvor Kinder gesehen. Es war so, als wollte er sagen: ›Wer sind diese Menschen? Was sind sie?‹ Das werde ich nie vergessen. Vaterschaft war ihm etwas Unbekanntes. Er begegnete ihr erst spät im Leben. Er hat Kinder nie gestreichelt, hat nichts von all dem getan, was ich als Vater getan habe, denn es war ihm fremd. Er war nicht der sentimentale Typ, der leicht ins Schwärmen geriet, wobei er durchaus rührselig war. Ich will nicht sagen, daß er kein guter Vater war, aber er hatte diesen fragenden Blick, wenn es um Kinder ging. Er war noch nicht bereit, Vater zu werden. Ich glaube nicht, daß er bis zur Heirat mit Betty je daran gedacht hatte, Kinder zu kriegen.«

(Dieser Sam ist übrigens nicht der Sam Jaffe, der in *Gunga Din* und später in *Ben Casey* gespielt hat.)

Weil Dad mit Kindern nicht so gut zurechtkam, gibt es auch

kaum Geschichten über Begegnungen zwischen Bogie und Kindern, bevor ich geboren wurde. Eine jedoch stammt aus der Zeit seiner Ehe mit Mary Philips, als er der Pate des Sohnes seiner Freunde John und Eleanor Halliday war. Bogie hatte einmal angeboten, den Jungen zum Essen einzuladen. Als es soweit war, fragte er Mary Halliday: »Worüber redet man in Gottes Namen mit einem 13jährigen Jungen?«

»Na ja«, sagte sie, »du bist sein Pate. Das bedeutet, daß du für seine religiöse Erziehung verantwortlich bist.«

Als der Junge später vom Essen zurückkam, fragte seine Mutter ihn: »Worüber hast du denn mit Mr. Bogart geredet?«

»Nicht viel«, antwortete der Junge. »Mr. Bogart sagte: ›Hör zu, Junge, es gibt zwölf Gebote‹, und dann bestellte er sich einen Drink.«

Adolph Green, der meinen Vater kennengelernt hatte, als er, Green, mit Betty Comden in Hollywood weilte, um die Drehbücher für *Du sollst mein Glücksstern sein (Singin' in the Rain)* und *Vorhang auf (The Band Wagon)* zu schreiben, erinnert sich an einen Vorfall am Mapleton Drive.

»Sie hatten den Pool repariert und füllten ihn nun wieder mit Wasser«, erzählte er mir. »Du und ich und Bogie standen dabei. Du warst vier oder fünf Jahre alt und sahst zu, wie der Pool gefüllt wurde. Es gab einen Schlauch, aus dem das Wasser kam, und plötzlich wurdest du hysterisch. Du fingst an zu kreischen. Du dachtest wohl, der Pool würde überlaufen und du müßtest ertrinken. Ich sagte: ›Sei nicht albern, Steve, es ist alles in Ordnung.‹ Aber du steigertest dich immer mehr in deine Angst hinein. Woran ich mich allerdings am besten erinnere, ist dein Vater. Er wußte nicht, was er tun sollte. Er schüttelte nur den Kopf. Ich stellte ihm einige Fragen, und er sagte, irgend etwas anderes sei kürzlich übergelaufen, eine Badewanne oder so, also hatte deine Hysterie einen guten Grund. Ich glaube, deine Mutter mußte herauskommen und sich um dich kümmern, so genau erinnere ich mich nicht. Aber ich erinnere mich daran, wie Bogie hilflos den Kopf schüttelte. Er hatte keine Ahnung, wie man mit einem hysterischen Kind umgeht.«

Als meine Schwester Leslie ein paar Jahre nach mir auf die Welt kam, stellte sich mein Dad nur unwesentlich geschickter an. Weil sie ein Mädchen war, hatte er vor ihr vermutlich noch mehr Angst. Aber er war auch viel zärtlicher zu ihr. Er ließ sie oft auf seinen Knien reiten, dabei hatte er das mit mir nur selten gemacht. Oder er setzte sich ihr gegenüber auf die Wippe. Sie war Daddys kleines Mädchen, und er brachte ihr eine Art Liebe entgegen, die er mir verweigerte. Er wußte es natürlich nicht besser, verstand nicht, daß auch ein kleiner Junge von seinem Vater in den Arm genommen werden muß. Aber manchmal, wenn ich einsam bin, wenn ich das Gefühl habe, das Leben hat mich um etwas Wichtiges betrogen, dann wünsche ich mir, ich könnte mich wie meine Schwester an eine dieser Umarmungen erinnern.

Mein Vater mochte die Vorstellung, Kinder zu haben. Er war stolz auf Leslie und mich, und er hätte uns niemals weh getan oder unsere Grundbedürfnisse vernachlässigt. Aber er bemühte sich nicht, uns in sein Leben zu integrieren. Kinder mußten sich in sein Leben einfügen, wie es für ihn am bequemsten war. Mein Vater wollte zum Beispiel nicht mit Kindern zu Abend essen. Mittlerweile kann ich das verstehen, nachdem ich die Qualen zur Genüge kenne, mit einem Zweijährigen zu essen.

Nach meiner Geburt war der Tagesablauf meines Vaters ziemlich genau so wie vor meiner Geburt. Er arbeitete jeden Tag im Studio und machte im Schnitt zwei Filme pro Jahr. Er kam um halb sechs nach Hause. Danach war er gern eine Zeitlang allein, weshalb er auch nicht mit uns zu Abend aß. An vielen Wochenenden ging er segeln, an freien Tagen zu Romanoff's. Manchmal spielte er mit uns, aber nicht oft. Er sagte: »Was macht man mit Kindern? Sie trinken ja nicht.« Er tauchte auf, blieb eine Weile bei uns, und dann verschwand er wieder, um seine Dinge zu tun. Das Ergebnis war, daß ich meinen Vater vergötterte – was für Leute, die mich all die Jahre über ihn haben klagen hören, eine ziemliche Überraschung sein muß.

Der Gerechtigkeit halber muß ich sagen, daß der Schmerz über den Verlust die meisten Erinnerungen an ihn ausgelöscht

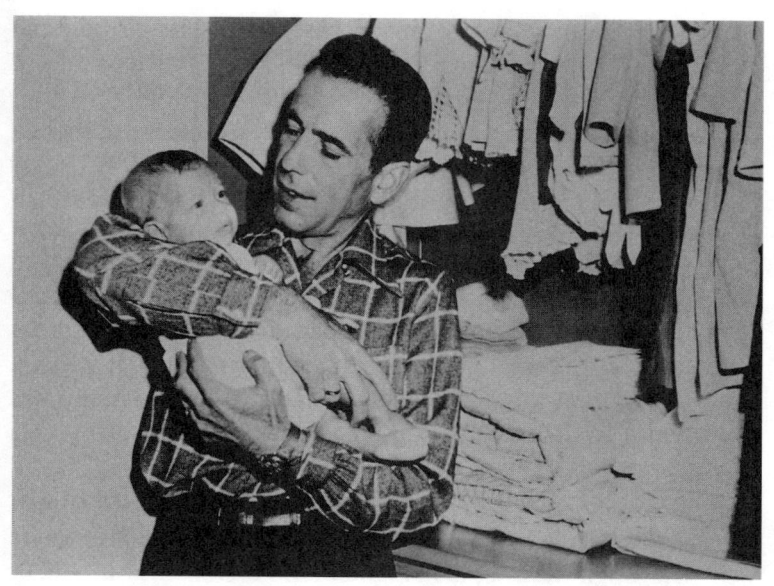

Dad und ich (1949)

hat. Womöglich verbrachte er doch mehr Zeit mit uns, als mir scheint. So habe ich von vielen Augenblicken mit ihm erfahren, an die ich mich nicht erinnern kann. Als ich sechs war, erzählte er zum Beispiel einem Reporter: »Das einzige, was ich Steve zur Zeit vermitteln möchte, ist, nicht zu stehlen und nicht zu petzen. Wenn er mit irgendeiner eingebildeten oder echten Geschichte über Unrecht nach Hause kommt, das ihm irgendein Nachbarskind angetan hat, dann lasse ich ihn gleich wissen, daß er auf sich gestellt ist. Kürzlich erzählte er mir, wie er von einem Jungen auf der Straße verprügelt worden war. Ich sagte ihm, er sollte nicht drüber reden, sondern einfach zurückschlagen. ›Habe ich ja‹, sagte Steve, ›ich hab' ihm ganz schön eine verpaßt.‹ Und damit war die Sache fürs erste erledigt.«

Ich kann mich daran nicht erinnern. Ich weiß nur davon, weil ich den Zeitungsartikel gelesen habe. In demselben Interview sagte Dad, er freue sich auf den Tag, an dem ich meinen

25

Platz neben ihm einnähme, um mit ihm gemeinsam die Santana durch den Newport Channel zu steuern. Der Reporter schrieb: »Das ist dann der Tag, an dem Bogart alles erreicht hat.«

Obwohl mein Vater kaum Änderungen in seinem täglichen Leben vornahm, gibt es keinen Zweifel daran, daß ihn seine Vaterschaft berührte. Er prahlte zum Beispiel damit, daß ich ihm äußerlich so sehr ähnelte. Einem Freund erzählte er: »Ich habe endlich begriffen, warum Männer Fotos von ihren Kindern mit sich herumtragen. Sie sind stolz auf sie.«

Ein anderer Freund, Nathaniel Benchley, sagte mir: »Als Bogie wieder heiratete und eine Familie gründete, vollzog sich eine drastische Veränderung an ihm. Er wurde sanft und sentimental und kümmerte sich um seine Frau und seine Kinder; das war das genaue Gegenteil dessen, was er zuvor gewesen war. Und diese beiden Seiten miteinander in Einklang zu bringen war wie ein Knacken im Getriebe.« Meine Mutter erinnert sich, wie Bogie weinte, als er mich zum ersten Mal in einem Klassenzimmer sah: »Ich glaube, ihn hatten in dem Moment die Vatergefühle überwältigt.« Mir scheint es nur zu verständlich, daß mein Vater, der nie viel Zeit mit Kindern verbrachte, sich mit ihnen auch nicht recht wohl fühlte. Aber ich frage mich, ob es da nicht noch etwas anderes gibt. Ich frage mich, ob Bogie nicht vielleicht wegen seiner eigenen Eltern unfähig war, eine Beziehung zu Kindern zu entwickeln. Ich habe die Erfahrung gemacht, daß es seinen Preis hat, das Kind berühmter oder auch nur sehr erfolgreicher Leute zu sein. Mein Vater war ebenfalls das Kind bekannter, sehr erfolgreicher Eltern, und das hat anscheinend auch bei ihm seinen Preis gefordert.

Im Unterschied zu dem Bild, das die meisten von meinem Vater haben und das hauptsächlich von seinen frühen Filmrollen geprägt wurde, mußte sich Humphrey Bogart seinen Weg nach oben keineswegs freiboxen. Er kam aus einer reichen, privilegierten Familie. Geboren wurde er am ersten Weihnachtstag 1899, ein Umstand, der ihm als Kind nicht besonders gefiel. Einmal sagte er an meinem Geburtstag zu mir: »Steve, ich hoffe, du amüsierst dich gut. Ich konnte meinen Geburtstag nie feiern. Ich bin um meinen Geburtstag betrogen worden.«

Er war der Sohn des prominenten Chirurgen Belmont DeForest Bogart aus Manhattan und der landesweit bekannten Illustratorin Maud Humphrey, die in Paris bei Whistler studiert hatte.

Dr. Bogart und Maud waren ein elegantes Paar. Er war groß und athletisch, ein gutaussehender Mann, dessen Zunge so spitz wie ein Stilett sein konnte. Dr. Bogart hatte eine Vorliebe dafür, zu sticheln, Leute zu reizen oder einfach nur lächerlich zu machen. Diese Fähigkeit zur Stichelei teilte mein Vater – ein Hang, für den er zeitlebens berühmt sein sollte. Obwohl mein Großvater ein starker, gutaussehender und wohlhabender Mann war, ging ihm so manches auch daneben. Als junger Arzt geriet er unter eine umkippende Pferdeambulanz, wovon er sich nie mehr richtig erholte. Später investierte er in zahlreiche erfolglose Geschäfte, und wegen der Schmerzen nach dem Unfall wurde er morphiumabhängig. Meine Großmutter Maud war ein eleganter Rotschopf, der Männer anzog wie ein Knochen die Hunde. Sie war eine snobistische, in der konservativen Oberschicht von Rochester, New York, aufgewachsene Frau. Bogie nannte sie oft »eine arbeitende Tory, falls es so was überhaupt gibt«. Maud war Episkopalin und setzte sich sehr für die Frauenbewegung ein – eine würdige Gegnerin für das Debattiergeschick ihres Mannes.

Mrs. Bogart hieß für ihre Kinder und alle anderen einfach nur Maud.

Bogie sagte einmal über seine Mutter: »Es war für meine zwei Schwestern und mich immer einfacher, sie ›Maud‹ zu nennen statt ›Mutter‹. ›Mutter‹ klang irgendwie sentimental. ›Maud‹ war direkt und unpersönlich, ja geschäftsmäßig. Sie liebte ihre Arbeit über alles. Ich glaube nicht, daß sie je viel gelesen hat. Und ich weiß, daß sie nie irgendwelche Spiele spielte. Sie ging nicht zu Partys und veranstaltete auch keine. Ich kann mich nicht einmal daran erinnern, daß sie Freunde gehabt hätte, bis sie eine sehr alte Frau war, und selbst dann hatte sie nur einen einzigen Freund. Sie hatte ein paar Bekannte, hauptsächlich Künstler, und sie kannte die Leute in ihrem Büro gut. Aber sie hatte nie eine Vertraute, war nie mit irgendwem wirklich intim, und das wollte sie auch nicht, da bin ich sicher.«

In den ersten Jahren dieses Jahrhunderts waren Bogies Eltern zwar nicht superreich, wie etwa die sogenannten Räuberbarone jener Zeit, aber Dr. Bogarts Praxis brachte 20.000 Dollar jährlich ein, wozu noch eine Erbschaft von meinem Urgroßvater kam, der eine Art Lithographiermethode erfunden hatte. Und Maud, die für den gesamten künstlerischen Bereich in der Zeitschrift *The Delineator* verantwortlich war, galt als eine der bestbezahlten Illustratorinnen des Landes. Es bestand also keine Gefahr, daß den Bogarts das Geld ausging. Die Familie wohnte mitsamt den beiden Schwestern meines Vaters, Frances und Catherine, in einem gemütlichen vierstöckigen Kalksteinhaus an der 103. Straße, Ecke West End Avenue, in der Nähe des Riverside Drive in New York, wo in jener Zeit eine Menge reicher Leute lebte.

Wie auch ich wuchs mein Vater in einer Welt erlesener Möbel, teurer Teppiche, glänzenden Silbers, inmitten von Dienern, Berühmtheiten und modernem Komfort auf, was in dem Fall hieß, daß die Bogarts ein Grammophon und ein Telefon besaßen.

Auch wenn Bogie eine materiell abgesicherte Kindheit hatte, glaube ich nicht, daß sie emotional befriedigend war. Zum einen kamen sein Vater und seine Mutter nicht besonders gut miteinander aus. »Wenn meine Eltern sich stritten«, sagte Bogie einmal, »zogen wir Kinder die Decken über die Ohren, um den Krach nicht hören zu müssen. Unser Zuhause wurde sowohl der Kinder als auch der Schicklichkeit wegen zusammengehalten.« Seine Mutter, die unter Migräneanfällen litt, arbeitete für gewöhnlich den ganzen Tag im Büro und zog sich dann abends noch einmal für einige Stunden in ihr Arbeitszimmer zurück. Maud gehörte nicht zu den Frauen, die den Beruf aufgeben, wenn sie Mutter werden. Für Bogie war selbstverständlich gut gesorgt; ein irisches Kindermädchen kümmerte sich um ihn.

Aber um mich haben sich auch Kindermädchen gekümmert, deshalb glaube ich, ganz gut beurteilen zu können, wie man sich als Kind dabei fühlt. Ich vermute, er ist die meiste Zeit einsam gewesen.

Wenn Bogies Mutter sich aber um ihn kümmerte, nahm sie ihn gern in seinem hohen Kinderwagen mit in den Park. Dort zeichnete sie ihn auch zum ersten Mal. Mauds Skizze von ihrem Baby wurde von der Mellins Baby Food Company gekauft, und noch ehe er sprechen konnte, war mein Vater als das »Original Maud Humphrey Baby« berühmt geworden. Er war sogar das berühmteste Baby der Welt. Die Aquarelle, deren Striche so fein waren, daß sie wie Radierungen aussahen, wurden in Zeitschriften und Büchern veröffentlicht. Sie wurden sogar gerahmt und einzeln als Porträts verkauft. Auf den Zeichnungen hat mein Vater lange Locken und ist übertrieben fein gekleidet, was damals ziemlich in Mode war.

Als Humphrey einmal eine Lungenentzündung bekam, setzte sich Maud in den Kopf, er sei ein kränkliches Kind. »Er ist tapfer«, schrieb sie über den zukünftigen harten Kerl, »aber von zu schwacher Gesundheit.« Viel mehr Sorgen machte sich Maud um ihren Sohn nie. Tatsache ist, daß sie wohl kaum je zur Mutter des Jahres gewählt worden wäre.

»Ich bin sehr unsentimental, aber offen erzogen worden«, sagte mein Vater einmal. »Ein Kuß war in unserer Familie ein ziemliches Ereignis. Meine Mutter und mein Vater machten um meine beiden Schwestern und mich nicht besonders viel Aufhebens. Sie hatten zuviel zu tun, und ebenso erging es auch uns. Für uns waren hauptsächlich die Diener verantwortlich.«

Er gestand einmal einem Reporter der *Time:* »Ich kann nicht behaupten, daß ich meine Mutter geliebt hätte. Ich habe sie bewundert und respektiert. Zwischen uns bestand nicht die Art von Zuneigung, die überschwenglich ist oder Anlaß zu hübschen Bildern bietet. Wenn ich zum Beispiel als Erwachsener meiner Mutter eines dieser Muttertagstelegramme schickte oder Blumen, dann ließ sie das ganz einfach per Nachnahme wieder zurückgehen.«

Einige von Bogies Freunden erzählten mir, die Aussage »Ich habe meine Mutter nie geliebt« sei noch eine höfliche Untertreibung gewesen und in Wirklichkeit habe er sie gehaßt. Dennoch kümmerte er sich in ihren letzten Jahren um sie, und bevor sie mit 75 Jahren an Krebs starb, lebte sie bei ihm und seiner dritten Frau.

Maud war meinem Vater zufolge völlig unfähig, Zuneigung zu zeigen. »Es mag an ihrer Schüchternheit gelegen haben«, sagte er, »an ihrer Angst, für schwach gehalten zu werden.« Ihre Zärtlichkeiten, sagte er, seien wie Schläge gewesen. »Sie schlug einem auf die Schulter, fast so, wie es Männer tun. Wenn sie stolz auf mich war, kam sie nicht mit ausgestreckten Armen die Treppe heruntergelaufen, und sie rief auch nicht: ›Oh, mein lieber Sohn.‹ Sie sagte nur: ›Gut gemacht, Humphrey‹ oder etwas in der Art.«

Meines Vaters Beziehung zu seinem Vater scheint, obwohl sie alles andere als perfekt war, weniger enttäuschend gewesen zu sein. Dr. Bogart ging viel lieber zum Fischen, auf die Jagd oder zum Segeln, als mit chirurgischen Instrumenten in anderer Leute Mägen herumzustochern. Das führte bisweilen zwischen Maud und ihm zu Spannungen, aber es war gut für Vater und Sohn. Dr. Bogart liebte die freie Natur und nahm den jungen Humphrey oft mit. Während Bogie aufwuchs, ohne zu lernen, wie man ein Tier tötet (»Bin zehn Jahre angeln gegangen«, sagte er in seiner markigen Art, »hab' nie was gefangen«), entwickelte er eine beständige Liebe zum Segeln. Es wurde die große Liebe seines Lebens. Abgesehen natürlich von Bacall. Und dennoch fielen zwischen meinem Vater und seinem Vater, obwohl sie soviel Zeit zusammen verbrachten, vor September 1934 nur wenige liebevolle Worte. Damals spielte mein Vater gerade für einen Dollar pro Partie Schach in einer Kneipe an der Sixth Avenue in Manhattan. Als er erfuhr, daß sein Vater im Sterben lag, eilte er nach Hause. Zwei Tage später starb Dr. Bogart in Bogies Armen.

»Erst da habe ich begriffen, wie sehr ich ihn liebte und brauchte und daß ich ihm das nie gesagt hatte«, erzählte Bogie später. »Kurz bevor er starb, sagte ich: ›Ich liebe dich, Vater.‹ Er muß mich gehört haben, denn er sah mich an und lächelte. Dann starb er. Er war ein echter Gentleman. Es hat mir immer leid getan, daß er nicht lange genug lebte, um mitzubekommen, wie ich ein wenig Erfolg hatte.«

Mein eigenes Bedauern über den Tod meines Vaters sieht etwas anders aus. Ich denke nicht viel darüber nach, ob ich jemals »Ich liebe dich, Vater« gesagt habe oder nicht. Wenn ich diese Worte nie geäußert haben sollte, so habe ich meine Liebe sicher auf andere Art gezeigt – wie es ein kleines Kind eben tut: indem ich auf seinen Schoß kletterte, ihn beim Zubettgehen umarmte und küßte oder so reizende Kosenamen wie »Quatschkopf« oder »Trottel« gab. Nein, mein Bedauern hat weniger damit zu tun, was ich für ihn gefühlt habe, als mit seinen Gefühlen mir gegenüber. Ich bedaure es, daß er nicht so viel Zeit mit mir verbracht hat, wie mir lieb gewesen wäre, und daß er gestorben ist, als es gerade so aussah, als hätte er begriffen, was es mit dieser Vatergeschichte auf sich hatte. Ich war mir nicht immer sicher, aber heute bin ich es: Hätte mein Vater ein ganzes Leben gehabt, so hätte sich zwischen uns eine Beziehung entwickeln können, von der Väter und Söhne träumen.

Aber ich habe schließlich ein paar Erinnerungen an ihn. Eine hängt mit dem Restaurant Romanoff zusammen. Mein Vater war für *African Queen* nach Afrika gegangen und für *Schach dem Teufel (Beat the Devil)* nach Italien, doch in der Regel blieb er in der Nähe von Hollywood. Wenn er nicht arbeitete, hing er oft bei Romanoff's herum. Phil Gersh, ein Partner von Sam Jaffe, erinnert sich an die Romanoff-Zeiten meines Vaters gut: »Ich traf deinen Vater bei Romanoff's. Bogie bestellte stets das gleiche Essen. Zwei Scotch und Soda, French Toast und einen Brandy. Er sah nie auf die Karte. Und er trug nie Geld bei sich. Er fragte immer: ›Phil, hast du mal einen Dollar für den Einparker?‹«

Es ist sogar so, daß mein Vater die Leute um mehr als nur Trinkgeld anhaute. Er machte sich einen Spaß daraus, auszuprobieren, wie oft er jemanden dazu bringen konnte, seine Rechnung zu bezahlen. Mike Romanoff, dem das Restaurant gehörte, war ein enger Freund meines Vaters. Er wurde Prinz Michael genannt. Soweit bekannt ist, floß in Mike Romanoffs Adern niemals auch nur ein Tropfen königlichen Blutes, aber jahrelang beharrte er darauf, Prinz Michael Alexandrowitsch Dimitri Obolensky Romanoff, der Neffe des russischen Zaren Nikolaus Romanoff, zu sein. Ob er nun ein falscher Prinz war oder nicht, Mike war jedenfalls in Hollywood sehr beliebt. Die Leute kamen zu ihm, wenn sie einen Rat brauchten, und sein Restaurant war eine berühmte Kaschemme für Macher und Macker. Mike war außerdem einer der wenigen, die Bogie beim Schach schlagen konnten. Irgendwann hat er meinen Vater einmal in einem Satz sehr treffend beschrieben. Er sagte: »Bogart ist ein Mensch erster Klasse mit einem unbezähmbaren Drang, sich wie jemand zweiter Klasse aufzuführen.«

An Tagen, an denen mein Vater nicht drehte, tauchte er häufig zum Mittagessen bei Romanoff's auf. Er hatte einen eigenen Tisch. Ich erinnere mich gut daran. Es war, vom Eingang aus gesehen, die zweite Nische links. Dort aß Bogie zu Mittag, trank seinen Scotch und plauderte zwanglos mit einigen der berühmtesten Menschen der Welt. Eines Tages, als ich sieben Jahre alt war, beschloß Bogie, mich in die Welt der Männer einzuführen. Das heißt, mich in Romanoff's Restaurant mitzunehmen und vorzuzeigen. An jenem Tag wollte er den Daddy spielen.

Am Morgen zog mir meine Mutter neue lange Hosen und ein schickes neues Hemd an und brachte mich dann ins Schlafzimmer, damit ich von ihm höchstpersönlich in Augenschein genommen werden konnte. Mein Vater, der graue Flanellhosen, ein schwarzes Kaschmirjackett und eine karierte Fliege trug, sah mich lange und durchdringend an. »Du siehst gut aus, Junge«, sagte er. Dann fuhren wir los, ich und Bogie, im Jaguar.

Romanoff's lag in Beverly Hills. Dad und ich kamen um 12.30 Uhr an, seiner gewohnten Zeit. Als wir hielten, übernahm der Einparker den Wagen, und wir wurden sofort in Bogies Ecke geführt. Dad winkte einigen Hollywood-Berühmt-

Oben links: Dr. Belmont DeForest Bogart. Oben rechts: Maud Humphrey
mit ihrem kleinen Sohn Humphrey (1900); Quelle: Balliol Corp.
Unten: Dad, achtzehn Monate (1900). Unten rechts: Im Alter von zwei Jahren
(1901).

heiten zu, die bereits speisten, und ich bin sicher, die meisten von ihnen fanden es bewundernswert, daß er seinen kleinen Stevie dabeihatte. Wir saßen in der Nische, und Mike Romanoff erschien, um uns zu begrüßen.

»Guten Nachmittag, Eure königliche Hoheit«, sagte mein Vater. Seine übliche Begrüßung. »Guten Tag, Mr. Bogart«, antwortete Mike in seinem sorgfältig gepflegten Oxfordenglisch. »Zahlen Sie heute Ihre Rechnung? Ich dachte, das wäre vielleicht eine nette Abwechslung.«

»Geben Sie heute Alkohol in Ihre Drinks?« entgegnete Bogie. »Das wäre auch eine nette Abwechslung.«

»Sie brauchen heute wohl keine Krawatte?« fragte Romanoff.

»Nein.«

Dazu muß man wissen, daß es in Romanoff's Restaurant eine Kleiderordnung gab, die auf Jackett und Krawatte bestand, und daß Mike von meinem Vater dauernd verlangte, eine Krawatte zu tragen. Einmal legte mein Vater Mike herein, indem er mit einer Krawatte erschien, die nur einen Fingerbreit und an einer Nadel befestigt war.

»Ich sehe, du hast deinen Enkel mitgebracht«, sagte Mike.

Er liebte es, meinen Vater wegen seines Alters aufzuziehen. Bogie war ein Vierteljahrhundert älter als Bacall, weshalb Mike sich, wenn meine Mutter mit Bogie zum Essen kam, gerne an sie wandte und sagte: »Du gehst also immer noch mit demselben alternden Schauspieler aus.«

So ging das eine Zeitlang hin und her. Ich nehme an, so ging es jedesmal eine Zeitlang hin und her. Am stärksten haben sich mir an jenem Tag die grünen Lederpolster in der Nische eingeprägt, der Geschmack von Spinat mit Sahne, einer Spezialität des Hauses, die ich liebte, und die nicht enden wollende Parade Erwachsener, auf die ich nicht gerade scharf war. Ich kannte nicht jeden, der zum Plaudern an unseren Tisch kam. Dieses Geplauder gehörte bei Romanoff's zum Ritual. Normalerweise tauchte David Niven bei meinem Vater auf, ebenso Judy Garland und Sid Luft und Richard Brooks. Und manchmal

Spencer Tracy. Ich bin sicher, daß an jenem Tag Swifty Lazar vorbeikam. Swifty, dessen richtiger Name Irving war, starb erst vor wenigen Jahren. Den 1987er Chrysler, den ich heute fahre, habe ich ihm abgekauft. Swifty galt als erster Superagent Hollywoods. Aber er war nicht der Agent meines Vaters, sondern sein Freund. Swifty war ein kleiner Mann mit einem Engelsgesicht, aber so solide gebaut wie ein Hydrant. Und er war einer der am besten gekleideten Männer in der Geschichte Hollywoods. Mein Pate Quentin Reynolds hat ihn einmal beschrieben als »eine neue Art Strandjunge, der von einem teuren Sportartikelgeschäft ausgestattet worden ist«.

Swifty schaute also vorbei und Filmstars und Sänger und Studiobosse, und alle freuten sich über den seltenen Anblick von Bogie mit einem Kind. Sie zollten mir einen gewissen Respekt, indem sie sagten: »Wie geht's, Stephen?« oder »Meine Güte, du bist aber erwachsen geworden!« Und dann ging es sofort wieder ums Geschäft... Stanley Kramer hatte gerade die Rechte an irgendeinem Buch erworben, Gary Cooper drehte einen Film, Harry Cohn ärgerte sich über irgend etwas und so weiter. Eine Menge Berühmtheiten, eine Menge faszinierende Gespräche. Faszinierend allerdings nur für Erwachsene, aber nicht für jemanden, dessen Vorstellung von Spaß darin bestand, mit Diane Linkletter Treppengeländer herunterzurutschen oder auf Bäume zu klettern. Ich war nicht sonderlich beeindruckt. Ich war erst sieben Jahre alt. Mit einem Wort, ich langweilte mich.

Als Bogie beim Brandy angelangt war, hatte meine Langeweile begonnen, physische Ausmaße anzunehmen. Ich bearbeitete mein Wasserglas mit einer Gabel.

»Hör auf damit, Junge«, sagte mein Vater.

Ich schlug unter dem Tisch die Füße zusammen.

»Laß das, Junge«, sagte mein Vater.

Und zweifellos schnitt ich Grimassen, klopfte mit den Fingern auf den Tisch, zappelte und blickte im Restaurant herum – ich führte mich eben auf wie ein Kind. Aber das Verhalten von Kindern war Humphrey Bogart ein völliges Rätsel, und obwohl ihn sonst fast alles amüsierte, verlor er nun sichtlich die Geduld.

Als wir das Restaurant verließen, sprachen wir nicht mehr miteinander. Die Knöchel seiner Hände auf dem Lenkrad des Jaguars waren weiß, als er – möglicherweise ein wenig zu schnell – durch die Straßen von Beverly Hills fuhr, um den kleinen Dämon so bald wie möglich bei Lauren Bacall abzuliefern.

Ich glaube, mein Vater hielt mich manchmal für einen Quälgeist. Als er einmal mit einem Freund über mich sprach, sagte er: »Ein Wort von mir, und er tut nur noch, was er will.« Und Carolyn Morris, eine der besten Freundinnen meiner Mutter, erinnert sich: »Du warst eine ständige Herausforderung. Wie dein Vater. Du machtest die Dinge auf deine Art, und wenn dir irgend jemand sagte, wie du etwas tun solltest, dann machtest du es um so entschlossener auf deine Weise. Dein Dad war ganz genauso.«

Als wir heimkamen, lag meine Mutter am Pool und las. Dad führte mich direkt zu ihr, als würde ich zu fliehen versuchen.

»Baby«, sagte er, »nie wieder.«

Meine Mutter sagte nichts. Sie legte ihr Buch zur Seite und sah mich fragend an.

»Nie wieder«, sagte ich im Ton meines Vaters und zog von dannen, um Comics zu lesen.

Tatsächlich nahm mich Bogie doch wieder zu Romanoff's mit, ein paarmal sogar. Ich erinnere mich in Verbindung mit diesen Besuchen an keine Konflikte, also muß es besser gelaufen sein.

Ich kann mich nur an eine weitere Gelegenheit erinnern, bei der ich meinem Vater Ärger bereitete, aber daran habe ich keine unmittelbare Erinnerung, sondern es ist eine Geschichte, von der mir David Niven Jahre später berichtet hat, einer der engsten Freunde meines Vaters in Hollywood. Er erzählte mir, wie ich einmal beinahe einen der berühmtesten Stückeschreiber der Welt bei uns zu Hause k. o. geschlagen hätte.

Dieser Stückeschreiber war Noël Coward. Anscheinend

saßen eines Nachts Niven und Coward mit Bogie in seinem Arbeitszimmer. Noël Coward war auf dem Weg nach Las Vegas, wo er seinen ersten Auftritt im Sands Hotel haben sollte. Es war das Jahr 1955. Coward wollte seinen Text mit Bogie und Niven durchgehen. Er war sehr beunruhigt. Würde das Nacht-club-Publikum von Las Vegas den intelligenten Humor eines britischen Autors überhaupt verstehen? Bogie und Niven saßen in Lehnsesseln Coward gegenüber auf dem Sofa. Ich stand hinter dem Sofa. Ich weiß nicht, ob man mich ignoriert hatte oder ob ich einfach nur in mieser Laune war oder vielleicht irgend etwas gegen britische Komödien hatte, jedenfalls begann ich, mich unheilvoll hinter Coward zu bewegen und ihn zu betrachten, als handelte es sich um ein Tier, das erlegt werden mußte. Ich war mit einem großen Messingtablett bewaffnet. Als ich nahe genug an Noël Coward herangekommen war, hob ich das Tablett und ließ es auf seinen Schädel niedersausen. Es muß ziemlich weh getan haben, auch wenn die Attacke nur von einem Sechsjährigen ausgeführt worden war. Aber der berühmte Autor drehte sich nicht einmal nach mir um. Er sah nur meinen Vater an und sagte in seinem nuscheligen britischen Akzent: »Bogart, mein Lieber, weißt du, was ich dem entzük-kenden kleinen Stephen zu Weihnachten schenken werde? Eine mit Schokolade überzogene Handgranate.«

Das Wohnzimmer benutzten wir nur selten. Es war nicht vollständig eingerichtet, enthielt aber einige teure Antiquitäten und Gemälde. Wenn meine Eltern Gäste hatten, was oft genug vorkam, führte meine Mutter sie lieber ins holzgetäfelte Arbeitszimmer, das »Walnußzimmer«, wo die Einrichtung weniger kostbar, dafür aber bequemer war. Außerdem gab es dort eine Bar. Das Walnußzimmer war ein gemütlicher Raum mit vielen Büchern, einer Bar, bequemen Stühlen, Klapptischen und einer herunterziehbaren Leinwand für Privatvorführun-gen. Die Gäste waren berühmte Leute: Sinatra, Tracy, Garland, Benchley, Niven, Huston und so weiter, und viele waren sehr wohlhabend. Aber die meisten von ihnen waren Trinker. Mein Vater fühlte sich nicht wohl in Gegenwart von Leuten, die nicht tranken. »Ich traue niemandem, der nicht trinkt«, sagte er einmal. Folglich waren die Freunde meiner Eltern manchmal etwas rüpelhaft, und ich glaube, Mutter wollte nicht, daß sie in ihre Gemälde stolperten oder Vasen zertrümmerten.

Bacall hatte guten Grund, sich Sorgen zu machen. Mein Vater und seine Freunde waren zu Unfug durchaus in der Lage. Einmal, als der Regisseur John Huston und sein Vater Walter Oscars für ihre Arbeit an *Der Schatz der Sierra Madre (The Treasure of the Sierra Madre)* bekommen hatten, spielten Dad, der für den Film ebenfalls nominiert gewesen war, und John Huston in ihren Smokings im Schlamm Football gegen einen Studiomanager und einen Drehbuchautor. Sie hatten nicht einmal einen Ball und waren zu betrunken, um einen zu suchen, so spielten sie mit einer Grapefruit.

Es gibt eine Menge Gründe dafür, daß ich meinen Vater als Kind nicht oft gesehen habe. Einer war die Arbeit, ein anderer sein Boot, die Santana.

Die meisten Leute wissen, daß Bogie und Bacall füreinander die große Liebe waren, aber wahrscheinlich wissen nur wenige Leute von der anderen großen Liebe meines Vaters, dem Segeln. Besonders genoß er es auf der Santana, einer Zwanzig-Meter-Yacht, die er Dick Powell und June Allyson abgekauft hatte. Das Meer war der Zufluchtsort meines Vaters.

Bogie war nicht einfach ein Filmstar, der sein Geld zum Fenster hinauswarf. Mit dem Boot war es ihm sehr ernst, und er galt als ausgezeichneter Segler, der sich die Anerkennung der Branche erworben hatte, trotz der eingefleischten Vorurteile, die man dort gegenüber Schauspielern mit Booten hegte.

Mein Vater beantwortete eine Frage nach seiner Leidenschaft für das Segeln einmal so: »Ein Schauspieler braucht etwas, um seinen Charakter zu festigen, etwas, das ihm hilft, an dem festzuhalten, was er wirklich ist, und nicht an dem, was er gerade vorgibt zu sein.«

Phil Gersh sagt, mein Vater sei mitunter an 35 Wochenenden im Jahr mit dem Boot hinausgefahren. Ich würde gerne sagen können, daß mich mein Vater meistens mitnahm. Aber das ist nicht wahr. Ich wollte immer mitfahren, doch Dad ließ mich erst auf das Boot, als ich schwimmen konnte. Lange Zeit habe ich geglaubt, er wollte einfach keine Kinder auf dem Boot haben, aber Carolyn Morris sagte mir: »Nein, ich glaube, daß er sich wirklich um eure Sicherheit Sorgen machte. Er hatte Respekt vor dem Meer.« Später, als ich schwimmen konnte, nahm mich Dad hin und wieder mit aufs Boot. Carolyn: »Ich erinnere mich, daß er nur dich mit aufs Boot genommen hat, dich und Pete. Er zeigte nicht gern seine Gefühle, aber seine Augen haben ihn immer verraten. Er war wirklich stolz, einen Sohn zu haben. Er hat dich sehr geliebt, und es war ihm überaus wichtig, daß du das Meer liebtest.«

Ich erinnere mich an einen Ausflug mit meinem Vater und Joe Hyams und seinem Sohn, der etwa in meinem Alter war. Und ich erinnere mich an Pete, den Skipper, der »Pete BS« genannt wurde, wenn Frauen an Bord waren, oder »Bullshit Pete«, wenn man unter Männern blieb. Über den Namen »Bullshit Pete« mußte ich jedesmal kichern.

Meine Mutter litt unter Seekrankheit, und als ich zur Welt kam, waren ihre Ausflüge auf der Santana bereits selten. Dad fand das in Ordnung. Er zog es ohnehin vor, wenn an den Wochenenden auf dem Boot nur Männer anwesend waren. Er sagte: »Das Problem mit Damen an Bord ist, daß man nicht über die Reling pinkeln kann.«

In der Hauptkabine der Santana hatten zwei Leute Platz. Zwei weitere konnten jenseits des Masts schlafen. Auf dem Boot war mein Vater richtig pingelig. Wenn man etwas durcheinandergebracht hatte, räumte man es auch wieder auf.

Ich erinnere mich, wie ich einmal mit ihm in den Hafen von Newport fuhr. Es gab einen großen eisernen Schuppen am Wasser, aber ich weiß nicht, was drin war. Pete wartete auf dem Pier beim Boot. Sein richtiger Name war Carl Petersen, doch Dad nannte ihn immer Dickschädel.

Es waren für gewöhnlich ein paar junge Schauspieler als Mannschaft an Bord. Dad ließ den Motor an, die Crew zog die

Leinen ein, und dann fuhren wir nach Catalina. Je nach Wind dauerte die Fahrt vier Stunden. Catalina selbst war nichts Besonderes, eine ziemlich karge Insel mit Hügeln und einer Menge Ziegen. Die einzige Stadt hieß Avalon. Es ging eigentlich nur darum, dorthin zu gelangen. Catalina war der einzige Punkt, der weiter westlich lag als Südkalifornien. Bogie ankerte in White's Landing nördlich von Avalon. Das Wasser war dort ganz klar, und es gab einen Strand, wo ich spielen konnte. White's Landing galt als eine Art Treffpunkt für Segler. Mein Dad und seine Freunde stellten Hummerfallen auf, was verboten war. Statt Schwimmern hängten sie Schnapsflaschen an die Leinen. Manchmal fingen sie ein paar Hummer und bereiteten sie an Bord zu. Bei einem Ausflug, als ich sechs oder sieben war, hatte ich einen Kricketkäfig dabei, in dem ich normalerweise ein Spielzeugstinktier hielt. Nathaniel Benchley, der mit von der Partie war, erinnert sich ebenfalls an diesen Vorfall. Ich war fest entschlossen, einen Fisch zu fangen, was, wie ich heute weiß, dumm von mir war, denn Fische konnten leicht durch die Löcher im Käfig herausschwimmen. Ich öffnete also den Käfig mit einem Stöckchen und legte als Köder ein paar Krabben hinein, die ich am Strand gefunden hatte. Ich ließ den Käfig an einem Seil über die Reling hängen, und alle zehn Minuten zog ich ihn hoch, um zu sehen, ob ich bereits einen Fisch gefangen hatte. Noch nach Einbruch der Dunkelheit überprüfte ich den Käfig regelmäßig mit einer Taschenlampe, bis die Taschenlampe schließlich ins Wasser fiel und ich zu Bett ging, während die Erwachsenen tranken und Domino spielten. Ich stellte mir vor, daß ein Fisch in dem Käfig wäre, wenn ich aufwachte. Also erwachte ich am nächsten Morgen früh. Ich erinnere mich lebhaft daran, wie ich den Käfig hochzog, aufgeregt und voller Vorfreude, weil er sich so schwer anfühlte. Schließlich wuchtete ich ihn an Bord und traute meinen Augen nicht. Ich hatte einen Hummer gefangen. Oder um genau zu sein, einen Hummer ohne Schwanz. Ich war überwältigt vor Freude, ganz verrückt vor Aufregung.

»Ich habe einen Hummer gefangen, ich habe einen Hummer

gefangen«, rief ich und weckte alle auf. Die Großen lachten und gratulierten mir zu meinem Fang. Es war einer der aufregendsten Momente meines Lebens. Ich war so stolz.

Erst als ich zwanzig Jahre alt war und selbst Vater geworden, erzählte mir jemand, daß mein Vater den Hummer für mich in den Käfig gelegt hatte. Es sieht so aus, als wäre Bogie selbst dann mein Daddy gewesen, wenn ich es nicht bemerkte.

Ich bin mir sicher, daß die Art, wie mich mein Vater behandelt hat, und der frühe Verlust durch seinen Tod mich auf eine Weise beeinflußt haben, die mir nicht bewußt ist. Aber eine Auswirkung der Tatsache, daß ich Bogies Sohn bin, liegt ganz offensichtlich in der Art, wie ich meine Kinder erziehe.

Obwohl ich selbst noch kaum erwachsen war, als meine erste Frau Dale unseren Sohn Jamie zur Welt brachte, war ich entschlossen, ihn an die erste Stelle in meinem Leben zu setzen. Ich wollte für Jamie ein Vater sein, so wie ich mir einen gewünscht hatte. Und ich glaube, das ist mir gelungen. Ich habe meinen Sohn in den Armen gehalten. Ich habe ihn geküßt. Ich habe ihm vorgelesen. Ich habe mit ihm Ball gespielt, und ich habe sein Baseballteam die ganze High-School-Zeit hindurch trainiert. In vielerlei Hinsicht habe ich das für mich selbst getan, und ich bin sicher, daß ich meinem Sohn ein besserer Vater war, weil meiner starb, als ich acht Jahre alt war. Jamie ist heute erwachsen, aber ich habe immer noch Richard und Brooke zu Hause, und nichts hat meine Haltung geändert, was die Notwendigkeit angeht, Kinder wichtiger zu nehmen als alles andere. Wenn meine Kinder in meinem Alter sind, werden sie eine Menge Erinnerungen an mit ihrem Vater verbrachte Stunden haben.

Das ist mir wichtig, weil ich mir in all den Jahren, in denen ich wütend darüber war, Humphrey Bogarts Sohn zu sein, stets wünschte, vollständigere Erinnerungen an ihn zu besitzen. Oft gab es nur Bruchstücke einer Erinnerung, die sich erst dann zu einem Ganzen fügte, wenn ich sie in die Geschichten einpaßte, die mir erzählt wurden. Ich erinnere mich zum Beispiel an eine

41

Zugfahrt mit meinem Vater. Aber erst heute weiß ich, daß wir damals nach Kalifornien fuhren, um meine Mutter bei den Dreharbeiten zu *Der gelbe Strom (Blood Alley)* zu besuchen. Joe Hyams war dabei und erinnert sich an Einzelheiten. Bogie hatte ihn angerufen und gebeten mitzukommen: »Wir nehmen den Abendzug, um Betty zu besuchen. Und am Samstag können wir dann vielleicht in den Zoo gehen.«

»In den Zoo?« fragte Hyams.

»Klar«, sagte Bogart. »Du und ich und Betty und Steve.«

»Steve? Du willst, daß ich als Babysitter mitkomme?«

»Natürlich nicht«, sagte Bogie. »Ich will deine Gesellschaft. Aber du hast doch Kinder.«

»Und?«

»Und ich stelle mir vor, daß du weißt, was zu tun ist, wenn Steve Theater macht.«

Vor der Reise kaufte Hyams ein paar Spielsachen. Als Bogie die Sachen sah, hielt er Hyams für ein Genie.

»Spielsachen, ja«, rief er. »Großartige Idee! Kinder mögen Spielsachen.« Und dann sagte er: »Das ist das erste Mal, daß ich mit dem Jungen alleine bin. Ich hoffe, es funktioniert.«

Hyams erinnert sich, daß Bogie, nachdem wir unser Abteil gefunden hatten und der Zug sich in Bewegung setzte, nur darauf aus war, »das Kind ins Bett zu bringen« und auf einen Drink in den Speisewagen zu gehen. Aber ich war sechs Jahre alt und bestand darauf, daß mir ein Märchen erzählt wurde. »Ich kenne keine Märchen«, sagte Dad. »Onkel Joe wird dir eins erzählen.«

Aber ich wollte ein Märchen von meinem Vater und nicht von Onkel Joe. Also setzte sich Joe auf das Bett unterhalb von meinem, erfand ein Märchen und flüsterte Bogie die Worte zu, der sie dann für mich wiederholte. Hyams zufolge schlief ich ein – und mein Vater ebenfalls.

Hyams erinnert sich auch an den fragenden Blick, den mein Vater in Gegenwart von mir und Leslie oft bekam, einen Gesichtsausdruck, von dem mir viele Leute erzählt haben. Während der Zugfahrt am nächsten Tag sagte Bogie einmal nachdenklich zu Hyams: »Ich schätze, ich habe den Jungen zu spät in meinem Leben bekommen. Ich weiß einfach nicht, was ich mit ihm anfangen soll.« Und dann fügte er hinzu: »Aber ich liebe ihn. Ich hoffe, er weiß das.«

Zwei Tage nach meinem ersten Besuch an diesem Ort. Ich bin nun im Haus. Ich bin mit meiner Mutter da. Mit beinahe siebzig ist Bacall immer noch die strahlende Gestalt, die sie damals in ihren Zwanzigern war, und während sie durch das Haus rauscht und mit ihrer typischen heiseren Stimme, die vor so langer Zeit einmal sagte: »Du weißt doch, wie man pfeift, oder?«, die Vergangenheit heraufbeschwört, da versuche ich, meinen Vater pfeifen zu hören. Dies ist immerhin der Ort, an dem Bogie und Bacall ihr Glück fanden.

Aber während sich bei meiner Mutter die Erinnerungen in voller Größe und in lebhaften Farben einstellen, kommen sie zu mir als Scherben in Schwarzweiß. Es ist, als betrachtete ich Fotos, manche von Freunden, manche von Fremden. Als mich meine Mutter in den Raum führt, der einst das Eßzimmer war, ist mir, als sähe ich es zum ersten Mal. Dasselbe gilt für das Wohnzimmer. Es gibt kein plötzliches Wiedererkennen. Aber in anderen Augenblicken, bei einer Drehung im Flur, beim Anblick einer Fußleiste, habe ich wieder das Gefühl, sieben Jahre alt zu sein. Die Empfindung ist am stärksten, als wir an der breiten weißen Treppe stehen, die vom Wohnzimmer aus in den ersten Stock hinaufführt. Ich sehe mich das Geländer hinunterrutschen, höre die Ermahnungen meines Vaters. Aus welchen Gründen auch immer, es ist diese Treppe, die mich am meisten an jene Zeit vor fast vierzig Jahren erinnert, als ich ein herumtobender Junge und mein Vater noch am Leben war.

Während ich mich in Erinnerungen verliere, wird meine Mutter in das »Walnußzimmer« geführt, wo Bogie und Bacall ihre Freunde empfingen. O Gott, denke ich, was für Leute in diesem Zimmer gelacht haben. Frank Sinatra, John Huston, Katharine Hepburn, Judy Garland…

2

»Bogie hat sich nie in Menschen getäuscht.
Wenn er jemanden okay fand,
dann war der auch okay. Und wenn er
jemanden für einen Hochstapler hielt, dann war das auch ein
Hochstapler.«
Sam Jaffe

Rückblickend wird mir klar, was für eine außergewöhnliche Straße der Mapleton Drive gewesen ist, eine Enklave für Berühmtheiten. Mein Vater hatte immer geschworen, er würde niemals in so einem wohlanständigen, gepflegten Viertel wohnen – bis zu dem Tag, an dem ihn Bacall dazu überredete. In Mapleton spielte ich mit den Kindern berühmter Leute. Ich erhielt zusammen mit Tina Sinatra Klavierstunden in Frank Sinatras Haus. Und mein bester Freund war Scott Johnson, dessen Vater Nunnally Johnson Bogies Kumpel war. Nunnally hat Dutzende von Drehbüchern geschrieben, darunter für *Früchte des Zorns (The Grapes of Wrath)*, *Das dreckige Dutzend (The Dirty Dozen)* sowie *Eva mit drei Gesichtern (The Three Faces of Eve)*, ein Film, den er auch selbst produzierte und inszenierte.

Uns gegenüber wohnte Art Linkletter, einer der Top-Fernsehleute der fünfziger Jahre. Seine Tochter Diane und ich waren wie Tarzan und Jane – wir kletterten dauernd zusammen in den

Bäumen herum. Und neben den Linkletters lebte Sammy Cahn, der berühmte Komponist. Sein Sohn Steve und ich spielten gern im Wald hinter unserem Haus, wo wir ein kleines Lager hatten. Manchmal machten wir Feuer, spießten Marshmellows auf und rösteten sie. Ein Stück weiter unten in der Straße lebte Judy Garland. Ihre Tochter Liza Minnelli war ebenfalls meine Freundin. Liza ist heute selbst ein Superstar, aber damals war sie wie ich, ein Kind berühmter Leute. Ihr Vater ist Vincente Minnelli, der bei den Filmen *Ein Amerikaner in Paris (An American in Paris), Gigi (Gigi) und Van Gogh – Ein Leben voller Leidenschaft (Lust for Life)* Regie führte. Damals war Judy Garland allerdings schon mit dem Produzenten Sid Luft verheiratet, und seine Tochter Lorna war eine Freundin meiner Schwester. Judy Garland besuchte oft meine Mutter. Judy hatte, wie alle Welt weiß, Probleme, und sie suchte bei meinen Eltern Trost.

Bing Crosby lebte mit seinen vier Söhnen, die in ihren Corvettes die Straße auf und ab fuhren, ebenfalls dort. Gloria Graham wohnte hier. Und Lana Turner. Liza verbrachte viel Zeit mit Lanas Tochter Cheryl Crane, die in einen der größten Skandale der fünfziger Jahre verwickelt war: Sie erstach den Gangsterfreund ihrer Mutter, Johnny Stompanato. Der Vorfall war für Cheryl natürlich mehr als nur ein Skandal. Es war eine Tragödie, die sie in ganz Amerika auf die Titelseiten katapultierte.

Ich hatte viele gute Freunde auf dem Mapleton Drive, aber nachdem mein Vater gestorben war, verlor ich sie nach und nach. Und noch Jahre später tat ich mich schwer, neue Freunde zu finden. Einer der Gründe war wohl, daß ich immer dieses ängstliche Flüstern im Ohr hatte. Er mag dich nur, weil du Bogies Sohn bist. So kann es auch nicht verwundern, daß heute meine engsten Freunde welche sind, die zunächst nicht wußten, wer mein Vater ist, oder denen es egal war.

Erst nachdem ich von der Universität in Boston geflogen und mit Dale nach Torrington, Connecticut, gezogen war, fand ich wieder Anschluß, erst da entwickelte ich Freundschaften, wie ich sie mir immer gewünscht hatte.

Ich war schon früher einmal in Dales Heimatstadt gewesen, und vom ersten Moment an wußte ich, daß Torrington mein Zuhause war. Für mich hatte dieser kleine Ort in Connecticut einen besonderen Reiz. Den Leuten dort war es vollkommen egal, daß ich Humphrey Bogarts Sohn war. Dort konnte ich mich verstecken und ich selbst sein. In Torrington waren meine Freunde nicht die Söhne von Filmstars oder Bankdirektoren. Es waren Männer, die Laster fuhren, in Fabriken arbeiteten oder Autowerkstätten betrieben. Sie entwickelten keine Filmprojekte, und sie hatten keine Swimmingpools. Ich spielte Poker mit ihnen oder Basketball auf dem Schulhof. Dort war ich zum ersten Mal in der Lage, meine Identität als Bogarts Sohn abzustreifen. Dort lernte ich auch, wie sehr ich Freunde brauchte und daß man sich die Freunde eines Menschen ansehen muß, wenn man die Wahrheit über ihn herausfinden will. Innerhalb der Familie handelt ein Mann oft aus Rücksicht oder Verantwortungsgefühl. Bei Frauen versucht er vielleicht zu sehr, Eindruck zu schinden, oder er nimmt sich zurück, wenn er eine unbedingt ins Bett bekommen will. Bei Kollegen muß er, wenn er vorankommen will, so tun, als interessiere er sich für allerlei Dinge, für die er sich in Wirklichkeit überhaupt nicht interessiert. Aber bei Freunden, da gibt es nichts als die Freundschaft, und ich glaube, ein Mann offenbart am Ende nur seinen Freunden, wer er wirklich ist.

Als ich begann, die Leute über meinen Vater auszufragen, war mir bewußt, daß das nicht nur für normale Leute gilt, sondern um so mehr für Bogie. Er hatte im Laufe der Jahre viele gute Freunde, aber er selbst sah das nicht so. »Ich habe eine Handvoll sehr enger Freunde, das ist alles«, sagte er einmal.

Am Vorabend seines 46. Geburtstages, am Heiligabend, veranstaltete meine Mutter eine Überraschungsparty für ihn. Sie lud zwanzig Freunde ein und ließ sie allesamt in unsere römische Badewanne steigen. Als mein Vater nach Hause kam, schenkte sie ihm einen Drink ein, bat ihn aber, es sich nicht zu gemütlich zu machen.

»Mit der Badewanne stimmt was nicht«, sagte sie, »kannst du mal einen Blick draufwerfen?«

Was für ein absurdes Bild muß sich ihm geboten haben, als er das Bad betrat: all die Freunde, unter ihnen Robert Benchley und Raymond Massey, zusammengepfercht in der Wanne! »Überraschung!« riefen sie und: »Alles Gute zum Geburtstag!«, nicht: »Fröhliche Weihnachten.«

Es folgte ein Fest, und mein Vater, der nie eine Überraschungsparty an seinem Geburtstag erlebt hatte, war tief bewegt, mehr, als meine Mutter erwartet hatte.

»Ich glaube, er war echt überrascht«, sagt sie. »Nicht nur von der Party, sondern von der Tatsache, daß diesen Leuten so viel an ihm lag, daß sie am Heiligabend zu uns kamen. Trotz all seiner Erfolge hatte er nicht das Gefühl, sonderlich beliebt zu sein. Ich glaube, er hat nie wirklich gewußt, wie sehr er geliebt wurde.«

Der beste Freund meines Vaters war Bill Brady jr., dessen Vater William Brady sen. – Boxpromoter und Theaterproduzent – Dad seine erste Chance im Showbusineß verschaffte. Als Teenager sah mein Vater mit Bill Brady zusammen die ersten Broadwayshows und Filme. Traurigerweise kam der junge Brady in einem Feuer ums Leben, gerade als mein Vater mit *Der versteinerte Wald (The Petrified Forest)* berühmt wurde. Dad, der selten Gefühle zeigte, weinte offen über den Tod seines Freundes. Jahre später traf es ihn erneut, als sein Freund Mark Hellinger im Alter von 44 Jahren an einem Herzinfarkt starb. Die beiden hatten gerade versucht, gemeinsam eine Produktionsfirma auf die Beine zu stellen.

Seit er erwachsen war, hatte Bogie mit seinen Freunden hauptsächlich getrunken. In seinen Zwanzigern trank er mit New Yorker Freunden in Greenwich Village. Als er am Broadway war, trank er am Times Square. Als er schließlich ein Filmstar war, traf er sich mit seinen Freunden im »21«, wenn er in Manhattan, und bei Romanoff's, wenn er zu Hause war. Natürlich war das Trinken damals nicht so politisch unkorrekt wie heute. Damals gab es noch keine Initiative »Mütter gegen Alkohol am Steuer«, und exzessives Trinken galt als männlich und sogar ein bißchen witzig.

Bogie liebte es zu spielen. Er war ein Schachexperte und kannte sich sehr gut mit Karten aus, denn er spielte auch Poker. Beim Spielen, so erinnern sich seine Freunde, war er stets sehr gewissenhaft und zählte seine Züge zum Beispiel an einem Punktebrett aus. Obwohl Bogie mehr Freunde hatte, als er vielleicht wußte, war er keineswegs allseits beliebt. »Mich mag nicht jeder, und ich mag nicht jeden«, sagte er einmal.

Einer der Gründe, warum Leute ihn nicht mochten, war die Tatsache, daß er ein absoluter Provokateur war – ein weiteres Spiel für ihn. Er stellte Leute gerne auf die Probe, sobald er sie kennenlernte, vielleicht um zu sehen, ob sie geeignete Gegner waren. Als er beispielsweise Frank Sinatra zum ersten Mal traf, sagte er: »Es heißt, die Mädchen fallen in Ohnmacht, wenn sie Ihre Stimme hören. Versuchen Sie's doch mal bei mir!« Und als er John Steinbeck kennenlernte, sagte er: »Hemingway hat mir erzählt, Sie sind gar kein so guter Autor.«

Bogie provozierte jeden, meine Mutter eingeschlossen. Er zog sie oft auf, weil sie Leslie und mich alleine ließ, um arbeiten zu gehen. »Wenn du schon keine zweite Sarah Bernhardt werden kannst, dann gib doch nicht alles auf, nur um eine einfache Schauspielerin zu sein«, sagte er. Oder wenn er ein Loch im Strumpf fand: »Du hast zwar Zeit, Filme zu drehen, aber nicht, meine Socken zu stopfen.« Mein Vater hätte wohl ein paar Korrekturen an sich vornehmen müssen, um in der postfeministischen Ära zu überleben. Obwohl er in Gegenwart von Frauen nicht fluchte und auch keine Zoten erzählte, ersparte er ihnen nicht seine Sticheleien. Mutters Freundin Carolyn Morris erinnert sich an einen Vorfall, der sich bei ihrer ersten Begegnung mit Bogie im Beverly Hills Hotel ereignete. Als meine Mutter sich anfangs mit Bogie traf, war alles noch sehr geheim, obwohl er damals schon von seiner Frau Mayo Methot getrennt lebte. Bacall hatte also Carolyn gebeten, sie in das

Hotel zu begleiten, um dem Treffen einen diskreteren Anstrich zu verleihen.

Als Carolyn das Hotelzimmer betrat, sah sie sofort, daß Bogie getrunken hatte und nicht sonderlich begeistert war, sie in Bacalls Begleitung zu sehen. Er hatte Mom allein erwartet. Damals hielt sich Carolyns zukünftiger Ehemann Buddy gerade in Florida auf, und sie beschloß, ihn von Bogies Suite aus anzurufen.

»Was ist hier los?« fragte Bogie Bacall. »Bringst du deine Freundinnen her, damit sie von meinem Apparat aus Ferngespräche führen können?«

Carolyn, die zum ersten Mal den Mann sah, von dem ihre Freundin Betty geschwärmt hatte, wußte nicht so recht, was sie davon halten sollte. Er erschien ihr ziemlich unverschämt. »Vielleicht sollte ich ein Schild aufstellen?« sagte Bogie. »Öffentliches Telefon für Freunde von Bacall.«

Er redete die ganze Zeit so weiter, während Carolyn mit Buddy sprach. Als das Gespräch beendet war, kochte Carolyn vor Zorn. Sie warf den Hörer auf die Gabel und nahm einen Fünfdollarschein aus ihrer Tasche. »Hier«, sagte sie, »für das Gespräch.«

»Das will ich nicht«, sagte er.

»Nehmen Sie den Schein«, erwiderte sie. »Ich möchte nicht, daß Sie behaupten, ich würde auf Ihre Kosten telefonieren.«

»Ich will das Geld nicht«, sagte er.

»Ich bestehe darauf.«

Schließlich nahm Bogie den Schein und zerriß ihn. Gute Freunde wurden er und Carolyn erst später.

Ein anderer von Bogies Freunden, George Axelrod, sagte mir: »Dein Vater war ziemlich lebhaft, und er konnte ein wahrer Teufel sein. Als ich ihn kennenlernte, wollte er mich immer betrunken machen. Er hatte einen großartigen Humor, sehr trocken, und lachte nie über seine eigenen Witze. Er brummelte so vor sich hin, immer mit einer Zigarette, immer mit einem Scotch. Ich glaube, er ist mit einen Glas Scotch in der Hand zur Welt gekommen.

Oben: Dad mit seiner dritten Frau Mayo Methot (1944)
Unten: Dad und Mom mit John Huston bei den Dreharbeiten zu *Key Largo*
(1948) Quelle: Warner/Foto von Mac Julian/MPTV

Dieser Bogart machte den Leuten dauernd Probleme, und er ließ sie nicht so leicht entkommen. Er brachte gern die Welt durcheinander, war auf seine eigene kleine Revolution aus. Häufig sagte er zu Rock Hudson: ›Was für ein Name ist das, was zum Teufel bedeutet Rock Hudson?‹ Hier hatten wir also einen Mann namens Humphrey, und der machte sich über jemandes anderen Namen lustig! Aber dein Vater hielt Rock Hudsons Namen für Angeberei und ließ nicht locker. Manchmal konnte er grausam sein, aber er war auch witzig. Diesmal jedoch attackierte er den Falschen. Rock konnte ihm nichts entgegensetzen, das lag ihm einfach nicht. Eigentlich waren Rock und dein Vater Freunde. Rocks richtiger Name war Roy, und er haßte es, Rock genannt zu werden. Also zog ihn dein Vater auf, indem er ihn dauernd Rock nannte.«

Das war, wie ich gehört habe, nicht das einzige Mal, daß sich mein Vater über einen Namen lustig machte. Er tat das häufig. Einmal traf er auf einer Party einen jungen Autor namens Ben Ray Redman. Er sagte zu Redman: »Wissen Sie, was mit Ihnen nicht stimmt? Sie sind auch nur einer von diesen verdammten Schriftstellern mit drei Namen.« Ich nehme an, mein Vater hielt sich für ziemlich clever, denn er fing an, eine ganze Reihe von Autoren mit drei Namen herunterzurasseln. »Stephen Vincent Benet«, sagte er, »Mary Roberts Rinehart, Harriet Beecher Stowe, Louisa May Alcott, Marjorie Kinnan Rawlings« und so weiter.

Dad wollte herausfinden, ob es die Leute mit ihm aufnehmen konnten, und das war manchmal ein Fehler, zum Beispiel als er Judy Garlands dritten Ehemann Sid Luft auf einer Party bei Swifty Lazar kennenlernte. Bogie hatte getrunken und es von Anfang an auf Luft abgesehen. Aber Luft war früher Testpilot gewesen und ein ziemlich kräftiger Kerl, und er ließ sich auf nichts ein. Er hob Bogie hoch und nagelte ihn an die Wand.

»Stell mich ab, du Hurensohn«, sagte Bogie.

Statt ihn abzustellen, küßte Luft ihn auf beide Wangen.

»Wir werden gute Freunde werden, du und ich«, sagte Luft.

»Ach ja, und warum, bitte schön?«

»Weil wir uns nicht piesacken werden.«

»Ach nein?«

»Genau so ist es«, sagte Luft. »Und der Grund dafür ist, daß ich dir sonst eins auf die Nuß geben müßte.« Dann stellte er meinen Vater ab. »In Ordnung, Bogie?«

Es gab einen Moment der Spannung, dann brach mein Vater in Gelächter aus. Danach war alles wieder gut. Ich glaube, mein Vater mochte solche Szenen, weil er Schauspieler war. Das war dramatisch, das war mehr, als das wirkliche Leben zu bieten hatte.

Mein Vater gab gerne an, und Leute wie Luft zu piesacken gehörte dazu. Nat Benchley sagte mir: »Manche Leute behaupten, Bogie sei nichts weiter gewesen als ein Exhibitionist, der den Leuten ziemlich auf den Wecker fiel, aber dabei übersehen sie, daß er, wenn er wollte, so ruhig und bedacht wie ein Talmud-Gelehrter sein konnte. Wenn er sich aufspielte, gab es meistens einen Grund, und der fand sich in der Regel in seiner Gesellschaft.«

Dads Neigung, Leute anzumachen, ehe er wußte, mit wem er es zu tun hatte, brachte ihn einmal am Anfang seiner Karriere in Schwierigkeiten, als er für die Twentieth Century Fox arbeitete und versuchte, in Hollywood Fuß zu fassen. Er war ein ehrgeiziger Golfer, zumindest damals, und er spielte mit einem Freund hinter einem sehr langsamen Vierer. Als Bogie fragte, ob er durchspielen dürfe, drehte sich einer aus der Gesellschaft um und sah ihn böse an.

»Natürlich nicht«, sagte der Mann. »Wer zum Teufel glauben Sie, daß Sie sind, so eine Frage stellen zu dürfen?«

»Ich heiße Humphrey Bogart«, sagte mein Vater. »Ich arbeite bei der Fox. Und was zum Teufel bilden Sie sich ein, in einem Club für Gentlemen einen Gentlemansport auszuüben?«

Unglücklicherweise war der Mann, den mein Vater angeschrien hatte, Vizepräsident bei der Fox. Vielleicht machte mein Vater aus diesem Grund schließlich die meisten seiner Filme bei Warner Brothers.

Dad stritt sich nicht nur mit Fremden, sondern oft auch mit Freunden. Einmal bei Romanoff's provozierte er seinen Agenten Sam Jaffe, bis der genug hatte.

»Hör zu«, sagte Sam, »ich lasse mir diesen Mist weder von dir noch von irgend jemand anderem bieten. Wenn du nicht anders kannst, such dir einen neuen Agenten, und deinen Vertrag kannst du zurückhaben. Ich lasse mir das wirklich nicht bieten.«

Bogart dachte darüber nach und beschloß, die Sticheleien seinzulassen, zumindest für diesen Abend.

Ein anderer Streit ereignete sich in Jaffes Haus. Aus irgendeinem Grund ärgerte sich Bogie über die modernen Gemälde an den Wänden. Dad hielt sie vermutlich für prätentiös. »Verdammte Hochstapler«, sagte er.

»Was hast du gesagt?« fragte Sam zurück.

»Die Gemälde an deiner Wand«, sagte Bogie, »das ist doch ein Haufen Mist.«

»Wirklich?«

»Ja, wirklich. Weißt du, was ich tun sollte?«

»Was zum Beispiel?«

»Ich sollte sie alle zum Fenster rauswerfen.«

An diesem Punkt mischte sich Mrs. Jaffe in die Unterhaltung ein. »Verschwinden Sie«, sagte sie.

»Wie?«

»Verschwinden Sie, Mr. Bogart. Verlassen Sie mein Haus. Sie benehmen sich daneben.«

Bogie ging und kritisierte fortan nie wieder den Kunstgeschmack der Jaffes.

John Huston war ein weiterer seiner engen Freunde, mit denen Bogie stritt. Kate Hepburn erzählte mir, bei den Dreharbeiten zu *African Queen* sei es zwischen Bogie und Huston zu Auseinandersetzungen gekommen. Jess Morgan, ein Freund der beiden, bestätigte mir, daß Bogie und Huston zwei starrköpfige Männer waren, die oft stritten. Huston selbst hielt ihre Meinungsverschiedenheiten offenbar nicht für so gravierend, denn er behauptet, er und Bogie hätten bei den Dreharbeiten zu

Der Schatz der Sierra Madre ihren »absolut einzigen Streit« gehabt.

So wie Huston die Geschichte schildert, war Bogie allmählich ungeduldig geworden, weil sich die Dreharbeiten in der Sierra hinzogen und er mit der Santana an einer Regatta nach Honolulu teilnehmen wollte. Bogie fürchtete, er könnte das Rennen wegen der Dreharbeiten versäumen. Huston sagt, mein Vater sei »dickköpfig und zunehmend weniger kooperativ« gewesen.

Einmal drehten sie eine Szene mit ihm und Tim Holt.

»Okay«, sagte Huston, als es vorbei war. »Laß es uns noch mal machen.«

»Warum?« fragte Bogie.

»Warum was?« fragte Huston zurück.

»Warum noch einen Take?« wollte Bogie wissen.

»Weil ich noch einen brauche«, sagte Huston.

»Ich finde, ich bin gut gewesen«, sagte Bogie.

»Warst du auch«, antwortete der Regisseur. »Es hat nichts mit dir zu tun, Bogie. Ich möchte es einfach gerne noch einmal machen.«

»Also, ich verstehe nicht, warum wir das noch mal drehen müssen. Ich fand es ziemlich gut«, sagte mein Vater.

»Bitte«, sagte Huston. Er wurde langsam ärgerlich. »Mach es einfach.«

Bogie wiederholte die Szene, aber er war nicht glücklich damit. Später am Abend, als Bogie, Huston und meine Mutter sich zum Essen an den Tisch setzten, fing Dad wieder zu schimpfen an.

»Zu viele gottverdammte Takes«, sagte er. »Braucht man alle nicht.«

»Was ist los, Bogie?«

»Du brauchst viel zu lange, um diesen Film zu drehen«, sagte Bogie. Er beugte sich über den Tisch und zeigte mit dem Finger auf seinen Freund. »Bei dem Tempo versäume ich noch die Regatta.« In diesem Moment streckte Huston seinen Arm aus, packte Dads Nase und begann zuzudrücken.

»John, du tust ihm weh«, sagte meine Mutter.

»Ja, ich weiß«, sagte Huston. »Das will ich auch.«

Er drückte ein letztes Mal kräftig zu und ließ Dads Nase dann los.

Später fühlte sich mein Vater schlecht, weil er mit seinem Freund gestritten hatte. Er ging zu Huston. »Was zum Teufel tun wir da eigentlich?« fragte Bogie. »Komm, wir wollen uns wieder vertragen, so wie wir es immer tun.« Sie besiegelten ihre Versöhnung mit einem Drink. Bogie versäumte übrigens das Rennen.

Auch Richard Burton erinnert sich daran, daß Bogie mit seinen Freunden manchmal ziemlich rauh umging. Burton erzählt von einer Nacht, die er zusammen mit Bogie, David Niven und Frank Sinatra vor Catalina auf dem Boot verbrachte, während andere Segler in ihren Dinghis um die Santana trieben: »Frankie sang die ganze Nacht, das ist wahr, und eine Menge Leute saßen in ihren Booten und betranken sich. Bogie und ich fuhren raus zum Hummerfang, und Frankie war echt sauer auf Bogie. Irgendwann versuchte David Niven, die Santana in Brand zu stecken, weil niemand Frankie daran hindern konnte, immer weiter und weiter und weiter zu singen. Ich trank *Boilermakers* mit Bogie, Whiskey und Dosenbier, weshalb die Nacht in meiner Erinnerung ein bißchen verschwommen ist, aber ich glaube, es gab da ein Mädchen, das in einem Ruderboot einen Streit mit ihrem Ehemann oder Freund hatte und von ihm ins Wasser geworfen wurde. Ich weiß nicht, warum, aber wahrscheinlich wollte sie bleiben und Frankie zuhören, und er wollte weg. Bogie und Frankie prügelten sich am nächsten Tag fast wegen Frankies Gesang in der Nacht zuvor, und ich fuhr Betty heim, weil sie so sauer war auf Bogie und seine Sticheleien über Frankies Gesang. Damals hatte Frankie keine Arbeit und war besonders verletzlich, und Bogie war unnötig grausam.«

Einige Leute sagen, Bogie sei mit seinen Sticheleien manchmal zu weit gegangen und habe mitunter Leute durch seine spitzen Bemerkungen verletzt. Aber das geschah nicht aus Bosheit. Zuweilen gingen einfach die Pferde mit ihm durch, und er schätzte sein Gegenüber falsch ein. Nicht alle haben ein dickes Fell, und selbst die, die es haben, legen es in Momenten der Schwäche ab. Aber ich glaube, Dad setzte Sinatra zu jener Zeit so sehr zu, weil er fand, daß Sinatra nicht der war, der er hätte sein können, sowohl persönlich als auch beruflich. Bogie und Sinatra verband eine Art Vater-Sohn-Beziehung, und Dad hatte Sinatra oft zur Brust genommen, weil der die Schauspielerei nicht ernst genug nahm. Ich glaube, Dad war überzeugt, daß Sinatra ein großes Talent besaß, es aber manchmal falsch einsetzte. Mein Vater hatte seine eigene Philosophie, und die stammte von einer Erfahrung, die er Jahre zuvor im Büro eines Produzenten gemacht hatte – eine wertvolle Lektion.

Bogie war in das Büro des Produzenten gekommen, während der mit einem Autor über dessen Drehbuch sprach. Der Produzent sagte zu dem Mann, sein Buch habe durchaus Qualitäten, trotz der Mängel stecke viel Gutes darin. Nachdem der Autor gegangen war, erzählte der Produzent Bogie, das Drehbuch sei furchtbar. Bogie fragte, warum er ihm das nicht einfach gesagt habe. Der Produzent erwiderte: »Wenn man sieht, daß jemand sein Bestes gegeben hat und es nichts taugt, dann darf man nicht grausam sein. Wenn man aber weiß, der Betreffende kann es besser, dann sagt man ihm, daß es nichts taugt und daß er es verbessern soll. Aber wenn man weiß, das ist sein Bestes, dann muß man sanft sein.«

Vielleicht wollte Bogie Sinatra einfach zu verstehen geben, er müsse es anders anpacken, wenn er im Leben was erreichen wollte. Ich vermute zudem, daß Bogie sanfter gewesen wäre, wenn er den Eindruck gehabt hätte, Sinatra gebe sein Bestes. Bogie hatte zwar einige Schauspieler als Freunde, zum Beispiel Niven, Tracy, Burton und Sinatra, außerdem Peter Lorre und Raymond Massey, doch die meisten seiner Freunde waren Autoren: Nunnally Johnson, Louis Bromfield, Nathaniel Benchley, auch Huston, der als Drehbuchautor angefangen hatte. Er umgab sich mit Autoren, weil er sie bewunderte und weil er begriff, daß er als Schauspieler ohne sie keine Worte gehabt hätte. Ein anderer Grund, warum er nur zu wenigen

Schauspielern einen guten Kontakt hatte, lag in seinem fehlenden Respekt gegenüber jenen, die er als »Hollywoodtypen« bezeichnete.

Das Problem bei den meisten von ihnen sei ihr beschränkter Wortschatz. »Sie bringen mich auf die Palme«, sagte er. Zugegebenermaßen brachten viele Dinge Dad auf die Palme. »Sie stellen sich hin wie irgendein Schnösel und sagen: ›Ach, wie wunderbar es ist, hier zu sein. Was für ein wunderbarer Tag. Ich habe gehört, es ist ein wunderbarer Film geworden. Willie Wyler hat wunderbare Arbeit geleistet, und ich freue mich auf einen wunderbaren Abend.‹ Das Wort ›wunderbar‹ sollte verboten werden.« Innerhalb des Hollywood-Establishments galt mein Vater weiterhin als Außenseiter, und ich glaube, daß er das genoß. Er ging nicht zu Premieren. Nicht einmal, wenn es sich um seine eigenen Filme handelte.

»Ich bin nicht gesellschaftsfähig«, sagte er. »Die Leute haben Angst, mich zu sich nach Hause einzuladen. Sie haben Angst, ich könnte irgendwas zu Darryl Zanuck oder Louis B. Mayer sagen, was ich natürlich auch tun würde. Ich passe nicht in die Gesellschaft von Hollywood. Warum kann man nicht einfach man selbst sein, seine Arbeit machen, die Rolle im Studio spielen und ansonsten seinen eigenen Weg gehen? Warum muß man automatisch der Glimmer- und Glitzerfraktion angehören? Schauspieler werden in den Medien immer so hingestellt, als hätten sie die besten Umgangsformen. Ich nicht. Ich bin der unhöflichste Mensch der Welt. Es ist Gedankenlosigkeit. Wenn ich versuche, höflich zu sein, riecht man das vierzig Meilen gegen den Wind. Ich denke nie daran, einer Frau Feuer zu geben. Manchmal stehe ich auf, wenn eine Frau das Zimmer verläßt. Wenn ich einer Lady die Tür aufhalte, ist immer mein Arm im Weg, so daß sie sich entweder bücken muß oder einen auf die Nase kriegt. Ich muß mich anstrengen, Dinge zu tun, von denen die Leute glauben, sie gehörten sich so. Ich sehe nicht ein, mich an irgendwelche Standards anzupassen. Nicht weil ich Schauspieler bin und glaube, daß diese Tatsache mir besondere Privilegien verleiht, sondern weil ich ein Mensch mit

Eigenarten bin und das Recht habe, mir diese Eigenarten zu erhalten. Ich habe keinen großen Respekt vor Traditionen, wenn es darum geht, vor irgendeinem jungen Schwachkopf einen Kotau zu machen, nur weil er aus einer alten Familie stammt.«

Äußerungen wie diese bekam man von Bogie fast täglich zu hören. Er liebte Auseinandersetzungen. Als er und Mom in dem Bauernhaus im Benedict Canyon lebten, stellte sie ein Schild auf: GEFAHR: BOGART BEI DER ARBEIT. NICHT ÜBER POLITIK, RELIGION, FRAUEN, MÄNNER, FILME, THEATER ODER IRGENDWAS SONST MIT IHM DISKUTIEREN.

Bogie schien sich in seiner Rolle als Störenfried wohl zu fühlen. »Es lag offensichtlich in seinem Charakter. Er besaß eine Art Schalk, der durch eine ganze Reihe von Faktoren ausgelöst werden konnte«, meinte Benchley. Meinem Vater war tatsächlich eine seltsame Form von Puritanismus zu eigen. Einmal brüllte er Ingrid Bergman an, weil sie ein uneheliches Baby erwartete und der Skandal ihre Karriere zu ruinieren drohte.

»Du warst ein großer Star«, sagte er. »Und was bist du nun?«

Ingrid Bergman antwortete: »Eine glückliche Frau.«

Dad konnte auch obszön sein, aber das war nicht die Regel. Viele Leute behaupten, mein Vater habe Vulgäres verabscheut, andere wiederum meinen, er sei zuweilen vulgär gewesen. Conrad Nagel zum Beispiel erinnert sich, wie Bogie einmal über Bette Davis sagte: »Die Dame ist zu verkrampft. Was Sie braucht, ist ein guter Fick von einem Mann, der etwas davon versteht.« Andere erinnern sich, wie mein Vater mit einem Freund, dem Autor Eric Hatch, in seiner Dunkelkammer Doppelbelichtungen herstellte. Sie bezeichneten sie als Trickfotos, und eines davon zeigte einen Skifahrer, der eine nackte Frauenbrust hinabfuhr.

Ich vermute, Bogies Vorstellung von Vulgarität hing davon ab, mit wem er es gerade zu tun hatte. Ruth Gordon sagte mir,

Bogie habe ihr einmal erzählt, er lese gerade ein Drehbuch von »irgend so einem Collegetypen«.

»Was ist denn ein Collegetyp?« wollte sie wissen.

»Leute, die vor ihren Kindern ›Fuck‹ sagen«, antwortete Bogie.

Mein Vater machte sich nicht nur über andere Leute lustig, sondern durchaus auch über sich selbst. Er witzelte zum Beispiel über die Einlagen, die er manchmal in seinen Schuhen trug, um größer zu erscheinen. Und er machte sich über das Toupet lustig, das er in späteren Jahren tragen mußte, nachdem er infolge einer Krankheit namens *Alopecia areata* beinahe sein ganzes Haar verloren hatte. Er war sehr belesen in amerikanischer Geschichte und griechischer Mythologie und konnte Emerson, Pope, Platon und über tausend Sätze Shakespeare zitieren, aber er spielte gerne den Ungebildeten. »Henry IV, Teil 2, was ist das?« fragte er. Und wenn ihn jemand wegen seiner Intelligenz oder irgend etwas anderem lobte, dann konterte er mit einer Witzelei.

Komplimente zu verteilen fiel ihm nicht leichter, als sie anzunehmen. Wenn ihn zum Beispiel ein Schauspieler beeindruckt hatte, schickte er lieber einen Brief, als es ihm persönlich zu sagen. Ähnlich machte er es auch mit Geschenken. Er haßte Geburtstage und Weihnachten, weil man sich an diesen Tagen etwas zu schenken hatte. Üblicherweise wartete er, bis der Tag vorbei war, und überreichte dann ein Geschenk. Stets vereitelte er in diesen Momenten jede Sentimentalität mit einem Spruch. Wenn er jemandem eine neue Uhr schenkte, sagte er etwa: »Ich konnte dieses gräßliche Ding, das du an deinem Handgelenk trägst, nicht länger ertragen.«

Ein weiterer scheinbarer Widerspruch bei Bogie lag darin, daß er einerseits mit der Schickeria von Hollywood nichts zu tun haben wollte und dennoch der Anführer der begehrtesten Gruppe von allen war, dem Holmby Hills Rat Pack. Leute meines Alters oder Jüngere denken bei der Bezeichnung Rat Pack vermutlich an Frank Sinatra, Dean Martin, Sammy Davis jr.,

Dad telefoniert nach Hause –
während der Dreharbeiten zu
The Enforcer (1951)

Bogie mit Judy Garland
in Ciros Nachtclub (1955)
Copyright © 1978
by David Sutton/MPTV

63

Joey Bishop, Angie Dickinson und andere. Aber abgesehen von Sinatra sind das nicht die ursprünglichen Mitglieder.

Meine Mutter war diejenige, die der Gruppe ihren Namen gab. Die Geschichte geht folgendermaßen: Frank Sinatra hatte Bogie und Bacall und einige andere Freunde zu einer Nöel-Coward-Premiere nach Las Vegas geflogen. (Jetzt, da ich darüber nachdenke, fällt mir ein, daß dies erklären könnte, warum ich Coward mit dem Tablett attackierte. Vermutlich hatte ich erfahren, daß meine Eltern und all ihre Freunde ihn in Vegas besuchen und mich nicht mitnehmen wollten.) In Las Vegas versackte die Gruppe vier Tage lang – sie tranken, tanzten, feierten und spielten. Offenbar bekamen sie nur wenig Schlaf, und nach einiger Zeit sahen sie alle verdammt schlecht aus. Am vierten Tag sagte meine Mutter: »Ihr seht aus wie ein gottverdammtes Rattenpack.« Der Name blieb hängen.

»Wir aßen einige Zeit danach zusammen bei Romanoff's«, erzählt meine Mutter, »und wir wählten einen Vorstand.«

Die erste offizielle Erwähnung des Rat Pack fand sich am nächsten Tag in Joe Hyams' Kolumne im *New York Herald Tribune*.

Das Holmby Hills Rat Pack veranstaltete gestern abend im Restaurant Romanoff's in Beverly Hills sein erstes jährliches Treffen und wählte den Vorstand für das kommende Jahr. Dabei wurden berufen: Frank Sinatra, Meister der Ratten; Judy Garland, erste Vizepräsidentin; Lauren Bacall, Mutter des Rattenbaus; Sid Luft, Meister des Rattenkäfigs; Humphrey Bogart, PR-Ratte; Irving Lazar, Stenograf und Schatzmeister; Nathaniel Benchley, Geschichtsschreiber.

Die einzigen Mitglieder der Organisation, die nicht in ein Amt gewählt wurden, sind David Niven, Michael Romanoff und James Van Heusen. Niven, ein Engländer, Mr. Romanoff, ein Russe, und Mr. Van Heusen, ein Amerikaner, protestierten, sie würden wegen ihrer Herkunft diskriminiert. Mr. Sinatra, der den Vorsitz übernommen hatte, weigerte sich, ihren Protest ins Protokoll aufnehmen zu lassen.

Ein Wappen, das von Mr. Benchley entworfen worden war,

wurde einstimmig als offizielles Insignium des Holmby Hills Rat Pack für Briefköpfe und Mitgliedsnadeln angenommen. Das Wappen zeigt eine Ratte, die an einer menschlichen Hand nagt, und den Spruch: Never Rat on a Rat (Verpfeife nie eine Ratte).

Mr. Bogart, der Sprecher, sagte, die Organisation verfolge keine besonderen Ziele außer »der Bekämpfung der Langeweile und der Beförderung der Unabhängigkeit. Wir bewundern uns selbst und scheren uns nicht um andere.«

Er fügte hinzu, die Mitgliedschaft stehe jedem freidenkenden, erfolgreichen Individuum offen, das nichts darauf gebe, was man von ihm denke.

Ein Antrag, die Aufnahme von Claudette Colbert betreffend, wurde durch Einspruch von Miss Bacall verhindert, die sagte, Miss Colbert sei »ein netter Mensch, aber keine Ratte«.

Meine Mutter behauptet, Spencer Tracy habe nur die Ehrenmitgliedschaft besessen, denn das sei nicht wirklich seine Szene gewesen. Tracy führte ein ruhigeres Leben.

»Man mußte Nonkonformist sein«, sagt sie, »und man mußte lange aufbleiben und viel trinken und lachen und nichts darauf geben, was die Leute über einen sagten oder dachten.«

Bogie hatte die Idee für das Motto: Verpfeife nie eine Ratte. Es wurden auch gleich Regeln aufgestellt. Eine bestand darin, daß niemand ohne das einstimmige Votum aller Gründungsmitglieder aufgenommen werden konnte.

Obwohl mein Vater zum Leiter der Public Relations gewählt worden war, äußerten die Leute, mit denen ich sprach, den Eindruck, er sei eher der geistige Kopf der Gruppe gewesen. Als Bogie starb, ging die wirkliche Leitung des Rat Pack auf Frank Sinatra über, und der Mittelpunkt verlagerte sich von Hollywood nach Las Vegas.

Die Presse machte großes Aufheben vom Rat Pack, und selbst heute noch werden Berühmtheiten, die zusammen herumhängen, mit irgendeiner Abwandlung dieses Namens bezeichnet, so wie vor ein paar Jahren das ›Brat Pack‹.

Man mag kaum glauben, daß die Gründung einer Gruppe

von ein paar Freunden, die Spaß haben wollten, Kontroversen auslösen konnte, aber das kam manchmal doch vor. William Holden, der Zusammenstöße mit meinem Vater gehabt hatte, konnte sich fürs Rat Pack nicht begeistern.

Holden äußerte sich folgendermaßen: »Es ist sehr wichtig, daß die Leute begreifen, welchen großen Einfluß ihr Benehmen auf die Art hat, wie eine Nation in den Augen der Welt dasteht. Deshalb macht das Rat Pack unsere Arbeit so schwer. Wenn Sie nach Japan oder Indien oder Frankreich fahren und eine Industrienation repräsentieren müßten, die einen künstlerischen Beitrag in der ganzen Welt geleistet hat, und mit der Frage konfrontiert würden: ›Gibt es wirklich ein Rat Pack in Holmby Hills?‹ – was würden Sie dann sagen? Das macht unsere Arbeit doppelt schwer.

In jedem Faß muß es einen faulen Apfel geben. Nicht alle Schauspieler sind schlecht. Es klingt vielleicht altmodisch und langweilig, aber es ist durchaus möglich, daß Leute gesellschaftliche Beziehungen zueinander pflegen, ohne zum Rat Pack zu gehören.«

Ich habe William Holden nie kennengelernt, aber ich kann verstehen, warum er nicht zu den bevorzugten Freunden meines Vaters zählte.

Es gibt viele Geschichten, die meinen Vater wie einen Aufschneider und Angeber aussehen lassen. Aber es gibt auch welche, die ihn als großzügigen Mann zeigen. Zum Beispiel trommelte er einmal drei Freunde zusammen, um 10.000 Dollar für seinen Freund Eric Hatch aufzutreiben, den Schriftsteller, dem es finanziell nicht gutging. Wieder andere Geschichten erzählen von Bogies Freundlichkeit gegenüber Menschen, unabhängig davon, wo jemand in der Hackordnung Hollywoods stand. Ein Snob war er nie.

Adolph Green erinnert sich, wie er einmal in England in einem Hotel Bogie in die Arme lief. Das war, kurz nachdem mein Vater *African Queen* gedreht hatte. Green war allein und fühlte sich einsam damals, und er kannte Bogie nicht besonders gut. Bogie unterhielt sich eine Weile mit ihm in der Lobby und merkte offenbar nach kurzer Zeit, daß Green niemanden zum Reden hatte.

»Wissen Sie, was«, sagte Bogie, »nachher besuchen mich ein paar Freunde. Warum kommen Sie nicht auch vorbei und gesellen sich zu uns?«

Green freute sich über die Einladung und nahm an. Er war aufgeregt und geschmeichelt. Bogie hatte ihn in seine Suite eingeladen. Als er dort eintraf, erkannte Green, daß er zu einem sehr intimen Treffen geladen worden war. Außer ihm waren nur zwei weitere Gäste anwesend.

»Adolph, darf ich dich meinen Freunden vorstellen«, sagte Bogie, »Laurence Olivier und Vivien Leigh.«

Green war überwältigt, und er hat diesen Augenblick nie vergessen. Während der restlichen Zeit seines Aufenthalts in England sah Bogie gelegentlich nach Green, um sicherzugehen, daß alles in Ordnung und er nicht einsam war.

»Dein Vater war sehr fürsorglich«, erzählte mir Green. »Und das habe nicht nur ich erlebt. Er war zu einer Menge Leuten nett, wie zum Beispiel zu Judy Garland. Judy hatte immer wieder Probleme, sie war krank und in gewisser Weise verwöhnt. Aber er war immer freundlich zu ihr, obwohl er auch manchmal die Geduld mit ihr verlor.«

Nathaniel Benchley erinnert sich, wie seine Frau Marjorie zum ersten Mal nach Hollywood kam. Es war die Zeit um Weihnachten 1955. Sie sollte Bogart kennenlernen und ängstigte sich zu Tode wegen Dads Ruf als Provokateur.

»Was mache ich nur, wenn er auf mir herumzuhacken beginnt?« fragte sie ihren Mann.

»Wenn er auf dir herumhackt, hack zurück«, empfahl Benchley seiner Frau. »Sag ihm, du ließest dir von kahlen Männern nichts gefallen. Sag ihm, er solle erst mal seine Perücke aufsetzen, bevor du mit ihm redest.«

Mrs. Benchley traf meinen Vater auf einer Party. Nachher beschlossen sie, alle gemeinsam zum Mapleton Drive zu fahren. Benchley mußte zu Hause noch etwas holen, und mein

Vater bestand darauf, Mrs. Benchley in seinem schwarzen Thunderbird zu uns nach Hause mitzunehmen.

Marjorie war natürlich mit den Nerven fertig. Würde der Verrückte sie beleidigen, würde er den Wagen kaputtfahren? Sie hatte schreckliche Sachen gehört. Aber Dad war natürlich über alle Maßen charmant. Er sagte ihr, wie glücklich er sei, sie kennenzulernen, und sie könne ihn jederzeit anrufen, wenn sie Rat oder Hilfe brauche. Am nächsten Tag nahm er sie mit aufs Boot. Er erläuterte ihr seine Lebensphilosophie und sprach mit ihr über die Erziehung von Kindern. Gegen Ende ihres Aufenthalts war Marjorie Benchley, behauptet ihr Mann, »mehr als nur ein bißchen verliebt in ihn«.

Als Benchley Bogie das nächste Mal traf, nachdem Marjorie in den Osten zurückgefahren war, sagte er: »Ich glaube, du solltest wissen, daß meine Frau auf dich steht.«

Bogie war das peinlich. »Sag ihr, daß ich in Wirklichkeit ein Scheißkerl bin«, nuschelte er. »Sag ihr, daß ich nur nett zu ihr war, weil sie neu hier ist.«

Janet Leigh gehört ebenfalls zu den Frauen, die Angst vor der ersten Begegnung mit Bogie hatten, obwohl sie selbst bereits fast ein Star war, als es dazu kam.

»Wir waren zu Gast bei einer von Rocky und Gary Coopers Partys mit lauter Stars«, erzählt sie. »Ich kam mir vor wie in adeliger Gesellschaft. Das war es ja auch – Hollywoodadel. Dort trafen wir einen König, Humphrey Bogart. Es gab Gerüchte, Bogart finde Vergnügen daran, wehrlose Opfer mit Worten so zu attackieren wie ein Medizinmann, der Nadeln in die sprichwörtliche Puppe steckt. Ich hatte keine Lust, ihm zum Opfer zu fallen, also hielt ich mich von ihm fern.«

Nach dem Essen stand Janet Leigh in einer Gruppe, die sich ums Piano versammelt hatte. Bogie kam herein und stellte sich neben sie. Janet war eingeschüchtert, wenn auch fasziniert, und schwieg. Als sie sich sicher glaubte, daß Bogie nicht zu ihr herüberschaute, wagte sie einen Blick auf den legendenumwobenen Mann. Sie sah, daß Bogie einen goldenen Ohrring trug. Ich habe keine Ahnung, warum mein Vater ausgerechnet einen

Ohrring trug, außer vielleicht, um Aufsehen zu erregen. Ein Ohrring war bei Männern damals selten, weshalb Leigh versuchte, ihn sich genauer anzusehen, ohne zu starren. Sie war fasziniert. Plötzlich drehte sich Bogie um und ertappte sie.

»Oh«, fragte er, »bewundern Sie meinen Ohrring?«

»Äh ... ich glaube schon.«

»Kommen Sie nicht auf falsche Gedanken«, sagte Bogie. »Ich bin ein ganzer Mann, Herzchen. Und wer sind Sie?«

Leigh war zu überrascht, um zu antworten. Sie fing an zu stottern.

»Was ist los mit Ihnen?« fragte Bogie. »Haben Sie Angst vor mir? Ich beiße nicht.«

Und das tat er auch nicht, nachdem er erkannt hatte, daß Janet Leigh kein Gegner für ihn war.

Am liebsten sind mir solche Geschichten über meinen Vater, die zeigen, daß er nicht auf dem Startrip war. Meine Mutter nimmt manchmal, glaube ich, ihren Status als Berühmtheit ernst und glaubt tatsächlich, sie verdiene es, besser behandelt zu werden als Kellner oder Friseure. Aber mein Vater hatte allem Anschein nach nicht diesen Dünkel. Es stimmt, daß er die Welt in annehmbare und nicht annehmbare Typen unterteilte, aber das Kriterium war nie, wieviel Geld jemand hatte oder auf welche Weise er es verdiente.

Dominick Dunne zum Beispiel ist heute einer unserer führenden Schriftsteller und Journalisten, doch als er meinen Vater kannte, war er ein Unbekannter und Bogie einer der größten Stars der Welt.

»Bogie war extrem nett zu mir«, erinnert sich Dunne. »Wir begegneten uns 1955, als er mit Lauren Bacall fürs Fernsehen *Der versteinerte Wald* machte. Das war Teil einer Serie, die sich ›Producers Showcase‹ nannte – eine große Sache, anderthalb Stunden live im Fernsehen. Ich arbeitete für NBC als Inspizient. Die Sendung sollte von Burbank ausgestrahlt werden, und ich wurde nach Kalifornien geschickt. Wir probten drei Wochen lang und führten es einmal auf. Während dieser Zeit zeigte sich Bogart sehr an mir interessiert und war unglaublich nett. Ich habe einen ähnlichen Hintergrund wie er, bin auch zur Prep-School* gegangen. Ich glaube, das hat ihn sehr beeindruckt.

Einmal aß ich mit ihm zu Mittag und erwähnte, wie sehr ich Filmstars bewunderte. Also lud er mich an einem Samstag zu einer Party am Mapleton Drive ein. Bei dieser Party stellte er mich Judy Garland und Lana Turner vor, die in der Nähe wohnten, und Katharine Hepburn und Spencer Tracy waren ebenfalls da. Alle waren da. Ich kann kaum beschreiben, was für ein Trip das war für einen von Stars besessenen Twen wie mich damals. Ich glaube, Bogart hat es wirklich Spaß gemacht zu sehen, wie begeistert ich war, all diese Leute kennenzulernen.

Ich begriff es damals vielleicht nicht so ganz. Aber seither habe ich 25 Jahre in Hollywood gelebt und weiß, daß es dort eine Hackordnung und ein Kastensystem wie in Indien gibt, und ich kann ermessen, wie unglaublich es war, als Inspizient zu so einer Party eingeladen zu werden. Für mich war das wirklich eine großartige Sache. Und ich finde es sehr nett von deinem Vater, daß er das für mich getan hat.

Ich war immer sehr schüchtern, aber als ich nach New York zurückkam, rief ich Mr. Bogart manchmal einfach an, nur um kurz hallo zu sagen. Und er war so liebenswürdig. Dieser Mann war ein verdammt großer Star, und doch war er immer so verdammt nett zu mir.«

---

* Private Vorbereitungsschule für die Hochschule (Anm. d. Übers.)

Meine Mutter geht im ersten Stock des Hauses am Mapleton Drive umher und erklärt mir, wo die einzelnen Möbelstücke standen. Aber ich starre aus dem Fenster auf die Bäume im Hof und erinnere mich an etwas anderes.

Es ist ein paar Tage nach der Beerdigung meines Vaters. Ich bin allein im Hof, dort, wo Diane Linkletter und ich oft gespielt haben. Ich klettere auf den Baum, ein dünner Junge, ganz Arme und Beine, aber jetzt fühlen sich meine Glieder so schwer an wie die Äste des Baums. Ich erreiche meinen Lieblingsast. Und dort beginne ich, verloren wie noch nie, Gott anzuschreien. »Warum mußte mein Vater sterben?« brülle ich. »Warum hast du ihn krank gemacht? Warum hast du ihn getötet? Warum hast du mir das angetan?« Ich bin hysterisch. Mein Herz ist gebrochen.

Ich schreie, bis mir der Hals weh tut. Dann beginne ich zu schluchzen.

»Stephen«, sagt jemand.

Es ist May, eine große schwarze Frau, unsere Köchin.

»Stephen, was tust du da oben?« fragt sie. Ich starre zu ihr hinunter. Ich antworte nicht.

»Stephen«, sagt sie sanft.

Ich begreife, daß sie mir helfen will. Ich weiß, auch sie ist traurig, denn sie hat meinen Vater lange gekannt. Wir blicken einander an. Sie weint mit mir.

Schließlich sagt sie: »Sei vorsichtig, wenn du runterkletterst, Stephen.« Sie geht zurück zum Haus und schüttelt den Kopf.

3

»Ich habe Berühmtheiten und Stars,
großartige Menschen und großartige Regisseure erlebt,
und ich muß sagen, die Kinder sind immer die Leidtragenden.
Sie können dem Ruf ihrer erfolgreichen Eltern
nicht gerecht werden.
In deren Fußstapfen treten zu müssen
ist ein riesiges Handicap.«
Sam Jaffe

Die schwerste Last, die ich je zu tragen hatte, ist der Ruhm meines Vaters. Bogies Reputation hat oft genug normale Unterhaltungen erschwert. Sie verschaffte mir Aufmerksamkeit, die ich nicht wollte. Und häufig verhinderte sie eine Form von Aufmerksamkeit, die ich durchaus gewollt hätte. Manchmal war ich deswegen freundlichen Leuten gegenüber mißtrauisch. Ich scheue mich nicht zuzugeben, daß meines Vaters Ruhm mir eine große Last aufgebürdet hat. Es ist allerdings ein Thema, über das ich bis heute nie reden wollte.

Mit diesem Problem bin ich nicht allein. Ich habe mit den Söhnen und Töchtern vieler berühmter Menschen gesprochen, und es ist bei allen dasselbe. Der Ruhm der Stars wirkt sich wie eine seltsame Anziehungskraft auf die Kinder aus und erschwert es ihnen, sich einfach loszumachen. Es wäre vielleicht nicht so schlimm gewesen, wenn ich der Sohn irgendeines berühmten Schauspielers wäre, dessen Ruhm verblaßte, als die Lichter ausgingen. Aber ich hatte das Glück, einen Mann zum Vater zu haben, der nach seinem Tod noch berühmter wurde. Humphrey Bogart ist, ob ich will oder nicht, unsere beständigste Hollywoodlegende. 1993 krönte die Zeitschrift *Entertainment Weekly* Bogie sogar zur größten Filmlegende aller Zeiten. (An zweiter Stelle folgte übrigens seine Freundin Katharine Hepburn.)

Bogie ist also eine ziemlich große Nummer. Und aus diesem Grund muß ich mit etwas durchs Leben gehen, was ich die »Bogie-Sache« nenne: ein großes Schild mit roten Buchstaben, das an mir klebt. Und es steht nicht »Steve« darauf, sondern HUMPHREY BOGARTS SOHN.

»Jack, ich möchte dich mit meinem Freund Steve Bogart bekannt machen. Er ist Humphrey Bogarts Sohn.«

»Im Ernst. Sie sind wirklich Bogies Sohn?«

»Ja.«

»O Gott, wie habe ich Ihren Vater bewundert.«

»Wirklich?«

»Aber ja, als ich zum ersten Mal mit meiner Frau ausging, sahen wir uns *Sabrina* an. Bogie, das war vielleicht ein Mann! Mein Gott, wie merkwürdig. Erst kürzlich haben wir uns *Die Spur des Falken (The Maltese Falcon)* ausgeliehen. Das ist der, wo er Sam Spade spielt.«

»Richtig.«

»Wirklich nett, Sie kennenzulernen. Das könnte der Beginn einer wundervollen Freundschaft sein. Verstehen Sie, einer wundervollen Freundschaft.«

»Ich verstehe.«

»*Casablanca,* was für ein großartiger Film.«

Ich habe diese Unterhaltung in ähnlicher Form über einemillionmal geführt. Zumindest scheint es mir so. Das geht mir natürlich auf die Nerven.

Ich reagiere auf diese Begegnungen unterschiedlich. Für gewöhnlich bin ich höflich und geduldig. Ich weiß, daß die Leute mir nicht meine Identität rauben wollen. Außerdem laufen sie Bogarts Sohn ja nur einmal über den Weg. Sie sind begeistert, eine Verbindung zu der Filmlegende zu bekommen. Sie denken nicht darüber nach, daß ich mir jeden Tag von irgendwelchen Fremden anhören muß, was für ein großartiger Kerl mein Vater gewesen ist.

Bei anderen Gelegenheiten erlaube ich mir einfach einen Spaß, um nicht wütend zu werden. Zum Beispiel fragte mich mal jemand: »Sind Sie Humphrey Bogarts Sohn? Ich habe gehört, er hatte einen Sohn, der Steve heißt.«

»Stimmt«, sagte ich.

»Und sind Sie das?«

»Nein«, sagte ich. »Meine Eltern haben mich nach Humphrey Bogarts Sohn benannt.«

Und oft leugne ich es einfach.

»Sind Sie Humphrey Bogarts Sohn?«

»Nein, aber das haben mich schon eine Menge Leute gefragt.«

Als ich als Produzent bei NBC und ESPN und später beim Court TV arbeitete, führten meine Mitarbeiter oft irgendwelche Leute durchs Studio. Irgendwann deutete der Studioführer dann immer auf mich. Ich konnte sehen, wie die Besucher lächelten und mich ein bißchen zu lange anstarrten. Er hat es ihnen wieder erzählt, dachte ich dann. Das machte mich jedesmal wütend, und ich fühlte mich in meiner Haut nicht wohl. Aber lassen wir die Kirche im Dorf. Jeden Tag werden cracksüchtige Kinder geboren, während ich in der Sicherheit und dem Wohlstand von Beverly Hills zur Welt gekommen bin. Es gibt Kinder, die geschlagen werden, während ich meine frühe Kindheit mit Vater und Mutter verbrachte, die mich liebten. Und es gibt Krebsstationen voller Kinder, die niemals Teenager werden, während meine größten gesundheitlichen Probleme als Kind eine Leistenoperation im Alter von drei Jahren und ein aufgeschlagenes Kinn bei einem Fahrradunfall waren. Natürlich jammere ich über meine Sorgen wie andere auch, aber ich versuche stets, die richtige Perspektive zu wahren. Das Kreuz, Humphrey Bogarts Sohn zu sein, ist wirklich nicht das Schlimmste, was einem passieren kann, und der einzige Grund, warum wir darüber reden, ist die Tatsache, daß die Öffentlichkeit nach wie vor von allem fasziniert ist, was mit Humphrey Bogart zu tun hat.

Für mich fing die »Bogie-Sache« mit der Beerdigung meines Vaters in der All Saints Espiscopal Church an.

An die Tage vor der Beerdigung erinnere ich mich nur verschwommen. Aber es gibt andere, die noch vor Augen haben, wie ich mich in jenen unwirklichen Tagen nach dem Krebstod meines Vaters verhielt. Meine Mutter erzählte mir, daß ich am Tag nach Dads Tod mit einem kleinen Notizbuch oben auf der Treppe stand und sie fragte: »Was für ein Tag war gestern?«

»Der 14. Januar«, antwortete sie.

Dann setzte ich mich auf eine Stufe und schrieb in mein Notizbuch: »14. Januar. Daddy gestorben.«

Und Sam Jaffe erinnert sich an ein Gespräch, das er am selben Tag mit mir führte.

Ich sagte zu ihm: »Ich bin froh, daß ich gestern am Bett meines Vaters gesessen habe.«

»Warum bist du deshalb froh?« fragte Sam.

»Wegen dem, was er gestern gemacht hat«, antwortete ich mit meinen acht Jahren und meinte damit, ich sei froh, mich von meinem Vater verabschiedet zu haben, bevor er starb. Erst mit der Beerdigung begann der Ruhm meines Vaters eine Last zu werden.

Wir fuhren in einer Limousine zum Trauergottesdienst. Es war der erste Wagen in einer langen Reihe, und meine Mutter saß zwischen mir und Leslie und hatte die Arme um uns gelegt. John Huston begleitete uns. Ich erinnere mich, daß er wenig sprach, und das war ungewöhnlich für ihn.

Als der Fahrer vor der Kirche hielt, blickte ich durch die Scheiben der Limousine nach draußen. Eine riesige Menschenmenge hatte sich versammelt. Hunderte von Leuten säumten die Gehwege vor der Kirche. Obwohl keine der Frauen weinte, trugen viele von ihnen Taschentücher, als warteten sie schon auf die Tränen. Die Leute verhielten sich sehr ruhig und respektvoll, und einige hatten Blumen dabei.

»Wer sind all diese Leute?« fragte ich meine Mutter.

»Das sind Fans, Stephen«, antwortete sie. »Das sind Menschen, die die Filme deines Vaters gesehen haben und traurig sind, weil er tot ist.«

»Was wollen sie?«

»Sie hören sich den Gottesdienst für deinen Vater an.«

»Kommen sie in unsere Kirche?«

»Nein«, sagte sie. »Sie hören draußen zu. Über die Lautsprecher.«

»Ich hasse sie«, sagte ich.

»Nein, das tust du nicht, Stephen. Du haßt sie nicht.«

»Er ist mein Vater und nicht ihrer. Sie kennen ihn doch überhaupt nicht.«

Ich war traurig, ich war verletzt, und ich war wütend. Welches Recht hatten diese Menschen, in mein Leben einzudringen und den Tod meines Vaters zu begaffen? Ich war gekommen, um von meinem Daddy Abschied zu nehmen, das hatte man mir erzählt, und ich wollte das nicht mit Tausenden von Fremden teilen.

Sechs Jahre später, als John F. Kennedy starb, war ich vierzehn Jahre alt und verstand dieses Gefühl des persönlichen Verlusts, das Menschen beim Tod einer berühmten Persönlichkeit ergreift. Aber damals war mir das völlig fremd. Ich war zornig. Irgendwie hatte ich das Gefühl, wenn Tausende von Menschen bei der Beerdigung meines Vaters weinten, konnte meine Beziehung zu ihm nichts Besonderes sein. In gewisser Weise habe ich das immer so empfunden und tue es heute noch.

Mutter nahm mich und Leslie an die Hand. Sie hielt uns fest, und gemeinsam entstiegen wir der Limousine. Da hörte ich eine Frau sagen: »Das ist sein Sohn.« Ich hätte sie schlagen mögen. Ich wurde ins Rampenlicht gestoßen, dorthin, wo ein Achtjähriger, der gerade seinen Vater verloren hat, bestimmt nicht sein will.

Mutter führte uns in die Kirche. Huston blieb in der Nähe, als wollte er uns vor den Fans beschützen.

Zusätzlich zu den trauernden Menschen auf der Straße

waren 800 von Bogies Freunden und Bekannten aus Hollywood zum Gottesdienst gekommen. Die Fans waren natürlich nicht dort, um sich zu verabschieden, sondern um die Filmstars zu begaffen, die erwartet wurden. Gary Cooper kam und Charles Boyer, Dick Powell, Tony Martin, Gregory Peck, Marlene Dietrich, Ida Lupino, Howard Duff, Danny Kaye und natürlich Kate Hepburn und Spencer Tracy. (Frank Sinatra hatte auch unbedingt zu Dads Beerdigung kommen wollen, aber das hätte den Club, in dem er in New York auftrat, in große Schwierigkeiten gebracht. Meine Mutter sagte ihm, es sei in Ordnung, wenn er in New York bliebe.)

Wir begaben uns langsam in die Kirche und nahmen unsere Plätze ein. Alle Augen waren auf uns gerichtet – wahrscheinlich hauptsächlich auf meine Mutter, aber ich hatte das Gefühl, alle blickten mich an. Ich erinnere mich, wie Pfarrer Kermit Castellanos, den alle nur K. C. nannten, zunächst eine Zeitlang über meinen Vater sprach.

Dann ergriff John Huston das Wort. Er war so ein großer, beeindruckender Mann, und er besaß eine unglaubliche Stimme. Er sprach die Eloge, ein Wort, das ich damals allerdings noch nicht kannte. Später erfuhr ich, daß Huston eigentlich die zweite Wahl meiner Mutter gewesen war. Sie hatte zuerst Spencer Tracy gefragt, aber Tracy war über Bogies Tod so erschüttert, daß er fürchtete, nicht über seinen Freund sprechen zu können, ohne zusammenzubrechen.

Es gab keine Leiche beim Beerdigungsgottesdienst. Bogie hatte seine Wünsche meiner Mutter lange Zeit vorher mitgeteilt: bei der Beerdigung seines Freundes Mark Hellinger.

»Wenn du weg bist, bist du weg«, sagte er. »Ich hasse Beerdigungen. Sie sind nicht für die Toten da, sondern für die Hinterbliebenen, die gerne trauern. Wenn ich sterbe, will ich keine Beerdigung. Ich möchte, daß ich verbrannt werde, das ist sauber und unwiderruflich, und meine Asche soll im Pazifik verstreut werden. Meine Freunde können auf mich anstoßen, wenn sie wollen. Keine Trauer, daran glaube ich nicht. Die Iren machen es ganz richtig, nur eine Totenwache.«

Während der Vorbereitungen für die Einäscherung erfuhr Jess Morgan, der junge Assistent von Morgan Maree – dem Manager meines Vaters –, daß es unglücklicherweise illegal war, die Asche zu verstreuen. Meine Mutter war außer sich. Sie hatte unbedingt Bogies Wunsch erfüllen wollen – er hatte das Meer so geliebt. Dann wurde er also nur verbrannt. Mutter hatte es so eingerichtet, daß die Einäscherung während des Gottesdienstes stattfand, und anschließend wurde die Asche in einer Urne zum Garten der Erinnerung auf dem Forest Lawn Cemetery gebracht. Bei der Asche war die goldene Trillerpfeife, die meine Mutter in ihrem ersten gemeinsamen Film *Haben und Nichthaben* benutzt hatte. In die Pfeife waren die Initialen »B & B – Bogie und Baby« eingraviert. Um 12.30 Uhr an jenem Tag wurde bei Warner Brothers und bei Twentieth Century Fox eine Schweigeminute eingelegt.

Die meisten Details dieses Tages habe ich vergessen. Es wurde Musik gespielt – heute weiß ich, daß es Stücke von Bogies Lieblingskomponisten Bach und Débussy waren. Leslie und ich knieten nieder, wenn man uns dazu aufforderte. Ich erinnere mich an die Menschenmenge. Ich erinnere mich an den vertrauten Duft der Magnolien aus unserem Vorgarten und an die weißen Rosen, die den Altar umgaben. Auf dem Altar stand ein Modell der Santana in einer Glasflasche. Ich weiß noch, daß ich wünschte, mein Vater könnte dasein, um es zu sehen. Aber vorwiegend erinnere ich mich daran, ganz benommen gewesen zu sein, wie in einer Art Nebel.

Als es vorbei war, erhoben sich die Leute von den Bänken, fingen an, die Runde zu machen, schüttelten alten Freunden die Hand und klopften sich voller Mitgefühl gegenseitig auf die Schulter. Ich fühlte mich einen Augenblick lang verloren, dann beugte sich John Huston zu mir herab. Er legte mir seine großen Hände auf die Schultern und flüsterte: »Weißt du, Stephen, da draußen sind eine Menge Fotografen, die versuchen werden, ein Foto von dir zu machen.«

Da er mich warnte, vermute ich, John Huston hatte bemerkt, wie wütend und verängstigt ich wegen der Fotografen bereits war. Zwischen dem Todestag meines Vaters und der Beerdigung lagen zwei Werktage. Meine Mutter dachte, es sei das beste für uns, so normal wie möglich weiterzumachen, und so schickte sie Leslie und mich an diesen beiden Tagen in die Schule. Aber Normalität war nicht möglich. Als ich am ersten Tag vor der Schule abgesetzt wurde, wartete ein Pulk Fotografen auf mich. Sie stürzten einfach auf mich zu wie eine Bande größerer Jungs und machten Bilder, ohne mich zu fragen. Ich haßte es. Ich wollte nicht, daß sie Fotos von mir machten.

Aber in der Kirche nach dem Beerdigungsgottesdienst glaubte ich, sie daran hindern zu können. Ich würde einfach meine Hände vors Gesicht halten, so daß sie mich nicht sehen und folglich nicht fotografieren konnten. Das dachte ich zumindest. Als wir aus der Kirche kamen, ging ich neben meiner Mutter, und John Huston hielt mir die Hände vors Gesicht. Wir schritten durch die Menschenmenge, die durch Absperrungen zurückgehalten wurde. Plötzlich schien alle Welt einen Fotoapparat zu besitzen. Sie fotografierten mich. Ich konnte es nicht fassen. Es spielte keine Rolle, ob ich die Hände vor dem Gesicht hatte oder nicht. Sie fotografierten immer noch, ohne Unterlaß. Ich hatte Angst. Es kam mir so vor, als würde ich angegriffen oder beschimpft. Als wir den Wagen erreichten, begann ich zu schluchzen.

Am nächsten Tag war auf der Titelseite einer Zeitung ein großes Bild von mir abgebildet, wie ich aus der Kirche kam und mir die Hände vors Gesicht hielt. Ich war entsetzt, fühlte mich von allen belogen. Nach der Zeremonie hatten sich Dutzende von Leuten im Haus am Mapleton Drive eingefunden, darunter viele Stars. Aber es waren auch Nachbarn da und Studioleute, Maskenbildner, Segler, Friseure, all die Menschen, die Bogart liebten. Solange Leute um sie herum waren und es Dinge zu tun gab, bewahrte meine Mutter die Fassung. Vor der Beerdigung hatte sie es geschafft, sich zu beschäftigen, indem sie ein paar der unendlich vielen Telegramme von mitfühlenden Freunden und Fremden beantwortete.

Es war auch ein Telegramm, das am Nachmittag von Dads Beerdigung für einen kurzen Moment der Heiterkeit sorgte. Meine Mutter hatte gebeten, keine Blumen zu schicken, sondern statt dessen Spenden an die Amerikanische Krebsgesellschaft zu richten. In einem Telegramm von der Amerikanischen Floristenvereinigung, das meine Mutter den versammelten Gästen vorlas, stand: »Fordern wir etwa dazu auf, nicht in Lauren-Bacall-Filme zu gehen?«

Es war also kein gänzlich düsterer Nachmittag. Die Leute plauderten und klatschten und tauschten Geschichten über Bogie aus. Aber die Freunde mußten irgendwann gehen, und plötzlich waren wir, Mutter, ich und Leslie, wieder allein in einem Haus ohne Vater. Damit begannen die Probleme. Während ich in den Wochen, die folgten, ungewöhnlich still war, galt für meine kleine Schwester das Gegenteil. Leslie stellte ununterbrochen Fragen.

»Warum ist Daddy in den Himmel gegangen?« fragte sie meine Großmutter Natalie, die Mutter meiner Mutter, die während der Krankheit meines Vaters die meiste Zeit bei uns gelebt hatte. Unsere andere Großmutter Maud war bereits Jahre zuvor ebenfalls an Krebs gestorben.

»Weil Gott ihn brauchte«, antwortete meine Großmutter.

»Aber wir brauchen ihn auch«, sagte Leslie. »Glaubt Gott, daß er ihn mehr braucht als seine Kinder?«

Sie war vier Jahre alt und eine Expertin für unbeantwortbare Fragen.

Leslie ging durch ihre eigene Hölle. Sie war Daddys kleines Mädchen gewesen, und Bogie hatte sie abgöttisch geliebt. Jetzt war er nicht mehr da, um sie auf den Schoß zu nehmen oder mit ihr im Garten zu wippen. In dieser Zeit hätte Leslie ihre Mutter am dringendsten gebraucht, doch Mom hatte nicht genug Zeit für sie. Der Grund war ich. Da ich so große Schwierigkeiten hatte, schenkte mir meine Mutter viel Aufmerksamkeit und kümmerte sich – da sind sich die beiden heute einig – nicht ausreichend um Leslies emotionale Bedürfnisse. In all den Jahren ist dies, wie man sich vorstellen kann, zwischen Mutter und

Tochter ein wunder Punkt gewesen. Ich war jedenfalls derjenige, der sichtlich besondere Zuneigung brauchte.

Vor nicht allzu langer Zeit erzählte ich meiner Frau Barbara von einem Fahrradunfall, den ich etwa ein Jahr nach dem Tod meines Vaters hatte. Ich verletzte mich am Kinn und wurde zum Nähen ins Krankenhaus gebracht. Obwohl von dem Unfall nichts zurückblieb, hegte ich seither einen unerklärlichen Groll gegenüber meiner Mutter, weil sie, als das passierte, bei der Arbeit gewesen war.

»Vielleicht warst du wütend, weil du das Gefühl hattest, keiner ist da, um dich zu beschützen«, meinte Barbara. Ja, genau das war's. Es war das Gefühl, keiner war da, um mich zu beschützen. Meine Mutter war fort und mein Vater ebenfalls.

Seltsamerweise hatte dieser Gedanke etwas Tröstliches. Lange Jahre hindurch hatte ich das Gefühl gehabt, nicht genügend an meinen Vater zu denken und nicht genügend für ihn zu empfinden. Ich hatte immer geglaubt, Humphrey Bogart habe, obwohl sein Ruhm jede Minute meines Lebens prägte, persönlich nie besonders viel Einfluß auf mich gehabt. Aber jetzt begriff ich, daß mir seine Gegenwart Sicherheit gegeben haben mußte, wenn seine Abwesenheit mich so verdammt verletzlich und schutzlos mich fühlen ließ. Als er starb, ging meine Welt in die Brüche. Und ich brauchte viele Jahre, um sie wieder zusammenzusetzen.

Als ich ein paar Tage nach der Beerdigung meines Vaters auf den Baum in unserem Hof kletterte und anfing, Gott anzubrüllen, muß unsere Köchin May gespürt haben, daß ich meiner Mutter noch viele Probleme bereiten würde. Mehrere Tage hintereinander saß ich in dem Baum und rief nach meinem Vater und weinte stundenlang.

Diese Stunden auf dem Baum mit all dem Schmerz und der Verzweiflung über den Verlust meines Vaters markieren das Ende meines Glaubens an die Existenz Gottes. Meine Mutter war Jüdin, mein Vater Episkopale. Keiner von beiden besaß einen starken Glauben, aber wie so viele Eltern schickten sie ihre Kinder in die Sonntagsschule, weil sie das vage Gefühl hatte, Religion sei gut für Kinder. Wir wurden eher episkopalisch als jüdisch erzogen, denn meine Mutter war der Meinung, Leslie und mir würde das in diesen Nachkriegsjahren das Leben erleichtern.

Auf jeden Fall glaubte ich, als ich acht Jahre alt war, noch an den Gott, von dem mir meine Eltern erzählt hatten. Aber ich war schon damals ein sehr logisch denkender Mensch, und als ich auf dem Baum saß und mir die Augen ausweinte, erschien mir die Gleichung ganz einfach: Mein Vater ist tot. Gott würde das nicht zulassen. Also gibt es keinen Gott. In diesen Tagen verlor ich meinen Glauben an Gott, und nichts von all dem, was ich in den letzten 37 Jahren gesehen habe, konnte meine Haltung in diesem Punkt verändern.

Obwohl meine Mutter von dem Geschrei im Baum nichts erfuhr, gab es genügend Indizien für sie, daß mit mir etwas nicht stimmte. Eines Tages aßen Mutter, Leslie und ich gemeinsam zu Abend.

»Ich weiß, wie wir Daddy überraschen können«, sagte ich.

»Wie denn?« fragte meine Mutter.

»Wir könnten uns alle erschießen, und dann sind wir am Valentinstag bei ihm.«

Diese Bemerkung erfüllte meine Mutter verständlicherweise mit Sorge. Sie begann, mit Ärzten über mich zu sprechen, doch die versicherten ihr, mein Verhalten sei völlig normal. Es sei ganz natürlich, daß ich Groll über den Tod meines Vaters hegte. Sie sagten, ich glaubte vermutlich auch, Dad hätte mich verlassen, weil ich etwas falsch gemacht hätte.

Anscheinend kam es häufiger vor, daß ich am Eßtisch seltsame Bemerkungen über meinen Vater machte. Adolph Green erzählte mir folgende Geschichte: »Ich erinnere mich an ein Abendessen am Mapleton Drive, kurz nachdem dein Vater gestorben war. Plötzlich blicktest du auf und sagtest: ›Da fliegt Daddy über den Eßtisch.‹ Du schienst dabei nicht hysterisch, sondern sagtest es ganz ruhig.«

In der Warner Avenue School, in die auch alle meine Freunde gingen, verhielt ich mich nicht so ruhig. Ich hatte gute Noten gehabt. Aber jetzt, mit Beginn der »Bogie-Sache«, fing ich an, auf meinen Rausschmiß hinzuarbeiten.

Rückblickend ist mir klar, was mich hauptsächlich erboste: die Tatsache, daß alle meine Freunde vom Tod meines Vaters wußten. Ich haßte sie, weil sie alle Väter hatten und ich nicht und weil sie das auch wußten. Sie wußten es, weil sie es im Fernsehen gesehen oder ihre Eltern es in der Zeitung gelesen hatten. Die Leute zeigten auf den Fluren zwar nicht lächelnd mit dem Finger auf mich, aber irgendwie war es dasselbe Gefühl. Es schien mir, als lachten alle außer mir über irgendeinen Witz. Ich hatte auch keine Privatsphäre.

Eines Tages sagte ein Junge zu mir: »Schlimm mit deinem Vater«, und ich schlug ihn.

Ein paar Tage später passierte es wieder. »Tut mir leid mit deinem Vater.« Zack, gleich ins Gesicht.

Für eine Weile geriet ich täglich in Schlägereien mit Kindern, die nichts anderes getan hatten, als meinen Vater zu erwähnen.

In der Schule brachten mich nicht nur diese Schlägereien in Schwierigkeiten. Ich hatte zudem die Angewohnheit, mich auf mein Pult zu stellen und zu brüllen. Wenn es mich überkam, kletterte ich plötzlich auf den kleinen Holztisch, hob die Arme in die Luft und schrie wie am Spieß. Die Mitschüler starrten mich nur an, und die Lehrer rangen die Hände. Keiner wußte so recht, welche Schlüsse er daraus ziehen sollte, außer daß ich offensichtlich auf mich aufmerksam machen wollte. Ich glaube nicht, daß ich so wie im Baum nach meinem Vater rief, sondern ich schrie einfach, damit die anderen merkten, wie ich litt.

Der Direktor, ein großer, rothaariger Mann, bestellte meine Mutter in sein Büro. »Wir haben ein Problem mit Stephen«, sagte er.

»Ein Problem?«

»Er wirkt die meiste Zeit abwesend.«

»Das ist verständlich«, sagte meine Mutter.

»Aber er fängt auch dauernd Schlägereien an.«

»Schlägereien?«

»Er hat einem Jungen die Nase blutig geschlagen. Und er steigt auf sein Pult und schreit. Gibt es zu Hause irgendwelche Schwierigkeiten?«

»Natürlich gibt es zu Hause Schwierigkeiten«, sagte meine Mutter. »Er hat seinen Vater verloren.«

»Ja, und dafür haben wir auch alle Verständnis«, sagte der Karottenkopf, »aber er ist für die Klasse zu einer Belastung geworden. Wenn das so weitergeht, müssen wir Sie bitten, ihren Sohn aus der Schule zu nehmen.«

Ein paar Tage danach kletterte ich wieder auf mein Pult und brüllte. Die Lehrer wurden nicht mehr fertig mit mir. Warner Avenue war die erste Schule, die ich verlassen mußte. Es sollte nicht die letzte sein.

Ich wurde also von der Warner Avenue School verwiesen, während ich noch von dem Schlag, den der Tod meines Vaters mir versetzt hatte, taumelte. Ich hatte keine Ahnung, was los war. Meine Noten waren gut, warum wurde ich also in eine andere Schule geschickt? Ich hatte das Gefühl, bestraft zu werden, und ich wußte, daß das alles auf irgendeine Weise mit dem Tod meines Vaters zusammenhing.

Ab September 1958 besuchte ich die Carl Curtis School. Ich erinnere mich, daß es dort einen Swimmingpool gab.

Als wäre der Verlust nicht schon groß genug gewesen, zogen wir nun auch noch aus dem Haus am Mapleton Drive aus, weg von allem, womit ich aufgewachsen war. Zum Teil war das Frank Sinatras Schuld. Ein paar Monate nachdem mein Vater gestorben war, fing meine Mutter eine ziemlich stürmische Affäre mit Frank Sinatra an, stürmisch wie offenbar alle seine Affären. Während der Krankheit meines Vaters war Frank, meinem Vater ergeben wie ein Sohn, oft zu uns gekommen, um Dad zu besuchen. Dadurch war es für Leslie und mich nicht so, als würden wir mit einem neuen Mann im Haus konfrontiert, als er und Mutter anfingen, sich zu treffen. Wir kannten Frank bereits als häufigen Besucher, und manchmal spielte er ein paar Minuten mit uns, ehe er sich mit den Erwachsenen unterhielt. Außerdem war ich ein paarmal in Franks Haus gewesen, um zusammen mit seiner Tochter Tina Klavierstunden zu nehmen.

Wenn damals, 1957, jemand zu meiner Mutter gesagt hätte, ihre Affäre mit Sinatra sei ein Versuch, Bogie zu vergessen, hätte sie das für absurd gehalten. Aber so sieht sie es heute. Frank war ein Betäubungsmittel, um über den Schmerz hinwegzukommen.

Frank tat meiner Mutter in vielerlei Hinsicht gut. Sie hatte ihm schon immer als Freundin nahegestanden, und nach der schweren Zeit mit Bogies schwindender Gesundheit im letzten Jahr mußte sie jetzt dringend wieder ausgehen und ein bißchen tanzen. Aber Frank war ziemlich chaotisch, und so brachte die Affäre eine Menge Leid mit sich, eine Erfahrung, die eine ganze Reihe von Frauen über die Jahre machen durfte. Meine Mutter sagt, Sinatra sei unglaublich charmant, gutaussehend und talentiert gewesen, aber auch unglaublich kindisch und unsicher. In der einen Woche machte Frank ihr wie einer Prinzessin den Hof, nahm sie auf Partys, Premieren und Konzerte mit. Und dann plötzlich zeigte er ihr die kalte Schulter. Er rief nicht mehr an. Er tat so, als existiere sie überhaupt nicht. Und wenn er schließlich wieder anrief, tat er so, als sei nichts passiert. Das ist ein Aspekt seiner Persönlichkeit, der im Laufe der Jahre viele ihm nahestehende Leute zur Verzweiflung getrieben hat. Es war besonders quälend für meine Mutter, weil, so sagt sie, »ich mit einem Erwachsenen verheiratet gewesen war«.

Alle, denen an meiner Mutter lag, Franks Freunde eingeschlossen, hofften, sie würde ihn nicht heiraten. Es schien allgemein ausgemacht, daß eine Frau, die Sinatra heiratete, sich genausogut gleich ein Messer ins Herz stechen konnte.

Nach einer seiner eisigen, stummen Abwesenheiten fragte Frank meine Mutter, ob sie ihn heiraten wolle. Mom willigte ein. Sie war im siebten Himmel. Sie würde wieder ein Leben haben. Für Leslie und mich würde Sinatra ein Vater sein. Der ganze Schmerz wäre vergessen.

Die Heiratspläne sollten einige Zeit geheim bleiben. Aber als Swifty Lazar gegenüber Louella Parsons die Klappe nicht halten konnte, gerieten die »Bacall-Sinatra-Hochzeitspläne« in die Zeitungen. Frank ging in die Luft. Er spielte wieder den Eismann und brach die Beziehung ab, vergaß jedoch, meine Mutter davon zu unterrichten. Er ignorierte sie einfach und demütigte sie. Es gab Situationen, in denen er im selben Raum war wie sie und so tat, als kenne er sie nicht. Obwohl die Zeit meine Mutter milde gestimmt hat, spricht sie über die Beziehung nicht mehr. Aber in ihrem Buch schrieb sie, Frank habe sich damals »wie ein absoluter Scheißkerl aufgeführt«.

Während ihrer Affäre mit Sinatra zogen wir aus dem Haus am Mapleton Drive aus – und Sinatra war einer der Hauptgründe dafür.

»Ich glaube nicht, daß sich Frank in dem Haus wohl gefühlt hätte«, sagt meine Mutter. »Es war vom Geist deines Vaters erfüllt, und ich wußte, Frank würde sich besser fühlen, wenn ich umzog.«

Mutter glaubte also, mit Frank keine Zukunft zu haben, wenn sie nicht umzog. Sie schlug ihr Silber sowie die meisten Möbel los und verkaufte das Haus, in dem mein Vater gestorben war. Wir zogen zur Miete in ein Haus in der Bellagio Road in Bel Air. Das Haus gehörte dem Schauspieler William Powell.

Ich hatte also meinen Vater, meine Schule und mein Heim verloren. Und dann verlor ich auch noch meine Freunde.

Die meisten meiner Freunde besuchten die Warner Avenue School, und als ich dort herausgenommen wurde, hatte ich mit ihrem täglichen Leben nichts mehr zu tun. Die Verbindung löste sich vermutlich erst nach und nach, aber über mich brach all das an einem einzigen Nachmittag herein, als ich bei der Geburtstagsparty von Steve Cahn war, zu Mapleton-Zeiten mein bester Freund.

Steves Vater Sammy gehörte zu den berühmtesten Songtextern jener Zeit. Er arbeitete mit Komponisten wie Jules Styne und Jimmy Van Heusen für den Film. Er hatte bereits einen Oscar für »Three Coins in a Fountain« bekommen, und zu jener Zeit verlieh man ihm gerade einen Oscar für »All the Way« aus dem Sinatra-Film *Schicksalsmelodie (The Joker is Wild)*. Später kamen noch zwei weitere hinzu. Wie auch immer, ich fühlte mich auf der Geburtstagsparty unglaublich fehl am Platze. Inmitten all der Kinder kam ich mir vor wie eine Ziege oder ein Affe oder etwas Ähnliches. Dieses Gefühl, ein Außenseiter zu sein, war seit dem Tod meines Vaters immer stärker geworden. Es hatte mit der »Bogie-Sache« begonnen, dem Bewußtsein, daß alle meine Freunde über meinen Vater Bescheid wußten. Und es war schlimmer geworden, seit ich aus der Warner Avenue School genommen worden war. Gegen Ende der Geburtstagsparty stand ich verloren im Flur, wie ein ungebetener Gast, während sich die anderen Kinder voneinander verabschiedeten und über das sprachen, was sie am nächsten Tag in der Schule tun wollten. Obwohl ich unter Freunden war, fühlte ich mich unglaublich einsam. Die anderen lebten zusammen in einer Welt, an der ich nicht mehr teilhatte.

Unser Umzug in die Bellagio Road verschlimmerte das Problem natürlich noch. Wenn der Tod meines Vaters mir noch nicht endgültig das Herz gebrochen hatte, so geschah es nun. Der Verlust meiner Freunde und die Erkenntnis, daß sie neue Freunde fanden, erschütterte mich zutiefst.

Dieser Teufelskreis des Verlusts während der wohl prägendsten Zeit meines Lebens schloß sich im Januar 1959, zwei Jahre nach Bogies Tod. Meine Mutter war auf der Suche nach Arbeit nach London gereist und hatte Leslie und mich in der Obhut von Kindermädchen zurückgelassen. Sie vergnügte sich mit Laurence Olivier und Vivien Leigh, mit Richard und Sybil Burton. Ihr wurde aber auch eine Rolle in einem Film angeboten, der ausschließlich in Europa gedreht werden sollte. Sie nahm den Job an, was dazu führte, daß wir für sechs Monate nach London zogen und, wie sich herausstellte, für immer von Kalifornien fort. Jetzt fehlten mir also mein Vater, eine Schule, ein Haus, Dutzende von Freunden sowie ein ganzer Staat und ein Land. (Habe ich übrigens erwähnt, daß unser Hund starb und Großmama einen Herzanfall hatte?)

In London gab es noch mehr Fotografen, zuerst am Flughafen, dann in der Schule. Mittlerweile hatte ich einen fast pathologischen Haß auf Fotoapparate entwickelt und drehte den Kopf weg, sobald ich einen sah, selbst wenn er lediglich vor dem Bauch eines Touristen hing. In London besuchte ich die American School, eine der wenigen Schulen übrigens, aus der ich nicht hinausgeworfen wurde. Ich nehme an, daß ich dort keine Probleme verursachte. Ich blieb die meiste Zeit für mich. Aber wo immer ich auch hinkam, kannte mich jemand, weil ich der Sohn meines Vaters war. Ich habe nie Neid bei anderen Kindern erlebt, aber ich hatte immer Angst davor, wäre am liebsten unsichtbar gewesen. Ich erinnere mich an ein Mädchen in der Schule, die mir immer Zettel zuschob. Sie wollte ein Autogramm von mir, weil ich Humphrey Bogarts Sohn war. Ich wollte diese Art von Aufmerksamkeit nicht. Und es gab dort einen Jungen, Jeff Eaton, der die Zettel jedesmal abfing, mit seinem Namen unterzeichnete und ihr zurückschickte. Ich erinnere mich gerne an Jeff, weil er erkannte, wie befangen es mich machte, Bogies Sohn zu sein, und weil er die Aufmerksamkeit von mir weg auf sich lenkte. Außerdem brachte er mich zum Lachen.

Die Botschaft, die mir durch diese Umzieherei vermittelt wurde, war klar: Dein Vater ist nicht mehr länger Teil deines Lebens, vergiß ihn. Und genau das ist es, was ich den größten Teil meines Lebens versucht habe.

Natürlich führte das über die Jahre zu Konflikten zwischen Mom und mir. Ich wollte nicht als Humphrey Bogarts Sohn gesehen werden, sondern einfach nur als Steve. Ich wollte nicht als Bogies Sohn im Rampenlicht stehen, und ich wollte auch nicht den Erwartungen entsprechen müssen, die die Leute an das Kind von Bogie haben.

Man sollte annehmen, ich hätte in der Welt der Berühmtheiten bleiben wollen, die so sehr Teil des Lebens meiner Mutter sind. Schließlich lassen sich berühmte Leute nicht so leicht davon beeindrucken, wenn jemand der Sohn eines berühmten Mannes ist. Aber ich lernte als Teenager eine ganze Reihe von Berühmtheiten kennen, und – so unwahrscheinlich es klingt – es war überall dasselbe. »Oh, ich habe deinen Vater gekannt. Ich habe ihn geliebt. Er war großartig.« Alle redeten in meiner Gegenwart immer nur von meinem Vater. Keiner hat je mich gefragt: »Sag mal, Steve, wie stellst du eigentlich Dichtungen her?« Das habe ich nämlich mal gemacht.

Meine Mutter hat mich nie um irgend etwas Besonderes gebeten, was den Ruhm meines Vaters betraf, sie erwartete nur irgendwie von mir, daß ich mein Leben der Bewahrung seiner Erinnerung widmete. Das hat Bogie aber auch ganz gut ohne mich geschafft.

Zumindest wollte meine Mutter gerne, daß ich viel über ihn sprach. Für sie war und blieb Bogie perfekt. Sie wollte dauernd, daß ich sie fragte, wie er gewesen war. Das tat ich nur selten, denn sie erzählte mir sowieso immer, daß er perfekt war. Ich empfand es schon als schlimm genug, dauernd von Fremden belagert zu werden, die mir erzählten, was für ein großartiger Typ mein Dad gewesen war. Ich hätte gern gehabt, wenn mir jemand gesagt hätte: »Bogie war wunderbar, aber manchmal war er auch ein Arschloch.« Wenn ich seine Fehler gekannt hätte, wäre es mir vielleicht erspart geblieben, immer einer Legende nachzueifern. Aber meine Mutter konnte sich nie dazu überwinden, mir irgend etwas zu erzählen, was ihn in einem schlechten Licht hätte erscheinen lassen.

»Stephen«, fragte sie, »warum willst du immer nur schlechte Sachen hören?«

»Weil er mir dann realer vorkäme«, antwortete ich.

Heute weiß ich, daß er für meine Mutter vollkommen war und sie nur versucht hat, ihn auch für mich vollkommen zu machen. Die Folge war aber, daß ich lange Zeit nicht viel über meinen Vater erfuhr. Als ich anfing, mich ein wenig mehr für sein Leben zu interessieren, versuchte ich besonders, etwas über das Wesen seines Ruhms herauszufinden. Immerhin hatte der mir ziemlich viele Schwierigkeiten beschert, und ich wollte ihn verstehen. Woher kam dieser Ruhm? Warum war er so beständig, während der Ruhm anderer Menschen verblaßte? Die Wahrheit ist, daß ich nicht besser abgeschnitten hätte als der durchschnittliche Filmfan, wenn man mich vor ein paar Jahren nach der Filmographie meines Vaters gefragt hätte. Aber mittlerweile habe ich mit einer Reihe von Leuten über diesen Schatten in meinem Leben namens Humphrey Bogart gesprochen und weiß ein bißchen mehr. Wenngleich ich den Verdacht hege, wir werden die Intensität seiner Wirkung nie ganz begreifen.

Mein Vater war keineswegs der berühmteste Filmstar seiner Zeit. Mit Sicherheit stand Clark Gable ihm in nichts nach, und man könnte dasselbe von James Cagney und anderen behaupten. Aber heute ist aus Gründen, die oft diskutiert worden sind, mein Vater derjenige, an den sich die ältere Generation erinnert und den die Jüngeren verehren. Er gilt allgemein als größter Filmstar aller Zeiten. In Geschichten über ihn taucht er unweigerlich als »Legende« auf, als Mann mit einem »Mysterium«.

Es gibt viele Gründe, warum mein Vater heute berühmter ist als zum Zeitpunkt seines Todes vor 37 Jahren. Zum einen war er der erste seiner Generation von Filmstars, der zu früh starb. Clark Gable und Gary Cooper sind ebenfalls in ihren Fünfzigern gestorben, aber nach Bogie. Jung zu sterben ist keine Garantie für Unsterblichkeit, doch es hilft. Würden wohl die Namen Rudolph Valentino, Elvis Presley oder James Dean genausoviel bedeuten, wenn diese Männer mit achtzig gestorben wären? Nun, dasselbe gilt für Bogie.

Will man den Beginn seines Ruhms festmachen, wäre es am ehesten das Jahr 1935, vierzehn Jahre vor meiner Geburt. Damals war er bereits in Dutzenden von Broadwaystücken und sogar in ein paar wirklich schrecklichen Filmen aufgetreten. In einem davon, *Up the River,* hatte er seinen einzigen gemeinsamen Auftritt mit Spencer Tracy. Bogie war zwischen Hollywood und dem Broadway hin und her geeilt, mit einem bemerkenswerten Mangel an Erfolg beim Film. »Ich war nicht Gable, und so hatte ich einen Flop nach dem anderen«, sagte er einmal.

Aber 1935 bekam Bogie die Rolle des psychopathischen Gangsters Duke Mantee in Robert Sherwoods Broadwaystück *Der versteinerte Wald.* Im Laufe der Jahre haben mir eine Menge Leute erzählt, wie dem Publikum der Atem stockte, wenn mein Vater als Duke Mantee auf die Bühne kam, und das jeden Abend. Irgendwie gelang es Dad, den schlurfenden Gang eines Gefangenen nachzuahmen, dessen Beine zusammengekettet gewesen waren und dessen Hände wirkten, als wären sie bis vor kurzer Zeit mit Handschellen ebenfalls gefesselt gewesen. Seine Stimme war eiskalt, seine Augen leblos. Der König der Sensationspresse damals hieß John Dillinger, und Bogie sah ihm offenbar sehr ähnlich. Noch Jahre danach sprachen die Leute darüber, wie ihnen allabendlich der Atem stockte und es immer den Anschein hatte, als wäre gerade John Dillinger auf die Bühne gekommen.

Das Stück, in dem Leslie Howard die Hauptrolle spielte, wurde ein großer Hit. Bogie bekam die besten Kritiken seiner bisherigen Bühnenlaufbahn. Er machte sich Hoffnungen, durch eine spätere Verfilmung endlich zum Hollywoodstar zu werden. Aber als Warner Brothers die Rechte an der Verfilmung erwarben, kündigten sie an, Edward G. Robinson werde die Rolle des Mantee übernehmen. Robinson war, hauptsächlich durch seine Darstellung von Gangstern, bereits ein Filmstar. Bogie kochte. Er schickte ein Telegramm an Leslie Howard (übrigens ein Idol meiner Mutter, obwohl die beiden sich nie kennengelernt haben), weil Howard versprochen hatte, Bogie dabei zu helfen, die Filmrolle zu bekommen. Howard stand zu seinem Wort und teilte Warner Brothers mit, sie könnten sich ihren Film sonstwohin stecken, wenn sie Dad nicht als Mantee besetzten – wobei ich vermute, er drückte sich etwas gewählter aus. Das Studio gab nach. Bogie bekam die Rolle, und er war sensationell. Deshalb heißt übrigens meine Schwester Leslie; sie ist nach Leslie Howard benannt.

Der versteinerte Wald machte Bogie dennoch nicht zum Filmstar. Warner Brothers gaben ihm einen ihrer sogenannten Sklavenverträge und ließen ihn eine ganze Reihe von Rollen übernehmen, von denen sie meinten, sie paßten zu seinem Typ. Im Laufe der nächsten fünf Jahre trat mein Vater in 28 Filmen auf, und er spielte so viele Gangster, daß man hätte annehmen können, er wäre mit einer 38er in der Hand zur Welt gekommen. Die Titel sagen alles: *Racket Busters, San Quentin, You Can't Get Away With Murder* und so weiter. Aber Bogie war nicht einmal der Obergangster in diesen Filmen, denn Warner Brothers hatten bereits große Gangsterdarsteller wie Robinson, James Cagney und George Raft unter Vertrag. Er spielte gelegentlich auch Cowboys, und von Zeit zu Zeit stand er sogar an erster Stelle auf der Besetzungsliste, wie etwa in *Sackgasse (Dead End),* ein Film, der deshalb erwähnenswert ist, weil es der erste war, in dem die Dead End Kids auftraten.

Bogie wirkt in diesen Filmen nicht gerade großartig, aber die Filme waren es schließlich auch nicht. In manchen spielte er gut, in anderen miserabel. Er war jedenfalls überzeugend in dramatischen Sterbeszenen, denn darin hatte er Übung. Am Ende dieser Gangsterfilme wurde er jedesmal von Robinson oder Cagney umgelegt. Zuweilen machte er Witze darüber, daß ausgerechnet er, der in einer wohlhabenden, kultivierten Familie aufgewachsen war, bekannt wurde als knallharter Kerl von der Straße. Aber ihn befriedigten diese Rollen nicht. Es lag ihm wirklich etwas an der Schauspielerei, und er wollte als Darsteller etwas aus sich machen.

Trotz allem zeigen diese Filme, daß Bogie mitunter imstande war, aus absolut gewöhnlichen Rollen das Beste herauszuholen. Raymond Chandler sagte einmal: »Bogart kann auch ohne Knarre knallhart sein. Außerdem besitzt er einen Humor, der in aufreizender Weise verächtlich wirkt. Alan Ladd ist hart, herb und gelegentlich charmant, aber er verkörpert dennoch nur die

Vorstellung, die ein kleiner Junge von einem knallharten Burschen hat. Bogart ist das Original.«

Erst 1941 mit *High Sierra* entpuppte sich Bogie als jemand, der eine Spur in der Filmgeschichte hinterlassen könnte. Er bekam die Rolle, weil er darum kämpfte, nachdem George Raft sie abgelehnt hatte. Raft wollte nicht am Ende sterben. Das sollte nicht das einzige Mal sein, daß Bogie von Rafts Eitelkeit profitierte.

Bogie spielte in diesem Film einen Mann namens Roy Earle, eine weitere an Dillinger angelehnte Figur. Earle war skrupellos und kaltblütig. Aber irgendwie schaffte es Bogie, für diesen Typen Mitgefühl zu erwecken, indem er Earle als den letzten Vertreter einer aussterbenden Zunft anlegte. Beim Publikum kam das gut an. Als Earle am Ende des Films getötet wurde, wie das bei Bösewichtern damals so üblich war, empfanden die Zuschauer Mitleid statt Erleichterung. Es war wahrscheinlich die bis dahin beste Rolle meines Vaters. Der Film wurde ein Hit.

Die Drehbuchautoren von *High Sierra* waren W. R. Burnett und John Huston. Im selben Jahr bekam Huston seinen ersten Regieauftrag. Der Film hieß *Die Spur des Falken*, und George Raft sollte die Hauptrolle spielen. Raft lehnte ab. Diesmal hatte er Angst, seine Karriere durch die Zusammenarbeit mit einem unerfahrenen Regisseur zu gefährden. Recht so. Es war offensichtlich, daß Huston als Regisseur keine Zukunft hatte. Also bekam Bogie die Rolle, und Huston war glücklich, ihn dabeizuhaben.

In *Die Spur des Falken* stand Bogie als Dashiell Hammetts Privatdetektiv Sam Spade mehr oder weniger auf der richtigen Seite des Gesetzes, wieder als unabhängiger, einsamer Held. Spade war zwar skrupellos, aber diesmal war es Skrupellosigkeit im Namen des Gesetzes.

Die Spur des Falken war vorher schon zweimal verfilmt worden, aber diesmal machten sie es richtig, und der Film wurde ein großer Erfolg. Meine Mutter behauptet, dies sei der Film, an dem alle anderen Detektivfilme gemessen werden.

Sam Spade mit dem Falken – *Die Spur des Falken*

In einer seiner berühmtesten Szenen sagt Bogie zu Mary Astor, er werde sie ins Gefängnis bringen, weil sie seinen Partner umgebracht habe. Eigentlich lieben sich die beiden, aber Bogie sagt: »Es ist mir egal, wer dich liebt. Ich spiele nicht den Trottel für dich. Du hast Miles umgebracht, und dafür bist du fällig.« Er sagt: »Ich hoffe, sie legen dir keine Schlinge um deinen süßen Hals. Wenn du ein braves Mädchen bist, dann bist du in zwanzig Jahren draußen und kannst zu mir zurückkommen. Wenn sie dich jedoch aufhängen, werde ich dich immer in Erinnerung behalten.«

Das war, nehme ich an, der Beginn von Bogies Image als Mr. Cool. Der Regisseur Richard Brooks sagt: »Endlich war das Buch so verfilmt worden, wie es geschrieben worden war. Die ganze Geschichte dreht sich darum, daß sein Partner umgebracht wird und die Frau, die ihn hat umbringen lassen, versucht, mit Bogie auf der Couch zu vögeln. Und auf diese Weise davonzukommen. Und wenn er schließlich zu ihr sagt: ›Ich muß dich ins Gefängnis bringen, irgend jemand muß es auf sich nehmen‹, dann liebt man ihn dafür. Weil er das fertigbringt und wir es vielleicht nicht könnten.«

Alistair Cooke kannte meinen Vater, und er sagt, *Die Spur des Falken* sei der Film gewesen, der letztlich den Charakter meines Vaters zum Vorschein gebracht habe: »Das war Bogart in Reinkultur. Es ging auf einmal nur noch darum, was im Kopf deines Vaters vorgeht. Man konnte alles in seinem Gesicht ablesen. Die Kamera liebte Bogie. Er war zum Filmen geboren.«

Richard Schickel, Filmkritiker der Zeitschrift *Time,* schreibt, *Die Spur des Falken* sei der Film gewesen, der Bogie zum Star gemacht habe: »Das Publikum bekam nun, was es damals von allen Filmstars forderte. Eine klare Vorstellung von der Figur, das Gefühl, vorher zu wissen, was es kriegt, wenn es für einen Bogart-Film zahlt. Und von diesem Zeitpunkt an, als sein Name über dem Titel stand – eine Position, die er nie wieder aufgeben mußte –, von diesem Zeitpunkt an spielte er nur noch in Bogart-Filmen. Er war geworden, was ein Star sein muß: ein eigenes Genre.«

1943 kam die nächste Steigerung von Bogarts Ruhm, der 45. Film meines Vaters, *Casablanca,* von dem es immer hieß, er sei »der beste schlechte Film, der je gemacht worden ist«. Er ist außerdem unter den fünf besten Filmen meines Vaters der einzige, der nicht von John Huston geschrieben oder inszeniert wurde. Alistair Cooke sagt: »Bogies beständiger Ruhm ist ein Rätsel, aber eine Menge davon steckt in diesem Film *Casablanca.*«

»*Casablanca* sollte eigentlich nichts Besonderes werden«, gestand mir Julius Epstein, der gemeinsam mit seinem Zwillingsbruder Philip und Howard Koch das Drehbuch schrieb. »Damals besaßen die Studios Kinos, und jedes Studio machte wöchentlich einen Film. *Casablanca* war auch nur ein weiterer dieser Filme. Er war kitschig und sentimental, und dein Vater hat eine Menge besserer Filme gemacht, die nicht soviel Aufmerksamkeit bekommen. Aber irgendwie kam Magie ins Spiel, und es wurde ein Klassiker.«

Epstein sagte weiter: »Die erste Voraufführung war nicht gerade ein überwältigender Erfolg. Der Film wurde erst zu einem Kultfilm, nachdem dein Vater gestorben war.«

Obwohl der Film mit Oscars für den besten Film und die beste Regie ausgezeichnet wurde und mein Vater seine erste Nominierung als bester Schauspieler bekam, war der Weg zum Klassiker ziemlich steinig. »Wir mußten jeden Drehtag das Skript ändern. Dein Vater mochte das nicht. Er war ein Profi, immer vorbereitet, und er konnte Schlampereien nicht leiden. Aber genau das war es. Wir gaben die Dialoge erst Stunden, manchmal erst Minuten bevor sie gedreht wurden, heraus.«

Keiner wußte wirklich, wohin der Film steuerte oder wie er enden sollte. Das alles brachte die Schauspieler in Rage. Ingrid Bergman erinnert sich in ihrem Buch *My Story:* »Jeden Morgen fragten wir: ›Also, wer sind wir, warum sind wir hier?‹ Und Michael Curtiz, der Regisseur, sagte: ›Wir wissen es noch nicht genau, aber laßt uns erst mal diese Szene hier drehen, und wir sagen es euch dann morgen.‹«

In Wirklichkeit war der berühmte Schluß, wo mein Vater zu

Claude Rains sagt: »Louis, ich glaube, das ist der Beginn einer wundervollen Freundschaft«, nicht der einzige Schluß, der geplant war. Curtiz hatte vor, auch einen Schluß zu drehen, wo Bergman bei Bogart bleibt. Erst nachdem die Szene mit der »wundervollen Freundschaft« gedreht war, wußte Curtiz, daß er etwas Perfektes hatte, und beschloß, es dabei zu belassen. Für meinen Vater war es ein schwieriger Film. Er verbrachte die meiste Zeit in einem Wohnwagen. Anfangs war er mit der Rolle nicht zufrieden. Er wollte die Frau am Schluß kriegen, aber das wollte auch Paul Henreid, weil das in gewisser Weise die Definition des Starruhms war: Der Typ, der die Frau kriegt, ist der Star. Aber Bogie fürchtete auch, die Zuschauer würden es ihnen nicht abkaufen, daß eine so schöne Frau wie Ingrid Bergman sich in einen Kerl verliebte, der aussah wie er. Er war schließlich ein 1,78 Meter großer, 70 Kilogramm schwerer, 44 Jahre alter Mann mit schütterem Haar, der die meiste Zeit seines Lebens damit zugebracht hatte, knarrende Pistolenhelden zu spielen.

Dad hatte auch Probleme mit der Tatsache, daß Rick Blaine im Originaldrehbuch ein bißchen weinerlich war und im Grunde nicht viel auf die Beine stellte. Also möbelten sie die Rolle auf. Sie wurde zu einer größeren Herausforderung. Das mußte das Publikum davon überzeugen, daß Rick ein echter Mann, ein harter Bursche war, aber auch feuchte Augen bekommen konnte, wenn Dooley Wilson als Sam auf dem Klavier »As Time Goes By« spielte. (Und übrigens hat Bogie niemals »Play it Again, Sam« gesagt.)

Mein Vater, so wurde mir berichtet, war weder im Film noch im wirklichen Leben ein Frauenheld. Seine Zurückhaltung gegenüber Frauen im Film, die Leichtigkeit, mit der er eine Frau den Bullen übergeben konnte, wenn sie nichts taugte, ist etwas, was ihn für Frauen wie für Männer attraktiv macht. Casablanca war wahrscheinlich seine romantischste Rolle, und selbst da steckt der größte Teil der Romanze in der Vorgeschichte.

Bogie, der nicht viel Erfahrung mit romantischen Rollen hatte, holte sich Rat, wie er das spielen sollte. Sein Freund Mel Baker sagte ihm: »Das ist das erste Mal, daß du zusammen mit einem großen Star einen romantischen Helden spielen sollst. Du bleibst einfach stehen und läßt sie auf dich zukommen. Mike (Curtiz, der Regisseur) wird es vermutlich gar nicht merken, und wenn sie sich beschwert, kannst du ihr sagen, das sei im Drehbuch stillschweigend vorausgesetzt. Du hast etwas, was sie will, also muß sie auf dich zugehen.«

Wie immer mein Vater sich auch verhielt, es funktionierte. *Casablanca* machte aus Bogie ein Sexsymbol. Als Rick Blaine verkörperte er etwas, das Ingrid Bergman einen der »zwei Pole männlicher Anziehungskraft« nennt. Paul Henreid als Victor Laszlo bildete den anderen. Laszlo war aufrichtig, verantwortungsbewußt, konservativ und väterlich. Bogie als Rick war sexy, romantisch, verantwortungslos und amüsant. Mit anderen Worten: gefährlich. Frauen lieben Schufte.

»Ich habe nichts getan, was ich nicht schon vorher gemacht hätte«, sagte Bogie. »Aber wenn die Kamera auf Bergmans Gesicht zufährt und sie sagt, sie liebt dich, dann würde jeder romantisch wirken.«

Das Knistern zwischen meinem Dad und Ingrid Bergman war so greifbar, daß viele Leute dachten, die beiden hätten auch hinter der Kamera etwas miteinander gehabt. Aber die Wahrheit ist, sie waren praktisch Fremde.

»Ich habe ihn geküßt«, sagt Bergman, »aber ich habe ihn nie gekannt.«

Bob Williams, bei diesem Film Presseagent des Studios, ist der Meinung, mein Vater sei in Ingrid Bergman verliebt gewesen und daraus hätte eine Affäre werden können, wenn er damals nicht mit der rasend eifersüchtigen Mayo Methot verheiratet gewesen wäre. »Bogie war irgendwie eifersüchtig, wenn ich andere Männer zum Set brachte, die mit ihr sprechen wollten«, sagt Williams. »Er schmollte. Ich glaube, er war irgendwie in sie verschossen.« Vielleicht. Aber mein Vater war nicht der Typ, der mit seinen Co-Stars flirtete. Er neigte eher dazu, sich in seinen Wohnwagen zurückzuziehen, das Drehbuch zu studieren oder Schach zu spielen, in diesem Fall mit Howard Koch.

Keiner kann genau sagen, warum *Casablanca* zu dem Erfolg wurde, der er ist, oder warum so viele Sprüche daraus in unseren Sprachgebrauch übergegangen sind. Ich weiß nur, daß ich ein sehr reicher Mann wäre, wenn ich jedesmal einen viertel Dollar bekäme, wenn jemand zu mir sagt: »Das könnte der Beginn einer wundervollen Freundschaft sein« oder: »Unser bleibt immer Paris« oder: »Ich seh' dir in die Augen, Kleines« oder: »Von all den Kneipen dieser Welt« und so weiter. Es vergeht kaum ein Tag, an dem ich nicht im Fernsehen irgend etwas höre oder sehe, was mit Bogart zu tun hat, oft ist es einer dieser Sätze. Selbst Innenminister Warren Christopher faßte seine Meinung zu den GATT-Verträgen mit dem Satz zusammen: »Dies könnte der Beginn einer wundervollen Freundschaft sein.«

Casablanca war wirklich eine einmalige Kombination von vielen verschiedenen Dingen. Aber wenn das Wesen von meines Vaters Ruhm in der Verschmelzung seines wirklichen Ichs mit seinem Leinwandimage besteht, wie viele Filmhistoriker behauptet haben, dann ist *Casablanca* das beste Beispiel für diese Verschmelzung.

Vielleicht meint Ingrid Bergman dieses Phänomen, wenn sie schreibt, sie habe in Hollywood Probleme mit der dort herrschenden Erwartung gehabt, daß man in jedem Film eine Abwandlung seiner selbst spielen müsse. Sie kam aus Schweden, wo Schauspieler Menschen verschiedenen Alters, verschiedener Rassen darstellten, Charaktere also, die sich sehr von ihnen selbst unterschieden. Sie erwähnt, wie Michael Curtiz zu ihr sagte: »Das amerikanische Publikum zahlt Geld, um Gary Cooper als Gary Cooper zu sehen und nicht als Glöckner von Notre-Dame.« Rick Blaine war kein Klon von Humphrey Bogart, aber er war verdammt viel näher an meinem Vater dran, als es irgendeiner dieser pistolenfuchtelnden Gangster jemals gewesen war.

100

Richard Schickel drückt es so aus: »Was Bogart in Rick Blaine fand, war interessanter als ein knallharter Bursche und nicht weniger komplex als ein existentialistischer Held, aber – wenigstens für manche von uns – wesentlich anziehender als beide zusammen. Rick variierte nur unwesentlich die Rolle, die Bogart selbst die meiste Zeit in einem Erwachsenenleben spielte. Eine Rolle, die er mit besonderem Vergnügen angenommen hatte, als er sich in Hollywood niederließ. Das war die Rolle des heruntergekommenen Gentleman. Ein Mann mit Manieren und Privilegien, der sich fern seiner heimischen Jagdgründe wiederfindet, unter Leuten von eher geringerer Herkunft und eher niedrigerem moralischen, gesellschaftlichen und intellektuellen Niveau, als er dank seiner Erziehung in seinem Umfeld erwarten durfte. Rick Blaine hätte eigentlich nicht als Besitzer eines Nachtclubs in Casablanca enden dürfen, sowenig wie Humphrey Bogart als Schauspieler in Hollywood.«

Ich glaube, Schickel und Curtiz haben zumindest teilweise recht. Bleibende Stars, mein Vater mit eingeschlossen, spielen größtenteils sich selbst. Nichtsdestoweniger verkörperte Dad in den anderen drei wichtigen Filmen des Bogie-Kultes Rollen, die von ihm selbst viel weiter entfernt waren als Rick oder Sam Spade.

In *Der Schatz der Sierra Madre,* meinem Lieblingsfilm, war Dad kein unabhängiger Mann mit hohen moralischen Prinzipien wie Sam Spade. Er spielte einen paranoiden Schatzsucher. Huston führte Regie und übernahm eine kleine Rolle. Walter Huston, Johns Vater, war ebenfalls in dem Film dabei und erhielt 1948 den Oscar als bester Nebendarsteller, während John mit dem Oscar für die beste Regie ausgezeichnet wurde. Mein Vater bekam für diesen Film seine zweite Oscar-Nominierung.

Obwohl dies eine von Bogies Lieblingsrollen gewesen sei, sagt Sam Jaffe, habe er anfangs einige Bedenken gehabt.

»Dein Vater kam eines Tages zu mir und fragte: ›Hast du das Drehbuch zu *Der Schatz der Sierra Madre* gelesen?‹ Ich bejahte. Er schnitt eine Grimasse. Ich sagte: ›Bogie, ich sehe doch, daß dich etwas daran stört.‹ Es schien mir, als bereite ihm der Umfang der Rolle Kopfschmerzen, nachdem er damals bereits *Die Spur des Falken* und *Casablanca* gemacht hatte. Ich sagte: ›Ich weiß nicht, ob du mit dem Gedanken spielst, diese Rolle nicht anzunehmen, aber du bist ein guter Freund von John Huston und hast großen Respekt vor Walter Huston. Es ist nichts dabei, in einem Film mit Walter Huston, bei dem John Huston Regie führt, die zweite Rolle zu spielen. Du hast vielleicht Zweifel, aber laß mich dir sagen, daß der Film überhaupt nicht gemacht wird, wenn du ihn nicht machst, denn sie werden keinen Film mit Walter und einem anderen Schauspieler drehen. Und was passiert mit deiner Beziehung zu John Huston? John wäre am Boden zerstört. Ich kann dich beruhigen. Es wird dir nicht schaden, in diesem Film zu spielen. Du wirst gut sein, und die Leute werden nicht sagen: ›Oh, Bogie ist nicht mehr wichtig genug, denn er spielt hinter Walter Huston den zweiten Mann.‹«

John Huston war eine der wichtigsten Antriebskräfte bei der Karriere meines Vaters. Vielleicht sogar die wichtigste. Huston führte später Regie bei *African Queen,* dem letzten der fünf Filme, die ich im wesentlichen für den Ruhm meines Vaters für verantwortlich halte.

Natürlich machen diese fünf Filme nur ein Fünfzehntel seines Gesamtwerkes aus. Jeder, den ich treffe, hat seinen eigenen Lieblingsfilm. Eine Menge Leute mögen *Tote schlafen fest (The Big Sleep),* aus dem ich nicht schlau werde. Viele andere ziehen die Bogie-und-Bacall-Filme wie *Haben und Nichthaben* oder *Key Largo* vor, bei dem Huston ebenfalls Regie führte. Und es gibt viele Leute, die die alten Gangsterfilme lieben, besonders *Die wilden Zwanziger (Roaring Twenties)* und *Nachts unterwegs (They Drive By Night).* Dennoch waren es diese fünf: *High Sierra, Die Spur des Falken, Casablanca, Der Schatz der Sierra Madre* und *The African Queen,* die am meisten dazu beigetragen haben, daß mein Vater der Welt größter Filmstar geworden ist.

Ein Toast auf einen großen
Film – Dad und
Ingrid Bergman während
der Dreharbeiten
zu *Casablanca* (1942)
Quelle: Warner/MPTV

Die berühmte Szene aus
Casablanca mit meinem
Vater und Dooley Wilson
Quelle: Warner/MPTV

Dem Verlauf seines Ruhms zu folgen ist viel leichter, als ihn als solchen zu verstehen. Ich sehe ihn von Film zu Film sich entwikkeln, wie ein Flugzeug auf der Startbahn, das allmählich schneller wird und dann langsam in Richtung der Sterne abhebt. Aber dann gibt es einen Moment, in dem er in die Stratosphäre gerät, als mache er sich frei von der Schwerkraft, die uns Sterbliche auf Erden hält. Wir können uns mehr oder weniger genau ausrechnen, wann das passiert ist, aber keiner kann mit Sicherheit sagen, warum.

Manche Filmkritiker behaupten, das erste Anzeichen für Bogies Unsterblichkeit gab es 1960 in Frankreich. In dem berühmten französischen Film *Außer Atem* steht Jean-Paul Belmondo vor einem Poster mit meinem Zigarette rauchenden Vater und sagt: »Bogie.« Die Kritiker sind sich nicht ganz einig, was Belmondo damit meinte, aber die Tatsache, daß sie darüber streiten, sagt auch schon etwas aus.

Andere Filmkritiker behaupten, der Bogie-Kult sei in Amerika geboren worden, genau gesagt in Cambridge, Massachusetts, im Brattle Theatre am Harvard Square. 1956, ein Jahr vor seinem Tod, lief im Brattle *Beat the Devil,* ein Film, der 1954 in die Kinos gekommen war. *Schach dem Teufel* war eine kleine Komödie, in der neben meinem Vater Robert Morley, Gina Lollobrigida und Dads Freund Peter Lorre zu sehen waren. Huston führte Regie. Es war wieder einer dieser Filme, bei denen vorher keiner wußte, wie das Ergebnis aussehen würde, noch nicht einmal, als die Dreharbeiten anfingen. Ein kommerzieller Erfolg wurde er nicht.

Aber 1956 in Cambridge liebten die Harvard- und MIT-Studenten den ganz eigenen Humor, und sie liebten Bogie.

Im folgenden Jahr zeigte das Brattle *Casablanca,* und das Echo war noch gewaltiger. Es wurde ein Bogart-Filmfestival daraus, und der Bogie-Kult war geboren. Am Harvard Square gibt es sogar immer noch ein Bogie-Restaurant.

Von dort breitete sich der Bogart-Kult aus ins Bleecker Street Cinema im New Yorker Greenwich Village und zum Lyric in Lexington, Virginia, und weiter über das ganze Land, zuerst in die Universitätsstädte und Programmkinos und dann überallhin. Poster wurden aufgehängt. Woody Allen schrieb *Mach's noch einmal, Sam (Play It Again Sam)*. Und es gab eine äußerst erfolgreiche Schallplatte mit dem Titel »Key Largo«. Howard Koch, einer der Autoren von *Casablanca* und Dads Schachpartner, erzählte mir, bei Collegevorführungen von *Casablanca* habe er erlebt, wie die Kids die Dialoge zusammen mit den Schauspielern sprachen, so wie bei der *Rocky Horror Picture Show*. Er habe Studenten getroffen, die den Film Dutzende von Malen gesehen hatten.

Im Laufe der Jahre ist viel geschrieben worden über Bogies Anziehungskraft. Und die Meinungen weichen nicht sehr weit voneinander ab. Fast jeder, der über den Bogart-Mythos geschrieben hat, behauptet, wir liebten Bogie, weil er sein eigener Herr gewesen sei. Er habe die Wahrheit gesagt und die Hochstapler durchschaut. Er sei zynisch gewesen und doch Idealist, wenn die Zeit dafür gekommen war.

Der letzte Freund der Familie, mit dem ich über die Sache mit dem Ruhm sprach, war George Axelrod. Axelrod ist der Produzent und Regisseur, den man vielleicht am ehesten als Autor von Broadwaykomödien wie *Das verflixte siebte Jahr (The Seven Year Itch)* kennt. Er war ein Freund meines Vaters, und als ich ihn fragte, warum Bogie seiner Meinung nach überlebt hat, antwortete er: »Dein Vater hatte begriffen, daß die Welt absurd ist. Das ist etwas, was niemand sonst begriffen hat. Er nahm das Leben nicht wirklich ernst. Er wußte, es kommt nicht so drauf an. Steve, es ist gut, durchs Leben zu gehen und zu wissen, es kommt nicht so drauf an. Bogie hätte all dieses Getue um politische Korrektheit geliebt. Oh, was er damit wohl angestellt hätte. Zu erkennen, daß es keinen Sinn gibt und keine Werte, daß alles nur Zufall ist, und dennoch sein Leben zu leben, das ist der ganze Trick. Wenn man das einmal erkannt hat, versteht man auch, daß alles Täuschung und Illusion ist. Dann wird das Leben irgendwie existentiell. Und Bogie hatte begriffen, daß diese existentielle Qualität das ist, was durch seine Darstellung hindurchschimmerte, und aus diesem Grund ist er zu einer unsterblichen Figur geworden. Bogie hat es irgendwie geschafft, Qualität auf die Leinwand zu bringen – und das konnte er auch im wirklichen Leben. Er war ein Existentialist. Ich weiß nicht, ob er dieses Wort verwendet hätte, denn es wäre zu prätentiös für ihn gewesen, aber das ist es, was er war.«

Rod Steiger, der mit meinem Vater in seinem letzten Film *Schmutziger Lorbeer (The Harder They Fall)* spielte, hat ebenfalls eine interessante Meinung zu Bogarts bleibendem Ruhm: »Ich glaube, Mr. Bogart – so nannte ich ihn immer – hat überdauert, weil in unserer Gesellschaft die Familie aufgeweicht wurde und auseinandergefallen ist. Und er war ein Kerl, der über jeden Zweifel erhaben war. Es gab keinen Zweifel daran, daß er der Anführer war. Er war der Starke. Er wußte sich selbst zu helfen und die Familie zu beschützen. Das ist alles unbewußt, aber bei Bogart fühlt man sich sicher und zweifelt nie daran, daß er die Dinge in die Hand nehmen wird.«

Ich nehme an, die eigentliche Frage lautet nicht, warum wir Bogart mögen, sondern über welchen Bogie wir reden – über sein Image, das in 75 Filmen überall auf der Welt auf den Leinwänden zu sehen ist? Oder über meinen Vater, den ironischen, aber auch unsicheren Mann, der meines Erachtens irgendwie einsam war und nicht ständig jedem erzählte, was in seinem Kopf vorging? Ich glaube, George Axelrod wollte mir sagen, die Antwort lautet: über beide. Und ich finde, er hat recht.

Eines der ersten Dinge, auf die alle Filmhistoriker verweisen, ist die Tatsache, daß Bogie wohlerzogen, kultiviert und vornehm war, folglich ganz anders als die Gangster, die er in den meisten seiner frühen Filme darstellte. Das, behaupten sie, markiere den Anfang der Trennung von Bogie und seinen Rollen. Aber ich glaube, das könnte genausogut auch schon das Ende sein, denn mein Vater war tatsächlich ein etwas zynischer Witzbold, der Windeier haßte. Von der Tatsache abgesehen, daß er keine Beziehung zu echten Gangstern hatte und Unsicherheiten kannte, die mit dem Menschsein einhergehen, gibt es beim echten Bogart keine großen Überraschungen. Sicher, er spielte Schach und Golf, und das weiß vielleicht nicht jeder.

Vielleicht ist auch nicht allgemein bekannt, daß er ein begeisterter Leser war und den Ausdruck prägte: »Irgend jemand Tennis?« Aber damit hören die Überraschungen auch schon auf. Mein Vater war kein Kindesmißhandler wie Joan Crawford, und er hatte auch keinen Mundgeruch wie Clark Gable. Er war nicht schwul, und er war kein Nazispion, und wenn er ein geheimes Leben hatte, dann war es größtenteils eines, das sich im Kopf abspielte. Heutzutage sind wir es gewohnt, einmal im Monat geschockt und enttäuscht zu werden von der Kluft zwischen der wahren Natur eines Stars und seinem öffentlichen Image. Vielleicht hat mein Vater überlebt, weil es da keine nennenswerte Kluft gab. Bogie war zu einem großen Teil wirklich Bogie. Er war der Mann, den John Huston in seiner Grabrede beschrieb:

Humphrey Bogart ist am frühen Montagmorgen gestorben. Seine Frau war an seiner Seite, und seine Kinder waren in der Nähe. Er war einen Tag lang nicht bei Bewußtsein gewesen. Er hatte keine Schmerzen mehr. Ein friedlicher Tod. Während seiner Krankheit glaubte er zu keiner Zeit, sterben zu müssen. Nicht daß er sich geweigert hätte, darüber nachzudenken – es fiel ihm einfach nicht ein. Er liebte das Leben. Leben bedeutete für ihn seine Familie, seine Freunde, seine Arbeit, sein Boot. Er konnte sich nicht vorstellen, irgend etwas davon zurückzulassen, und deshalb hatte er bis zum Ende Pläne für die Zeit, wenn er wieder gesund wäre. Sein Boot wurde neu gestrichen. Sein Sohn Stephen kam in ein Alter, wo er ihm das Segeln und die Liebe zum Meer beibringen konnte. Ein paar Wochen auf dem Boot, und Bogie hätte wieder arbeiten können. Er wollte gute Filme machen – von nun an nur noch gute Filme.

Mit den Jahren wurde ihm zunehmend die Würde seines Berufes bewußt ... Schauspieler, nicht Star. Ja, Schauspieler. Sich selbst hat er nie zu ernst genommen – seine Arbeit um so mehr. Er betrachtete den etwas protzigen Star Bogart amüsiert und mit einem gewissen Zynismus; Bogart, den Schauspieler, respektierte er zutiefst. Jene, die ihn nicht so gut kannten, die nie mit ihm zusammenarbeiteten und nicht zu seinem engen

Freundeskreis zählten, hatten eine ganz andere Vorstellung von diesem Mann als die wenigen Privilegierten. Ich vermute, diejenigen, die ihn nur flüchtig kannten, hatten die größten Nachteile, besonders wenn sie sich über ihre eigene Bedeutung auch nur die geringsten Illusionen machten. Manch hohes Tier blieb feierlichen Anlässen lieber fern, als seinen aufgeplusterten Hals Bogarts Banderillas auszusetzen. In jedem Brunnen in Versailles gibt es einen Hecht, der all die Karpfen auf Trab hält, weil sie sonst zu fett würden und sterben müßten. Bogie hatte ein seltenes Vergnügen daran, eine ähnliche Rolle in den Brunnen von Hollywood zu übernehmen. Dennoch trugen ihm seine Opfer selten etwas nach, und wenn, dann nicht sehr lange. Seine Pfeile waren nur dazu da, durch die äußersten Schichten der Selbstgefälligkeit zu stoßen, nicht aber in die Regionen des Geistes vorzudringen, wo die wirklichen Verletzungen entstehen.

Die großen Häuser von Beverly Hills und allen anderen Orten der Welt waren, was Bogie betrifft, lediglich Schießbuden. Sein eigenes Haus war ein Zufluchtsort. In seinen Wänden konnte jeder, ungeachtet seiner Stellung, frei atmen. Bogarts Gastfreundschaft ging weit über Speisen und Getränke hinaus. Er nährte den Geist seiner Gäste wie ihren Leib, und er überhäufte sie mit gutem Willen, bis sie im Herzen so trunken waren wie in den Beinen.

Bogie hatte Glück in der Liebe und Glück im Spiel. Und er war ausgestattet mit der größten Gabe, die ein Mensch besitzen kann: Talent. Die ganze Welt durfte das erkennen. Dadurch war er in der Lage, angenehm zu leben und für seine Frau und seine Kinder gut zu sorgen. Er hatte ein reiches, erfülltes Leben, wenn es in Jahren auch kein langes Leben war. Über all den anderen Segnungen standen seine zwei Kinder, Stephen und Leslie, die seinem Leben eine bleibende Bedeutung gaben. Ja, Bogie wollte nichts. Aber er bekam alles, was er vom Leben erbat, und noch mehr. Wir haben keinen Anlaß, ihn zu bemitleiden – nur uns selbst, die wir ihn verloren haben. Er ist absolut unersetzlich. Es wird keinen geben wie ihn.

Ich sitze auf dem Boden und sehe fern. Dann steige ich auf Pandy, meinen riesigen Stoffpanda, und tue so, als wäre er ein Pferd. Mein Vater kommt herein. »Was schaust du dir an, Steve?« fragt er.

»The Alone Ranger«, antworte ich.

»Gut«, sagt er. »Gut.«

»Willst du sehen, wie ich reite?« frage ich.

»Klar, Kumpel. Los, Steve, reite wie ein Cowboy.«

Ich setze mich höher auf meinen eingebildeten Sattel und mache Galoppgeräusche mit dem Mund. Ich schieße mit meiner Schreckschußpistole auf die Bösewichter in dem Schwarzweißfilm. Mit der anderen Hand schlage ich Pandy, damit er schneller reitet. Ich wiege mich vor und zurück, bis ich fast vom Pferd falle, und fange an zu kichern.

»Los, schnapp sie dir, Cowboy«, sagt mein Vater. »Schnapp sie dir.« Er sieht mir noch ein bißchen zu, lacht dann und verläßt den Raum. Ich überlege, ob ich ihn zurückrufen soll. Ich will ihn fragen, ob er mit mir The Alone Ranger ansehen möchte. Aber ich tue es nicht. Ich starre auf die Tür. Er ist fort. Ich höre ihn unten mit Mutter reden. Ich drehe mich wieder zum Bildschirm um und sehe mir den Rest von The Alone Ranger alleine an und reite dabei auf meinem Stoffpanda.

4

> »Bogart hielt sich für Scaramouche,
> den frechen Schuft,
> der das Feuerwerk in Gang setzt
> und dann entwischt.«
> *Nunnally Johnson*

Wir verließen England, als meine Mutter die Arbeit an *Flame Over India* abgeschlossen hatte, einem schnellen Actionfilm, der im nördlichen Indien spielte. Sie verkörperte die Gouvernante eines indischen Prinzen, die versucht, britischen Soldaten dabei zu helfen, den Prinzen vor den Bösewichtern in Sicherheit zu bringen. Ich fand Mom ausgezeichnet, und der Film lief sehr gut.

Als die Dreharbeiten beendet waren, zog Mom also mit uns von London zurück in die USA. Aber wir kehrten nicht nach Kalifornien zurück, wo ich meine Kindheit verbracht hatte. Statt dessen flogen wir nach New York und zogen in eine Wohnung, die wir uns mit Richard und Sybil Burton teilten.

Meine Eltern hatten die Burtons 1951 in England kennengelernt. Als Baby verbrachte ich ziemlich viel Zeit auf Richard Burtons Schoß. Ich glaube, ich habe mich sogar einmal auf seine Schuhe übergeben. (O Gott, wenn ich an die Stimmen denke, die ich als Kind hören durfte: John Huston, Richard Burton, Humphrey Bogart und natürlich Lauren Bacall, die für ihre Stimme bekannt ist.) Ich weiß noch, daß ich Richard Burton immer mit Richard Greene durcheinanderbrachte, der Robin Hood im Fernsehen spielte, und daß ich Richard und Sybil aussprach wie »Wretched and Simple«, erbärmlich und schlicht. Als wir nach New York zogen, war unsere Köchin May immer noch bei uns, und ein neues Kindermädchen wurde engagiert, um auf Leslie und mich aufzupassen.

Wir hielten uns in New York auf, weil Mutter eine Hauptrolle in *Goodbye Charlie* angeboten worden war, einem Broadwaystück über einen Gangster, der stirbt und als Frau auf die Erde zurückkommt. Mom war entschlossen, Karriere zu machen und nicht für den Rest ihres Lebens in Zeitungsartikeln als »Bogies Witwe« bezeichnet zu werden.

Mutters Freund George Axelrod war bei *Goodbye Charlie* für Buch und Regie verantwortlich. Die Schauspieler, meine Mutter mit eingeschlossen, bekamen viel Lob, aber das Stück an sich wurde von den Kritikern verrissen. Nach nur drei Monaten am Broadway hieß es goodbye für *Goodbye Charlie*. Die Geschichte tauchte dennoch wieder auf, und zwar 1964 als ziemlich dürftiger Vorwand für einen Film mit Tony Curtis und Debbie Reynolds. Nichtsdestoweniger versetzte *Goodby Charlie* der Karriere meiner Mutter einen kräftigen Schub, und sie bekam weiterhin Arbeit am Broadway und in Hollywood.

An unserem ersten Silvester in New York lernte Mutter Jason Robards jr. kennen. Jason war damals und ist heute noch einer unserer besten Bühnen- und Filmschauspieler. Er besitzt ein unglaubliches Talent und gilt vielen als bester Interpret der Werke von Eugene O'Neil. Mittlerweile wissen wir, daß Jason in ungefähr sechs Millionen Filmen aufgetreten ist. Aber damals war sein Stern erst im Steigen begriffen. Er hatte gerade den New York Drame Critics Award für *Eines langen Tages Reise in die Nacht (Long Day's Journey Into Night)* gewonnen. Wenn es etwas gibt, was meine Mutter begeistert, dann ist es Brillanz, und Jason war ein brillanter Schauspieler. Sie verlieb-

Der ganze Familienclan nach der Vermählung meiner Mutter mit Jason
Robards in Disneyland. V.l.n.r.: Mom, Leslie, Jason III, Dopey, Schneewitt-
chen, Happy, Sarah, Jason und ich
Quelle: Stephen Bogart

te sich sofort in ihn und er in sie. Unglücklicherweise war er
Alkoholiker.

Meine Mutter behauptet, Jason sei, wenn er nüchtern war,
charmant, aufmerksam, freundlich und sanft gewesen. Wenn
Jason ein wenig getrunken hatte, war er immer noch charmant,
allerdings weniger aufmerksam und freundlich, was er
dadurch wettmachte, daß er eloquent war und oft in den Bars
von Greenwich Village Gedichte oder Monologe rezitierte.
Aber wenn Jason sehr viel getrunken hatte, war er überhaupt
nicht mehr charmant, aufmerksam, freundlich oder sanft.

Unglücklicherweise war Jason sehr oft sehr betrunken. Also
heiratete Mutter ihn.

Wie unzählige Frauen vor ihr gab sich meine Mutter der Illu-

113

sion hin, einen Mann ändern zu können, indem sie ihn heiratete. Diese Trinkerei, dachte sie, sei nur ein Stadium, das Jason wegen seiner Scheidung durchmachte. Es sei ein Problem, das sich lege, wenn sie erst einmal verheiratet seien. Ja, ja, die Liebe einer guten Frau wird ihn heilen. Klar. Mutter hätte auf Spencer Tracy hören sollen, der ihr sagte: »Betty, kapier das doch endlich. Kein Alkoholiker ändert sich, nur weil ihn jemand darum bittet.« Oder auf ihren guten Freund Adlai Stevenson, der meinte: »Es wird nicht besser, wenn ihr verheiratet seid, es wird noch schlimmer.«

Manche Leute behaupten, Jason Robards sehe meinem Vater sehr ähnlich. Eigentlich alle, die Augen haben, außer Lauren Bacall. Mom hat nie eine Ähnlichkeit feststellen können, dabei ist sie ziemlich offensichtlich. Was das oder ob das was bedeutet, müssen Psychologen untersuchen. Aber ganz egal, ob er nun wie Bogie aussah oder nicht, Jason mußte mit dem Geist von Humphrey Bogart ringen. Als die Presse erfuhr, daß es Jason und Mom ernst war, erschienen Dutzende von Artikeln, in denen die Frage gestellt wurde: »Kann er sich mit Bogie messen?« Für niemanden ist es besonders erquicklich, einem solchen Vergleich ausgesetzt zu werden, aber besonders ungerecht war es gegenüber Jason, der so ein großes eigenes Talent besaß.

Etwa zu der Zeit, als sie heirateten, zogen wir aus der Mietwohnung in eine 14-Zimmer-Wohnung im Dakota. Das Dakota ist ein berühmtes Gebäude am Central Park West. Es war zum Beispiel Schauplatz von *Rosemary's Baby*, dem Film, in dem Mia Farrows Ehemann sich mit dem Hexenkult einließ. Das Dakota ist auch der Ort, an dem im wirklichen Leben John Lennon von einem Typ namens Mark Chapman erschossen wurde. Als wir in das Gebäude zogen, waren die Beatles natürlich noch unbekannte Teenager in Liverpool, aber Jahre später sah ich, wenn ich meine Mutter besuchte, John Lennon im Haus ein und aus gehen, wobei er oft genug an der Stelle stand, wo er später ermordet wurde.

Die riesige Wohnung im Dakota war das richtige für eine

große Familie, die wir plötzlich auch waren. Das war das Beste an Mutters Ehe mit Jason. Jason hatte drei Kinder mit seiner früheren Frau: Sarah, Jady und David. Jady war in meinem, Sarah ungefähr in Leslies Alter. Und David war das Baby dieser erweiterten Familie. Obwohl die drei Robards-Kinder bei ihrer Mutter lebten, verbrachten wir viel Zeit miteinander, und für etwa ein Jahr lebten Jady und Sarah sogar bei uns im Dakota. Kein Jahr nach der Hochzeit kam mein Stiefbruder Sam Robards zur Welt. Sam ist heute ein erfolgreicher Filmschauspieler.

(Wenn Sam in diesem Buch lediglich am Rande vorkommt, dann nur deswegen, weil 14 Jahre Altersunterschied zwischen uns liegen und ich während seiner Kindheit die meiste Zeit fort war. Sam hat wie ich berühmte Eltern, und er brachte einen enormen Mut auf, als er sich entschloß, Schauspieler zu werden, wenn man bedenkt, wer seine Eltern sind und daß er unweigerlich mit seinem Vater verglichen wird. Aber er ist ein ziemlich guter Schauspieler geworden. Sam und ich stehen uns immer noch nahe. Ich habe ihn und sein Sohn Jasper, meinen ersten Neffen, sehr gern.)

Insgesamt war die Bacall-Robards-Ehe miserabel. Meine Mutter hatte sich in einen Alkoholiker verliebt, und nachdem sie Jason geheiratet hatte, trank der heftig weiter, so wie es jeder außer meiner Mutter geahnt hatte.

Leslie und ich erkannten in unserer kindlichen Unschuld damals nicht, wie schlimm es wirklich war. Jason kam mitunter heimgetorkelt und schlief den ganzen Tag, aber Mutter erklärte, das liege daran, daß er bis spätnachts am Broadway arbeite. Sicher, er schien häufig fort zu sein, aber das war Mutter auch, wenn sie arbeitete.

Eigentlich mochte ich Jason sehr gern, und er mochte mich auch. Ich glaube, wir kamen so gut miteinander aus, weil Jason im Herzen eigenlich ein Kind war. Er versuchte nicht, den Ersatzvater zu spielen. Er war mehr wie ein großer Bruder, der gerne Spaß hatte, so ähnlich wie die Figur, die er in *Tausend Clowns (A Thousand Clowns)* spielte, eine Art Aussteiger, der bei seinem Neffen lebt.

Jason war an der Hollywood High School ein Spitzenathlet gewesen, ein Schwimmer und Läufer. Er liebte Sport, und das war etwas, was wir gemeinsam hatten. Er nahm mich zum Baseballspielen in den Central Park mit und schlug hohe Bälle, um meine Außenfeldarbeit zu trainieren. Als wir einmal den Sommer in Kalifornien verbrachten, zeigte er mir, wie man surft. Ich werde diese Zeit mit Jason immer in guter Erinnerung behalten, weil sie eine so traditionelle Vater-Sohn-Sache war und ich dazu mit meinem eigenen Vater nie Gelegenheit gehabt hatte. Viele der Dinge, die Jason mit mir unternahm, machte ich später auch mit meinen eigenen Söhnen.

Jason nahm manchmal Jady und mich zu den Spielen der New York Mets mit, die in ihrer ersten Saison als Team bekannt waren, das nicht die einfachsten Bälle werfen konnte. Ihr berühmtester Spieler damals, Marvelous Marv Thornberry, war für seine Unfähigkeit auf der dritten Base berüchtigt.

Wie mein Vater war Jason eher ein Mann für Männer als einer für Frauen. Er blieb gern die ganze Nacht auf und hing mit seinen Freunden herum. Ich erinnere mich an eine Nacht im Dakota, als Jason in mein Zimmer kam und mich wachrüttelte.

»Stevie, bist du wach?«

Ich hatte geschlafen, aber damit war es vorbei, als der leicht beschwipste Jason Robards mich stupste.

»Was denn? Was ist los?«

»Nichts, Kumpel«, sagte er. »Nur, ich und die Jungs, wir genehmigen uns ein paar Drinks und reden Scheiß im Wohnzimmer.«

»Und?«

»Warum kommst du nicht und setzt dich zu uns?«

Ich hatte keine richtige Lust. Ich schlief ja noch halb. Aber Jason ließ nicht locker. Also stand ich auf und ging ins Wohnzimmer, wo Jason Peter O'Toole und ein paar andere Typen bei Laune hielt. Wir blieben fast die ganze Nacht auf, und die Jungs erzählten schmutzige Witze und ließen sich vollaufen, während ich Cola trank. Es war eine großartige, rauhe Nacht, und ich

116

werde immer in Erinnerung behalten, wie Jason mir das Gefühl vermittelte, einer von ihnen zu sein.

Wenn ich darüber nachdenke, scheint es so, als sei es Mutters Schicksal, von bösen Jungs umgeben zu sein. Zuerst war es Bogart. Dann Jason. Dann ich.

Ich war zwar nie in Schießereien verwickelt und habe auch nicht in dunklen Gassen Crack gedealt, aber in den nächsten zehn Jahren geriet ich häufig in Schwierigkeiten, und eine Menge davon ist auf den Zorn über den Tod meines Vaters und seinen fortdauernden Ruhm zurückzuführen. Vielleicht habe ich das auch von meinem Vater geerbt, der in jungen Jahren, wie sich herausstellte, ebenfalls ein Unruhegeist gewesen war.

Als Bogie 13 war, besuchte er eine Privatschule in New York, die Trinity School, ein altes episkopalisches Institut für junge Männer, das an der 91. Straße nahe der Amsterdam Avenue in Manhattan lag.

Trinity war wie eine europäische Schule. Es wurde viel Wert auf Latein und andere Sprachen gelegt, die man im wirklichen Leben nie brauchte, es sei denn, man war Priester; ich nehme aber an, mein Vater wußte, daß er sie nie brauchen würde. Viel Aufhebens wurde auch um das Auswendiglernen gemacht, was Dad haßte, wobei das vermutlich eine Disziplin war, die ihm später bei Drehbüchern zugute kam. Er sagte einmal: »In Trinity wurde mir nichts Richtiges beigebracht. Sie ließen einen Daten auswendig lernen, das war's auch schon. Sie erzählten einem, 1812 sei ein Krieg ausgetragen worden. Na und? Sie erklärten nie, warum Menschen ausgerechnet zu diesem Zeitpunkt beschlossen hatten, sich gegenseitig umzubringen.«

Der junge Bogart trug in Trinity einen blauen Serge-Anzug, weiße Weste, weißes Hemd und vielleicht ein maßgeschneidertes Chesterfield mit Messingknöpfen. Mein Vater war ein ordentlich gekleideter Junge, aber er setzte auch jeden Tag einen schwarzen Hut auf, offenbar um Aufmerksamkeit zu erregen. Er gehörte nicht so recht dazu, hauptsächlich, weil er immer sofort nach der Schule heimeilen mußte, um seiner Mutter, der Künstlerin, Modell zu stehen. Regelmäßig rief der Direktor ihn zu sich, um ihn zu tadeln. Eine dieser Unterhaltungen gab er folgendermaßen wieder:

»Herr Luther hat dich schon wieder gemeldet«, sagte der Direktor.

»Ja, Sir«, anwortete ich.

»Er hat sich darüber beschwert, daß du heute morgen in der Klasse eine Rauferei angefangen hast, und er hat dir eine schlechte Note in Deutsch gegeben.«

»Ja, Sir.«

»Warum?«

»Ich mag Deutsch nicht«, sagte ich.

»Und Herrn Luther auch nicht?«

»Nein, Sir.«

»Wenn du Deutsch nicht magst und Englisch auch nicht und Geschichte und Wirtschaft ebenfalls nicht, kannst du mir sagen, ob es irgendwas gibt, was du magst, Master Bogart?«

»Ich mag Mathe, Sir. Algebra.«

»Warum?«

»Weil es nicht so theoretisch ist. Da gibt es nur Tatsachen. Man hat ein Problem, und man findet eine Antwort. Und dann beweist man, daß die Antwort richtig ist.«

»Aber diese Raufereien. Diese ständige Provokation der Autoritätspersonen. Warum machst du solche Sachen?«

Ich weiß nicht, was mein Vater dem Direktor auf diese Frage antwortete. Aber das Herausfordern von Autoritäten galt sein ganzes Leben lang als Markenzeichen von Humphrey Bogart. »Ich habe immer gern eine Sache in Bewegung gebracht, Autoritäten provoziert«, sagte er. »Schon als Kind hatte ich Vergnügen daran. Ich vermute, ich habe das von meinen Eltern geerbt. Sie forderten jeden heraus, auch sich gegenseitig.«

Er hatte es von seinen Eltern geerbt, und vielleicht habe ich es von ihm geerbt. Wie mein Vater besuchte auch ich in New York eine Privatschule. Ich ging nach Buckley, eine sehr exklusive Schule, wo ich vermutlich als einziger das Kind von Filmstars war, aber wahrscheinlich stammte ich auch aus der ärmsten Familie. Die meisten meiner Mitschüler schienen die Söhne von Multimillionären zu sein.

Ich hatte eine Menge Schwierigkeiten in Buckley, aber irgendwie kam ich durch, und dann ging ich zur Prep-School, wie es mein Vater auch getan hatte, meine war allerdings in Massachusetts. Bogie mußte sein drittes Jahr auf Trinity wiederholen, weil er an Scharlach erkrankte, aber danach besuchte er die Phillips Academy in Andover, eine Prep-School, auf der schon sein Vater gewesen war.

»Du wirst später nach Yale gehen«, sagte seine Mutter zu ihm.

Dieselbe Hoffnung hegte meine Mutter später auch für mich. Beide wurden enttäuscht.

1917 ging Dad zur Phillips Academy.

»Wir fördern das Lernen, und Unfug wird nicht geduldet«, teilte man ihm an seinem ersten Tag dort mit. Also scherte er sich von Anfang an nicht darum. Einer seiner Klassenkameraden erzählt: »An was ich mich erinnern kann, ist seine Verdrießlichkeit. Ich hatte den Eindruck, er war ein ziemlich verwöhnter Bursche. Wenn die Sachen nicht so liefen, wie er es sich vorstellte, das konnte er überhaupt nicht leiden.«

»Leute mit Autorität sind so verdammt selbstgefällig«, sagte Bogie einmal. »Ich kann keine Ehrfurcht zeigen, wenn ich sie nicht empfinde. Also stellte ich dauernd meine Lehrer auf die Probe, um zu sehen, ob sie wirklich so gescheit und gottähnlich waren, wie es schien.«

Schon zu Weihnachten desselben Jahres schwänzte mein Vater die meisten seiner Kurse und dachte darüber nach, ob er sein Zeugnis lieber verbrennen oder vergraben sollte. Aber nein, er brachte es nach Hause, und als er es Maude und Belmont zeigte, sagten seine Eltern, er solle seine Noten verbessern, andernfalls nähmen sie ihn aus der Schule, und dann könnte er arbeiten gehen. Seine Noten wurden nicht besser, und so unternahm Humphreys Vater einen letzten Versuch, den Jungen auf der Schule zu halten. Er schrieb an den Direktor,

Humphrey sei im Grunde ein guter Junge, der nur »vom Weg abgekommen« sei: »Das Problem scheint zu sein, daß er in Gedanken ständig beim Sport ist und bei den Briefen an seine Freundinnen.« Das kann ich gut nachvollziehen. In dem Alter hatte ich auch nur Sport und Mädchen im Kopf.

Bogies Vater schrieb weiter: »Je fester Sie die Schrauben anziehen, desto besser für meinen Sohn.«

Das war schätzungsweise damals so üblich. Aber Tatsache ist, die angezogenen Schrauben funktionierten nicht. Am 15. Mai 1918 wurde Dad mit den allerfreundlichsten Begleitworten aus Phillips hinausgeworfen. Der Direktor versprach ihm, er werde vermutlich »von dem unglücklichen Vorfall profitieren«.

Jahre später verlieh Vater der Geschichte seinen eigenen Dreh. Er schob den Rausschmiß auf seine »Ausgelassenheit« und »Regelverstöße«. Offensichtlich wollte er lieber als Disziplinarfall denn als akademischer Versager gelten und prahlte mit Geschichten, die vermutlich nie vorgefallen waren. Auf seinem Zeugnis stand nichts von Disziplinproblemen, sondern vom Versagen in Chemie, Englisch, Französisch, Geometrie, Religion und sogar Algebra. Von Disziplinproblemen war allerdings Jahre später auf meinen Zeugnissen an der Milton Academy in Milton, Massachusetts, die Rede. Ich erinnere mich, wie ich von Milton suspendiert wurde. Sie setzten mich in einen Zug zurück nach New York. Während der Zug durch Connecticut nach New York ratterte, probte ich in Gedanken, was ich meiner Mutter sagen würde, wie ich den schrecklichen Fehler erklären könnte, der in Milton gemacht worden war. Als ich heimkam ins Dakota, ging ich wie stets zur Hintertür, die in unsere Küche führte. (Wir sind immer eine Küchenfamilie gewesen.) Mutter hielt sich gerade in einem anderen Teil der Wohnung auf. Lange stand ich an der Tür wie ein verletztes Hündchen und bereitete mich auf ein Donnerwetter vor. Ich versuchte, mich in einen Zustand der Hysterie hineinzusteigern, damit ich weinen und auf diese Weise Mitleid erregen konnte.

An dieser Stelle möchte ich eine kurze Abschweifung über meine berühmte Mutter Betty Bacall einfügen. Nennen Sie sie bloß nicht Lauren und auch nicht Baby. Für ihre Freunde ist sie Betty und Ms. Bacall für alle anderen.

Meine Mutter ist eine Frau, die ihr Leben in den Dienst des Überdurchschnittlichen gestellt hat. Sie bewundert Herausragendes in der Kunst, in der Musik, in allem. Unglücklicherweise ist Mom eine Perfektionistin. Das bedeutet, daß sie überdurchschnittliche Leistungen nicht nur bewundert, sondern sie auch erwartet. Und sie erwartet sie von allen Menschen. Wenn man also als ihr Kind etwas Großartiges vollbringt, zum Beispiel Einser im Zeugnis bekommt, einen Pokal gewinnt, gut heiratet oder was auch immer, dann darf man keine Gratulation und kein anerkennendes Klopfen auf die Schulter erwarten. Es gilt einfach als selbstverständlich.

Nach dieser Vorrede werde ich nun wahrscheinlich erzählen, daß die Hölle losbrach, als meine Mutter die Hintertür öffnete und ich ihr von der Suspendierung in Milton berichtete. Falsch. Ich verstehe meine Mutter jetzt besser als damals, und ich hätte wissen müssen, sie würde nicht schimpfen.

Als ich ihr erzählt hatte, was passiert war, nahm sie mich einfach in die Arme. »Ist schon gut, Stephen, ist schon gut.« Meine Mutter ist immer eine gute Mutter gewesen, sie hat uns immer geliebt und sich immer um uns gesorgt. Die Kinder standen bei ihr stets an erster Stelle. Obwohl sie uns diese Liebe vielleicht nicht immer zeigte, wußten Leslie und ich doch, daß sie da war. Diesmal zeigte sie sie. Wenn man am Boden liegt, kommt das Beste in meiner Mutter zum Vorschein. Wenn man am Boden liegt, ist sie vorbehaltlos für einen da. Dummerweise muß man erst am Boden liegen, damit sie an diesen Punkt kommt. Sie ist keine Schönwetter-, sondern eine Schlechtwetterfreundin.

Wenn es also schlecht um mich stand, war meine Mutter ein größerer Rückhalt für mich, als Bogarts Mutter es für ihren Sohn gewesen war. Vielleicht ist das der Grund, warum ich irgendwann in Milton den Abschluß machte, während er in Phillips rausflog. Bogies Mutter neigte dazu, ihn wegen seines

Versagens herunterzuputzen, weshalb mein Vater nach seinem Rauswurf aus Phillips zur Marine ging.

Es war zur Zeit des Ersten Weltkriegs, und Dad wurde der Leviathan zugeteilt, einem Truppentransporter, der einst ein deutsches Passagierschiff gewesen war. Meines Vaters Respektlosigkeit gegenüber Respektspersonen setzte sich fort, und es dauerte nicht lange, bis seine geringe Meinung über Leute in hohen Stellungen ihn in Schwierigkeiten brachte. Ein Offizier gab Bogie einen Befehl, und der antwortete: »Das ist nicht mein Kommando.« In der Geschichte wird weiter behauptet, der Offizier habe meinen Vater geschlagen, ein Fehler, den er nur einmal machte.

Es gab jedoch auch andere Vorfälle. »Einmal nahm er ohne Genehmigung Urlaub«, erzählte mir Phil Gersh, damals Mitarbeiter von Sam Jaffe, »also stellten sie ihn als Deserteur hin. Er bekam zehn Tage Bunker. Bogie ließ das Urteil kalt, und er gab das seinem Captain auch zu verstehen, da machten sie zwanzig Tage daraus. Er riskierte erneut eine dicke Lippe, und schon waren es dreißig Tage.«

Dad vergnügte sich auf dem Schiff auch gerne beim Würfelspiel, und zumindest einmal hatte er seinen Monatslohn bereits verspielt, ehe sie Paris erreichten – und die französischen Mädchen, denen er so sehr entgegenfieberte.

Kurz nach Unterzeichnung des Waffenstillstands tat mein Vater seinen letzten Streich in der Marine. Sein Captain befahl ihm, die Entlassungspapiere für die 200 fähigsten Männer fertigzumachen. Dr. James Mitchell, der mit meinem Vater diente und später Arzt bei MGM war, erzählt: »Humphrey ging unter Deck und machte erst mal seine eigenen Entlassungspapiere fertig. Er wollte gerade mit Seesack und Hängematte von Bord gehen, als ihn der Captain erspähte und fragte, wohin er gehe. Humphrey antwortete, er habe den Befehl, die verdientesten Männer zuerst zu entlassen, und er finde, er sei der verdienteste Mann an Bord des Schiffes. Der Captain bestand darauf, daß er wieder unter Deck ging und seinen Dienst zu Ende führte.«

Bei der Marine während
des Ersten Weltkriegs (1917)

Wieder zu Hause (1918)

Mein Vater war zwar kein Vorbild an militärischen Tugenden, aber er machte eine gute Figur in der Uniform. Auf Fotos aus jener Zeit sieht er blendend aus, wie ein richtiger Posterboy für die Marine. Und schließlich bekam er auch seine ehrenhafte Entlassung.

Ich denke oft über meines Vaters Leben beim Militär nach. Einerseits war er Patriot, und ich bin sicher, er wäre auch bereit gewesen, für sein Land zu sterben, wenn es von ihm verlangt worden wäre. Andererseits war er ein Ikonoklast, der sich stets über Institutionen wie das Militär lustig machte. Vielleicht amüsierte ihn sein eigener Anblick in Uniform. Und ich denke auch oft über den Unterschied zwischen uns beiden Männern nach, zwei Männern, von denen der eine beim Militär gedient hat und der andere nicht. Brachte die Marine meinem Vater eine Art Disziplin bei, die ich nicht kannte? Machte sie einen Mann aus ihm, wie es so oft heißt? Hätte er das Arbeitsethos entwickelt, das seine spätere Karriere prägte, wenn er nicht gedient hätte?

Die Fragen, die ich mir über meinen Vater stellte, sind häufig verzerrte Versionen der Fragen, die ich mir selbst stelle. Und oft frage ich mich, inwiefern mein Leben anders verlaufen wäre, wenn ich beim Militär gedient hätte, wenn ich in den Krieg gezogen wäre, anstatt den Kriegsdienst zu verweigern.

Als ich Milton verließ, war ich etwa in demselben Alter wie Dad, als er zur Marine ging. Ich besuchte für ein Jahr die University of Pennsylvania in Philadelphia und geriet in noch größere Schwierigkeiten. Das Jahr Philadelphia war mein Versagerjahr. Meine Mutter zahlte fürs College, also war für meinen normalen Lebensunterhalt gesorgt. Aber ich hatte damals eine Freundin, und mit den 100 Dollar, die mir meine Mutter monatlich schickte, kam ich nicht weit. Also nahm ich einen Job in einem Plattenladen an, und dort tat ich etwas, was mich bis heute quält. Ich bin nicht stolz darauf, aber ich verschenkte Hunderte von Platten, damit die Leute mich mochten. Meine neuen Freunde kamen rein und sagten: »Hey, Steve, kann ich mir ein paar Platten nehmen?« Und ich anwortete: »Klar, bedien dich.« Die Sache nahm groteske Formen an. Einmal spazierte ein Typ herein, den ich kaum kannte, und verließ den Laden mit zwanzig Platten. Das war meine Art, Freundschaft zu schließen. In meiner Klasse in Milton waren 63 Jungs gewesen, und als ich auf die große Schule in Philadelphia kam, hatte ich den Eindruck, mitten in einer riesigen Stadt ausgesetzt zu sein, wo ich keinen kannte. Ich wußte nicht, wie man Freunde gewinnt, außer durch Geschenke. Ich mußte nichts weiter tun, als ihnen Platten zu geben, die nicht mir gehörten. Ich glaube, auch das gehört auf eine verquere Weise zur Bogie-Sache, dieser Versuch, wegen etwas beliebt zu sein, was ich selbst war. In Philadelphia mochten mich die Leute nicht deshalb, weil ich Humphrey Bogarts Sohn war. Sie mochten mich, weil ich sie Platten stehlen ließ. So verrückt das auch klingen mag, aber mir schien damals alles besser, als wegen meines Vaters gemocht zu werden.

Während dieser Zeit hatte ich kaum Kontakt zu meiner Mutter. Das war ein Ausbruchsszenario, die Zeit der Rebellion, ein Versuch, in der Anonymität unterzutauchen. Ich habe nie zu Hause angerufen. Die meiste Zeit wußte meine Mutter nicht genau, wo ich steckte. In diesem Jahr tat ich eine Menge Dinge, für die ich mich schäme. Zum Beispiel stahl ich Geld von meinem Freund Jon Avnet, mit dem ich zusammengezogen war, nachdem man mich aus dem Wohnheim geworfen hatte. Als Avnet merkte, daß ich ihm 60 Dollar gestohlen hatte, kam er zu mir und sagte: »Warum hast du nicht einfach gefragt?« Ich wußte keine Antwort. Dann klaute ich ihm ein zweites Mal Geld, und das war das Ende unserer Freundschaft. Heute ist Jon eine sehr erfolgreicher Hollywoodproduzent und Regisseur, dem wir Filme wie *Lockere Geschäfte (Risky Business)* und *Grüne Tomaten (Fried Green Tomatoes)* verdanken. Vielleicht hat er inzwischen vergessen, was damals vorgefallen ist, aber ich habe es nie vergessen. Tut mir leid, Jon.

Eine Zeitlang steckte ich tief im Verbindungsleben. Ich war in einer Verbindung zusammen mit Typen wie Chuck Mercene, der später für die New York Giants spielte, und Timmy Cutter, einem ausgezeichneten Hockeyspieler. Das war die Zeit, als ich anfing, Gras zu rauchen. Und ich trank auch, aber ein großer Trinker wurde ich nie.

Als ich aus den Weihnachtsferien zurückkam, sagte die stellvertretende Managerin des Plattenladens zu mir: »Steve, wir haben Inventur gemacht.«

»Und?«

»Ronnie sucht dich«, antwortete sie. Ronnie war der Boß.

Als Ronnie mich fand, sagte er: »Steve, es fehlen 600 Platten.«

Ich sagte: »Ich schätze, ich bin gefeuert.«

Er sagte: »Stimmt.«

Ich weiß nicht, wann ich aufhörte, in Schwierigkeiten zu geraten. Ich schätze, es war in den frühen achtziger Jahren, als ich Barbara kennenlernte, die mir half, von meiner Kokainabhängigkeit loszukommen.

Barbara ist auch diejenige, die mich dazu brachte, über meinen Vater nachzudenken, und die mich ermutigte, Fragen zu stellen, wann immer ich jemanden traf, der meinen Vater gekannt hatte. Natürlich fragte ich meiner eigenen Geschichte wegen nach seinen Fehlern. Es schien, als wüßte jeder etwas über Bogie als böser Bube zu erzählen.

Die Aufsässigkeit gegenüber Autoritäten zum Beispiel behielt Dad offenbar sein ganzes Leben bei.

Wenn er schon vor den Autoritäten in der Prep-School und beim Militär keinen Kotau machte, dann tat er es ganz sicher auch später nicht in Hollywood. Seine Respektlosigkeit gegenüber den Ikonen der Filmwelt wurde eine seiner bekanntesten Eigenschaften.

In den dreißiger Jahren, als die PR-Abteilungen der Studios jeden Schauspieler aussehen lassen wollten wie einen Landadeligen, weigerte sich Bogie, für die Fotos zu posieren, die sie von ihm machen wollten: Hunde streichelnd, Pfeife rauchend, zu Pferde sitzend. Er hielt das für verlogen. Und Verlogenheit haßte er. Er wollte nur er selbst sein. Ich verstehe das gut. Manchmal, wenn mich Leute fragen, wie es ist, Bogarts Sohn zu sein, dann kommt es mir vor, als verlangte man von mir, etwas darzustellen, was ich nicht bin.

»Wenn ich Lust habe, mit Mokassins ins Trocadero zu gehen, dann gehe ich eben so dorthin«, sagte Bogart. »Wenn ich ins Trocadero gehen und mich vor allen Produzenten der Stadt lächerlich machen will, dann ist das allein meine Sache.«

Die bedeutendste Autoritätsfigur in der Karriere meines Vaters war Jack Warner, und Bogies Kämpfe mit Warner gingen in die Geschichte Hollywoods ein.

Jack, einer der vier Warner-Brüder, war Produktionschef, der Mann, der das Studio leitete. Er stritt nicht nur mit Bogie, sondern unter anderem auch mit Bette Davis, Olivia de Haviland und James Cagney. Mein Vater nannte ihn in einem Interview »creep«, Widerling.

Warner rief ihn daraufhin an. »Wie können Sie mich so nennen?« fragte er. »Ein *creep* ist laut Wörterbuch ein widerliches, kriechendes Etwas.«

»Aber ich schreibe es ›kreep‹, mit k, nicht mit c«, antwortete Bogie.

»Wie können Sie mir so was antun?«

»Ich habe es für die Publicity getan, fürs Studio und für Sie«, sagte Bogie.

Ich habe den Verdacht, die Bogart-Warner-Kämpfe waren so einzigartig, weil Jack Warner genauso taktlos wie mein Vater sein konnte. Als Warner einmal Madame Tschiang Kai-schek vorgestellt wurde, soll er gemurmelt haben, er habe vergessen, seine schmutzige Wäsche mitzubringen.

Ich fragte Sam Jaffe einmal, worüber sich mein Vater und Warner eigentlich stritten.

»Über Drehbücher«, sagte Sam. »Jack Warner wußte, daß dein Vater ein guter Schauspieler war, aber er hätte ihn nie für bessere Rollen herangezogen. Ich erinnere mich an einen Fall, da wollte Bogart in einem bestimmten Film nicht spielen. Warner sagte zu mir: ›Sam, du hast deinen Klienten nicht unter

Kontrolle.‹ Ich antwortete: ›Jack, ich kann Bogarts Gehirn nicht kontrollieren. Er liest Drehbücher und hat eine genaue Vorstellung von dem, was er machen will. Ich kann ihm da nichts vorschreiben.‹ Das war zu der Zeit, als es noch sogenannte Sklavenverträge gab und das Studio Bogie auf Eis legen konnte, wenn er eine Rolle ablehnte. Also wurde er dauernd gesperrt. Warner gab Bogie ein Skript, und Bogie las es und sagte: ›Das ist absoluter Mist.‹ Warner hat nie ein wirklich gutes Stück oder Buch für ihn gekauft. Sie nahmen irgendein miserables Skript und gaben es deinem Vater, nur um ihren Vertrag zu erfüllen, der verlangte, daß sie ihm Rollen anboten. Aber Bogie sagte jedesmal, es sei Mist. Er benutzte das Wort ›Mist‹ ziemlich häufig.«

Seine Konflikte mit Warner schilderte mein Vater folgendermaßen: »Ich las ein Drehbuch und brüllte, es sei nicht das richtige für mich. Ich wurde zur Anprobe bestellt und weigerte mich zu kommmen. Jack Warner rief dann an: ›Sei ein guter Junge.‹ Ich sagte nein. Dann bekam ich einen Brief von den Warner-Anwälten, die mir befahlen anzutreten. Ich weigerte mich. Dann noch ein Telegramm von Warner, in dem es hieß, wenn ich nicht auftauche, werde er mir die Kehle durchschneiden. Er schrieb jedesmal drunter: ›Meine Empfehlungen an Mayo.‹« (Mayo war die Frau meines Vaters während der Zeit dieser Kämpfe.)

Es gefällt mir, daß mein Vater mit Warner über Drehbücher stritt. Heute hört man immer nur, es gehe allen in Hollywood lediglich um den Deal, nicht um den Film selbst. Mein Vater spielte zugegebenermaßen in einer Menge Machwerke, aber er kämpfte stets für bessere Filme und bessere Drehbücher, nie für mehr Geld.

Jack Warner war sicher nicht der einzige in Hollywood, der Bogarts Nadelstiche zu spüren bekam. Bogie zog in Interviews oft über Leute aus Hollywood her. Und dann war er verärgert und amüsiert zugleich, wenn die Leute das empörend fanden.

Er sagte einmal: »Alle in Hollywood raten mir dauernd: ›Oh, das dürfen Sie nicht sagen, das bringt Ihnen eine Menge Ärger ein‹, wenn ich äußere, irgendein Film oder Regisseur oder Autor oder Produzent tauge nichts. Ich versteh's einfach nicht. Wenn er nichts taugt, warum soll man es dann nicht sagen dürfen? Wenn das mehr Leute täten, würde es vielleicht auch mal etwas bewirken. Der Gedanke, daß jemand, der tausend Dollar in der Woche verdient, unantastbar ist und über jede Kritik erhaben, kommt mir nicht sonderlich vernünftig vor.«

Die Presse war natürlich begeistert, daß Bogie kein Blatt vor den Mund nahm. Sie zitierten ihn gern, denn er tischte ihnen nicht das übliche Geschwafel auf.

»Ich glaube, man sollte sagen, was man denkt«, meinte Bogie. »Ich glaube nicht, man sollte etwas verbergen. Wenn du dich wegen etwas schämst, korrigiere dich. Es gibt nichts, worüber ich nicht reden würde. Ich habe mich nie mit den gesellschaftlichen Gepflogenheiten dieser Stadt abgefunden, und ich habe deshalb auch nicht viele Freunde unter den Schauspielern.«

Mein Vater nahm nicht nur, was Hollywood angeht, kein Blatt vor den Mund, sondern auch bei allen anderen Dingen. Er liebte Auseinandersetzungen. Das ist ein Gebiet, auf dem ich ganz der Sohn meines Vaters bin. Ich streite leidenschaftlich gerne. Nur um zu sehen, wie die Fetzen fliegen, vertrete ich jede beliebige Minderheitenmeinung.

Dad ließ sich vom Klang der Worte und vom Austausch der Gedanken anregen. Und die Meinungen der Leute zu verschiedenen Themen amüsierten ihn. Einer seiner beliebtesten Tricks war es, in einer Gruppe etwas Empörendes zu sagen, eine Diskussion in Gang zu bringen und sich dann davonzuschleichen, während sich die anderen weiterstritten.

»Ich kann nicht einmal eine harmlose Diskussion anfangen, ohne daß daraus ein Streit wird. Es muß am Klang meiner Stimme liegen oder an meinem arroganten Gesichtsausdruck. Irgend etwas bringt alle gegen mich auf. Keiner kann mich auf den ersten Blick leiden. Ich nehme an, deshalb kriege ich auch immer die Rollen der schweren Jungs. Die Sache ist die: Ich verstehe nicht, warum die Leute dauernd wütend werden. Man kann nicht in einem Vakuum leben, und man kann auch keine Diskussion führen, wenn es nicht zwei Meinungen gibt. Wenn du mit jemandem nicht einer Meinung bist, dann wird daraus das, was man eine Diskussion nennt. Ich käme mir wie ein Trottel vor, wenn ich mich auf die Seite meines Gegners schlagen und sagen würde: ›Na ja, vielleicht haben Sie recht‹ oder ›Sie wissen mehr darüber als ich‹ oder irgendeinen der anderen halbgaren Kompromisse, die man eingeht, wenn man taktvoll und diplomatisch sein will. Meine Vorstellung von einer aufrichtigen Diskussion besteht darin, erst einmal meine Meinung klarzumachen. Wenn dann der andere sagt: ›Du bist doch ein gottverdammter Narr, Bogart‹, dann kommt Bewegung in die Sache, und es kann zu etwas führen. Oder vielleicht bin ich derjenige, der so eine Bemerkung macht. Wie auch immer, es gibt dabei jede Menge Action.«

Da mein Vater das Image hatte, ein knallharter Bursche zu sein, wurde er oft von Typen angemacht, die ihn auf die Probe stellen wollten, um am nächsten Tag im Büro prahlen zu können, sie hätten den harten Bogie fertiggemacht. Das war für Dad immer eine schwierige Angelegenheit. In der Regel wurde seine spitze Zunge mit diesen Deppen fertig, die zumeist betrunken waren. Aber er schaffte es nicht immer, sich aus heiklen Situationen herauszureden. Manchmal kam es auch zu Handgreiflichkeiten.

Da Dad in der Zeit seiner Ehen mit Mary Philips und Helen Menken noch nicht bekannt genug war, kam es erst während seiner Ehe mit Mayo Methot zu Schlägereien. Sie war sogar oft selbst darin verwickelt. Eines Nachts tranken er und Mayo zum Beispiel in einer Bar. Irgendein Typ kam an ihren Tisch, beugte sich ganz nah zu meinem Vater herunter und sagte: »Ich höre, du bist ein knallharter Bursche. Aber da muß wohl von jemand anderem die Rede gewesen sein, denn du siehst ja nicht so besonders hart aus.«

»Du hast vermutlich recht«, sagte mein Vater. »Warum setzt du dich nicht, Kumpel, und trinkst einen auf mich.« Der Mann nahm das Angebot meines Vaters an. Aber bald setzte seine Streitlust wieder ein. »Weißt du, was ich gehört habe?« fragte er.

»Nein«, sagte Bogie, »was hast du gehört?«

»Ich habe gehört, du gibst Kindern keine Autogramme. Ich habe gehört, du hältst dich für zu hart dafür und schüttelst sie einfach ab.«

Bogie sah, daß dem Kerl nicht mit Charme beizukommen war. Er wandte sich deshalb an Mayo und meinte, es sei Zeit zu gehen. »Das habe ich mir gedacht«, sagte der Fremde. »Du versuchst, dich aus dem Staub zu machen. Knallhart, he? Da lachen ja die Hühner.«

Plötzlich holte der Mann zu einem Schlag aus. Mein Vater duckte sich und wurde nur leicht erwischt. Dann fingen sie zu raufen an und landeten schließlich auf dem Boden dieses New Yorker Nachtclubs. Mayo zog einen ihrer Schuhe aus und begann auf den Mann einzuschlagen. Schließlich mußte der Geschäftsführer kommen und die Rauferei beenden.

»Liebling«, sagte Mayo später, »es muß wunderbar sein, als Filmstar von seinen Fans solche Anerkennung zu erfahren.«

Wenn Dads Image ihn auch manchmal in Schwierigkeiten brachte, so gab es ebenso Fälle, in denen er es dazu benutzte, um selbst Ärger anzufangen. Einmal trat in einem Restaurant ein Freund, der von Bogies Vorliebe für Streiche wußte, von hinten auf ihn zu und klopfte ihm auf die Schulter.

»In Ordnung«, sagte der Freund, »trinken Sie aus und verschwinden Sie. Wir wollen Sie hier nicht haben.«

Bogart drehte sich langsam um, nahm die Zigarette aus dem Mund, schnippte sie auf den Boden und trat sie aus. Er kniff die Augen zusammen, blies den Rauch aus und sagte: »Hör gut zu, Kumpel. Ich bleibe hier. Wenn dir das nicht paßt, kannst du ja abhauen. Das ist mein Revier, und das weißt du auch. Oder muß ich es dir erst beweisen.«

Die Leute im Restaurant wurden nervös, und einige begannen von Bogart abzurücken. Bogie ließ die Spannung ein paar Augenblicke im Raum hängen und fing dann an zu lachen.

So etwas tat er häufig, und manchmal ließ er sich zum Schein auf Kämpfe ein, wobei er so zuschlug wie in seinen Filmen.

Viele dieser Streiche waren absolut filmreif. Als Bogie einmal mit Mutter, Peter Viertel und Joan Fontaine in Paris war, las er einen Tippelbruder auf und lud ihn zum Essen ein. Nach dem Essen gab er dem Penner fünfzig Dollar und eine Zigarre. Ein anderes Mal las er in Paris eine Prostituierte auf und gab sie als seine Verlobte aus.

Als ich acht Monate alt war, kam es in dem New Yorker Club El Morocco zu einem seiner berüchtigtsten Auftritte.

Folgendermaßen stand die Geschichte am nächsten Tag in den Zeitungen: Bogie und Bacall machten Urlaub in New York. Sie zogen mit Bogies Freund Bill Seeman und anderen Freunden durch Nachtclubs. Gegen Mitternacht gingen meine Mutter und die anderen heim. Aber Bogie und Seeman wollten weiterzechen. Sie kamen nach Mitternacht mit zwei riesigen Stoffpandas, die mein Vater für mich gekauft hatte, im El Morocco an. Sie stellten die Pandas überall als ihre Freundinnen vor und verlangten einen Vierertisch, damit auch die gut einen Meter großen Stofftiere Stühle hatten. Dann tranken sie weiter.

An einem Nebentisch saßen zwei junge Frauen, eine aus der Schickeria, die andere ein bekanntes Model, mit ihren Begleitern. Irgendwann holte sich eine der Frauen einen Panda. Bogie fühlte sich beleidigt, schubste sie, und sie fiel zu Boden. Als die andere Frau den zweiten Panda nahm, sagte Bogie irgend etwas Beleidigendes. Da mischte sich ihr Freund ein und fing an, mit Tellern zu werfen. Es folgte ein Durcheinander, dessen Einzelheiten niemandem klar sind. Mein Vater, sein Freund und ihre Pandas wurden aus dem El Morocco hinausgeworfen und hatten für immer Hausverbot.

Mein Vater gab später zu, damals betrunken gewesen zu sein und sich auch nicht mehr an den genauen Ablauf erinnern zu können, erzählte dieselbe Geschichte aber in entscheidenden Punkten anders.

»Meine Frau war vernünftig und ging schlafen«, sagte er, »was ich besser auch hätte tun sollen. Aber Mr. Seeman und ich wollten noch einen Herrenabend veranstalten. Wir hielten es für eine gute Idee, zwei dieser Riesenpandas als Geschenk für meinen Sohn zu kaufen, und für eine noch bessere Idee, sie ins El Morocco mitzunehmen, um ein letztes Glas zu trinken. Mr. Seeman und ich saßen ganz ruhig an einem Vierertisch, als um 3.45 Uhr irgendeine Mieze, die ich nie zuvor gesehen hatte, versuchte, einen der Pandas zu stehlen, vermutlich wegen einer Wette oder so was. Das konnte ich ja wohl nicht zulassen, oder? Also kämpfte ich mit dem Mädchen um den Panda. Ich nehme an, sie ist dabei hingefallen. Ich würde nie eine Lady schlagen. Sie sind viel zu gefährlich. Aber dieser Panda war riesig, fast so groß wie sie selbst, und da hat sie wohl das Gleichgewicht verloren. Sie sah sowieso so aus, als hätte sie zuviel Coca-Cola getrunken.«

Bogie leugnete, vom Freund der anderen mit Tellern beworfen worden zu sein. »Niemand hat mich bedroht«, sagte er. »Ich hätte ihn sonst verdroschen. Es gab keine Schlägerei, und niemand wurde verletzt.« In seiner Schilderung für die Zeitungen brachte er sogar noch ein Shakespeare-Zitat unter. »Es war nur eine Menge Schall und Rauch, die nichts zu bedeuten hatten«, sagte er. »Sie wissen, wie es um diese Zeit zugeht, wenn alle schon ein paar Drinks gehabt haben. Mr. Seeman, ich und unsere zwei Pandas verließen jedenfalls den Club ohne fremde Hilfe.«

Ein paar Tage später wurde meinem Vater in seiner Suite im Hotel St. Regis eine Vorladung überreicht. Das Model warf ihm Tätlichkeiten vor und hatte Rücken- und Halsverletzungen angegeben. Mein Onkel Charlie Weinstein fungierte als Bogies Anwalt.

»Ich hielt das für einen Sturm im Wasserglas«, sagte Bogie, »aber es ist ein richtiger Wirbelsturm daraus geworden. Sicher, morgen erscheine ich vor Gericht. Sonst heißt es, mir würde sonstwas blühen. Sie schicken dir einen Polizisten hinterher, stecken dich ins Gefängnis und machen irgendwelche schlimmen Sachen mit dir. Ich finde, die Mädchen sind beide sehr hübsch. Zu hübsch, um so etwas nur der Publizität wegen tun zu müssen. Ich weiß also nicht, wie die Sache ausgehen wird. Ich gehe mal mit und werde es dann schon sehen.«

Das Model verklagte meinen Vater auf 25.000 Dollar, aber das nahm er nicht allzu ernst. Vor Gericht wurde er gefragt: »Waren Sie zu der Zeit betrunken?« Er antwortete: »Ist das nicht jeder um drei Uhr in der Früh?« Die Klage wurde fallengelassen.

Meine Mutter erzählte mir: »Das merkwürdige an den Pandas ist, daß du, als Bogie sie heimbrachte, nicht mit ihnen spielen wolltest und sie drei Jahre lang nicht einmal angesehen hast. Als du vier warst, bis du dann auf ihnen geritten, wenn du Cowboyfilme im Fernsehen sahst.« Nichts hat den Ruf meines Vaters als Zecher mehr gefestigt als der Vorfall mit den Pandas. Ein paar Monate danach wurde Bogie in einer Zeitungskolumne mit der Bemerkung zitiert, New York biete einem Spaß aller Art, womit er meinte, daß die Clubs und Restaurants der Stadt in Sachen Alkohol und ungebührliches Benehmen beide Augen zudrücken. Mein Vater fand, das Zechen sei eine aussterbende Kunst, zumindest unter Filmstars. »Errol Flynn und ich sind die einzigen von ihnen, die noch richtig die Sau rauslassen können«, sagte er.

Der Vorsitzende der New Yorker Vereinigung der Restaurantbesitzer antwortete darauf, indem er ankündigte, Bogart und Errol Flynn bekämen einen Tritt in den Hintern, wenn sie das nächste Mal versuchten, »sich vollaufen zu lassen und Stunk zu machen«.

»New Yorker Restaurantbesitzer dulden schlechtes Benehmen weder von Filmstars und Millionären noch von sonst irgend jemandem«, sagte er. »Dies ist eine saubere Stadt. Es gibt keinen öffentlichen Ort hier, an dem man nicht bereit wäre, Bogart, Flynn und ihresgleichen vor die Tür zu setzen, wenn sie Ärger machen.«

Ein prominenter Theaterkritiker war sich damals sicher, Vaters nächtliche Eskapaden würden seine Karriere ruinieren.

»Wenn dieser Kerl nicht bald zur Vernunft kommt und aufhört, sich aufzuführen, als befände er sich die ganze Zeit in einem Film, dann ist es vorbei mit ihm«, sagte er.

Zur Zeit des Pandavorfalls war mein Vater bereits mit Bacall verheiratet, und er war auch schon fünfzig Jahre alt. Beides verhinderte ein ausschweifendes Nachtleben, und er war ohnehin nicht mehr der Partylöwe, der er einmal gewesen war. Dennoch machte er sich Sorgen über sein Image. Bevor er zu den Dreharbeiten von *African Queen* fuhr, sagte er: »Manche Leute glauben, das einzige, was ich vollbracht habe, seien Schlägereien. Warum eigentlich? Ich habe in über vierzig Stücken mitgespielt. Ich habe auch ein paar bleibende Dinge gemacht. Mir fallen zwar gerade keine ein, aber es muß welche geben.«

Mein Vater war jemand, der über viele Dinge eine Menge zu sagen hatte, besonders über die Klatschpresse.

»Leute, die in Glashäusern leben, brauchen Ohrenstöpsel und eine Menge Humor«, sagte er. »Wenn sie alles hören, was über sie gesagt wird, und sich von allem gestört fühlen, was sie hören, dann gehen sie unter ständiger Hochspannung und mit zu hohem Blutdruck durchs Leben. Wegen meines Berufes lebe ich von Natur aus im Glashaus. Als ich mich dafür entschied, Schauspieler zu werden, war ich mir desssen bewußt. Ich wußte auch: Je höher ein Affe klettert, desto mehr kann man von seinem Schwanz sehen. Also behalte ich meinen Humor, lebe mein Leben und genieße es. Ich möchte mit niemandem tauschen. Wie bei vielen anderen aufrichtigen Bürgern sind meine Laster bescheiden und unspektakulär. Aber einige der Geschichten sollten Sie sich schon anhören. Ich führe ein interessantes, nie langweiliges, aber wohl kaum skandalöses Leben. Ich verprügele keine Leute in Saloons, jage keine Starlets, rauche kein Marihuana und mache auch sonst keine Schlagzeilen. Natürlich sage ich von Zeit zu Zeit meine Meinung, aber das ist alles nur Spaß. Wenn die Leute also an der Legende vom Stunkmacher Bogart weben wollen und dafür einige meiner Filmrollen verwenden, müssen sie schon ein paar kleine Geschichten erfinden und sie für echt verkaufen.«

Obwohl mein Vater immer weniger Kraft für nächtliche Besäufnisse hatte, verlor er nie sein Vergnügen an Streichen. Es gibt viele Geschichten über die Streiche meines Vaters und bei den meisten von ihnen kaum Anlaß, sie zu bezweifeln. Doch ich habe festgestellt, daß die Schalkhaftigkeit meines Vaters so legendär war, daß eine Menge Geschichten im Umlauf sind, die mir eher fragwürdig erscheinen.

Eine wahre Geschichte handelt von der Zeit, als mein Vater mit Raymond Massey *Action in the North Atlantic* drehte. Es gab eine Szene, in der er und Massey von einem brennenden Tanker in brennendes Öl auf dem Wasser springen sollten – natürlich ein Stunt.

»Mein Double ist mutiger als dein Double«, sagte Bogie zu Massey.

»Niemals«, sagte Massey. »Mein Double ist doppelt so tapfer wie deines.« Irgendwie entstand aus dieser Diskussion eine Wette, welcher Schauspieler mutiger war, und bald wollten die beiden Machos die Stunts selbst machen. Sie zogen sich leichte Verbrennungen zu, als sie ins Wasser sprangen. Der Regisseur war entsetzt, daß Millionen von Warner-Dollars durch diesen Streich aufs Spiel gesetzt worden waren, was die Sache für meinen Vater um so vergnüglicher machte.

Während der Dreharbeiten zu demselben Film sagte Bogie zu Dane Clark, der damals zum »neuen Bogart« aufgebaut werden sollte, Warners wollten Clarks Namen in Jose O'Toole ändern und aus ihm eine neue irisch-südamerikanische Sensation machen.

Clark fiel offenbar darauf herein und hatte einen Riesenstreit mit Jack Warner, bis die beiden herausfanden, daß Bogie sie hereingelegt hatte.

Der Regisseur Richard Brooks erzählte mir eine Geschichte über Bogie, in der es um Schach geht. Mein Vater war ein großer Schachspieler, aber Mike Romanoff war besser. Brooks sagt, Bogie und Romanoff hätten einmal eine Serie von Spielen gemacht, wobei Romanoff hundert Dollar für einen wohltätigen Zweck spenden mußte, wenn mein Vater eine bestimmte

136

Anzahl davon gewann. Während dieser Serie mußte der Prinz wegen einer kleineren Operation ins Krankenhaus, und sie beschlossen, ihre Spiele telefonisch weiterzuführen. Bogie arrangierte es so, daß er bei Romanoff's in seiner Nische saß und zwei Telefone zur Verfügung hatte. Romanoff rief an und gab seinen Zug durch. Bogie schlug für seinen Gegenzug etwas Zeit heraus. Dann rief er auf dem anderen Apparat irgendeinen großen amerikanischen Schachmeister an, der ihm den nächsten Zug einflüsterte.

Swifty Lazar erzählte mir, wie mein Vater ihn einmal in Sinatras Swimmingpool warf. Als Swifty sich rächte, indem er Bogie in den Pool warf, war mein Vater richtig sauer, weil er eine sehr teure Uhr trug, die meine Mutter ihm gerade geschenkt hatte. »Was zum Teufel gedenkst du zu tun?« fragte er, als er Swifty die tropfnasse Uhr reichte. »Ich werde sie trocknen«, sagte Swifty und warf die Uhr ins Kaminfeuer. Am nächsten Tag kaufte er meinem Vater als Ersatz ein Mickymausuhr, aber später ersetzte er die teure Uhr.

Unweigerlich wurden auch meinem Vater Streiche gespielt. Sybil Christopher, die früher Sybil Burton hieß, erzählte mir folgende Geschichte: »Ich erinnere mich an einen Streich von Richard und Betty. Bogie arbeitete an einem Film, und als er heimkam, lag Richard in Bogies Pyjama auf der Couch. Aber Bogie legte die beiden herein; er sagte einfach hallo und tat so, als wäre nichts. Bogie ging nicht darauf ein, daß Richard seinen Pyjama trug; er reagierte überhaupt nicht. Der Streich verpuffte, weil Bogie gewitzter war als die beiden.«

Ich habe herausgefunden, daß mein Vater reizbar war. Und streitlustig. Aber seine Kämpfe wurden nicht alle ausgetragen, um seinen Witz unter Beweis zu stellen oder einen Streit für sich zu entscheiden. Er hatte, auch das bestätigt mir jeder, seine Prinzipien und machte lieber Stunk, als zu schweigen, wenn die Ereignisse in Konflikt mit dem gerieten, was er für richtig hielt. Das überrascht mich nicht, aber es freut mich, es von Leuten zu hören, die ihn kannten. Habe auch ich unverrückbare Prinzipien? Ich glaube ja. Läßt sich mein Verhalten entschuldigen, weil ich für etwas gekämpft habe, woran ich glaubte? Nein. Aber ich habe Geschichten gehört, wie mein Vater für Leute seinen Kopf hingehalten hat, und ich stelle mir vor, wenn ich an Bogies Stelle gewesen wäre, hätte ich mich genauso verhalten.

»Ich war nicht oft auf dem Set«, sagt Sam Jaffe, »aber ich erinnere mich an einen Besuch bei deinem Vater, als er in einem Film für die Columbia spielte. Ich weiß nicht mehr, wer der Regisseur war, aber der Produzent war vor Ort und mischte sich in die Arbeit des Regisseurs ein, sagte ihm, was er zu tun habe. Schließlich unterbrach Bogie seine Arbeit und wandte sich an den Produzenten: ›Moment mal, ich kann nicht gleichzeitig von ihm und von Ihnen Anweisungen bekommen. Er ist der Regisseur. Wenn Sie ihm etwas zu sagen haben, machen Sie es woanders. Wenn Sie Regisseur spielen wollen, helfe ich Ihnen, eine Story zu finden, und Sie können Ihren eigenen Film drehen. Aber versuchen Sie nicht, diesem Mann Anweisungen zu geben.‹ Dies ist ein gutes Beispiel dafür, was für ein Mensch Bogie war.«

Und Phil Gersh erinnert sich, wie mein Vater vom Zweiten Weltkrieg sehr betroffen war und eine Menge Zeit damit verbrachte, verwundete Soldaten zu besuchen. Gersh begleitete ihn auch 1942 nach Europa, wo er mit Mayo Methot für die Truppen eine Show veranstaltete. Bogie wohnte in einem Hotel, das für Generäle und Colonels reserviert war. Phil blieb bei den einfachen Soldaten. Als Bogie feststellte, daß Phil nicht im Hotel war, machte er sich auf die Suche nach ihm.

»Wo schläfst du denn?« fragte Bogie.

»Auf dem Boden«, sagte Phil.

»Nichts da«, sagte Bogie, »ich will, daß du in meinem Zimmer schläfst.«

»Aber das Hotel ist nur für Offiziere«, sagte Phil.

»Das ist mir egal«, erwiderte Bogie. »Wir besorgen dir ein Bett, und du kannst in meinem Zimmer schlafen.«

Also ging Bogie zu irgendeinem diensthabenden General

und bat ihn um ein weiteres Bett für seinen Freund. Als der Militär das ablehnte, sagte er: »Prima. Wenn Sie mir kein Bett für meinen Freund geben wollen, dann gibt es auch keine Show.«

Natürlich bekam er das Bett und Phil seinen Schlaf.

Gersh ist einer der vielen Leute, die Geschichten über Bogie erzählen können, wie er Krach schlug, Leute provozierte, unfreundlich und sogar verletzend war. Aber ich habe auch Geschichten wie diese gehört, Geschichten, bei denen Bogie sich für Schwächere stark machte. Die gefallen mir besonders. Wahrscheinlich, weil meine eigenen Geschichten nicht immer schön waren. Ich habe mich oft schlecht benommen und die Gefühle von Leuten verletzt, die freundlich zu mir gewesen waren. Und nicht selten fühlte ich mich schlecht deswegen. Es war also tröstlich zu hören, daß mein Vater sich ebenfalls von Zeit zu Zeit mies gefühlt hat und sich Vorwürfe gemacht haben muß wegen mancher Leichtfertigkeit und manch unbedachter Bemerkung.

Und während ich von einem seiner Freunde zum nächsten zog, um mir ihre Geschichten über die etwas angenehmeren Züge meines Vaters anzuhören, erkannte ich, daß auch sie etwas sehr Befriedigendes hatten, weil ich immer noch nicht ganz erwachsen war und mein Vater mir, obwohl er schon so viele Jahre tot ist, Wege dorthin zeigte.

Ich stehe in meinem Zimmer, in dem Haus am Mapleton Drive. Aber es ist nicht mein Zimmer, schon seit 36 Jahren nicht mehr. Es ist das Zimmer eines anderen, und es gibt keinen Hinweis darauf, daß ich je hiergewesen bin. Dieses Zimmer versetzt mich nicht so leicht in meine Kindheit zurück, wie ich gedacht hatte. Ich erinnere mich nur an weniges. Seltsamerweise erinnere ich mich an etwas, das an der Wand hing. Ein Holzrahmen mit einer Glasscheibe, dahinter ein Scheck vom amerikanischen Präsidenten.

In bin wieder ein Kind und nehme den Rahmen von der Wand, um ihn zu untersuchen. Ich erwarte, daß der Scheck irgendwie größer ist als normale Schecks, aber er sieht ganz normal aus. Er stammt von Harry S. Truman und ist ausgestellt auf »Baby Bogart«. Ich frage meinen Vater danach. Er sagt: »Bevor du zur Welt kamst, habe ich mit dem Präsidenten gewettet, daß du ein Mädchen wirst. Er sagte, du würdest ein Junge werden. Er hatte recht.«

»Wie kommt es dann, daß du ihm keinen Scheck geschickt hast?«

»Habe ich ja«, sagt mein Vater. »Daraufhin schrieb er mir folgende Nachricht: ›Ich erlebe nur selten Männer, die sich an ihre Verpflichtungen erinnern und ihnen auch sofort nachkommen.‹ Dann schickte er das Geld zurück, aber an dich.«

Diese Erinnerungen sind nur Splitter, so bedauernswert winzig, und schon werde ich wieder herausgerissen. Ich sehe mich ein letztes Mal in dem Zimmer um, das einst meines war. Ich versuche mich zu erinnern, wo genau der gerahmte Scheck an der Wand hing. Aber ich weiß es nicht mehr. Ich lächle. Ich besitze den Scheck immer noch. Es ist, als hätte ich eine Wette gegen meinen Vater gewonnen.

5

> »Es war keine gute Zeit,
> um im Filmgeschäft ein Demokrat zu sein,
> besonders nicht ein mir Ergebener.
> Aber Bogie schien sich nie darum zu scheren,
> was Leute sagten oder dachten.«
> *Adlai Stevenson*

Mein Vater und ich erreichten das Alter für den Militärdienst beide zu Kriegszeiten. Der große Unterschied bestand darin, daß seiner ein »guter Krieg« war, der Erste Weltkrieg, und meiner der unpopuläre Krieg in Vietnam. Ein weiterer Unterschied: Er meldete sich freiwillig, ich wurde eingezogen.

Das heißt, ich bekam meinen Einberufungsbescheid, und zwar vier Wochen nachdem ich aus der Boston University geflogen war. Dort hatte ich nach dem Rauswurf aus der University of Pennsylvania kurze Zeit studiert. Ich versuchte heldenhaft, der Einberufung zu entgehen, aber es schien, als würden alle legalen Wege schneller verbaut, als ich mir Methoden ausdenken konnte, sie zu nutzen. Zuerst hoben sie die Rückstellung für Studenten auf. Dann die Rückstellung für Verheiratete. Dann die Rückstellung für Väter. Eine Zeitlang sah es so aus, als würde ich irgendwo über Südvietnam abgeworfen werden oder zumindest auf irgendeine gottverlassene Militärbasis in South Carolina geschickt. Also tat ich das einzig Vernünftige. Ich verweigerte den Kriegsdienst aus Gewissensgründen. Das war in den sechziger Jahren eine große Sache. Leute, die nicht einmal wußten, was ein Gewissen ist, hatten plötzlich Gewissensbisse. Eine Menge Burschen wie ich hegten den verrückten Wunsch, nicht im asiatischen Dschungel erschossen zu werden, aber das durfte man nicht sagen. Was man sagen durfte, war, daß man niemand anderen in einem asiatischen Dschungel erschießen wollte. Also füllte ich das Formular für Verweigerung aus Gewissensgründen aus, das einem dreiköpfigen Ausschuß vorgelegt wurde, der entscheiden sollte, ob ich dafür in Frage kam oder nicht. Überraschenderweise stimmte einer im Ausschuß tatsächlich zu meinen Gunsten, was bedeutete, daß mein Antrag an Richard Nixon weitergereicht wurde. Aber Tricky Dick lehnte ab. Vielleicht lag das daran, daß Nixon Kriegsdienstverweigerer einfach nicht leiden konnte. Vielleicht lag es aber auch an meinem Vater, der für Helen Gahagan Douglas aufgetreten war, als sie 1950 bei Senatswahlen gegen Nixon antrat. Auf jeden Fall sagte der Präsident: »Du bist dran, Steve.«

In einem Bundesgebäude in Hartford mußte ich allerlei Untersuchungen über mich ergehen lassen. Unglücklicherweise war ich gesund, hetero und vergleichsweise normal. Ich hatte mich folglich qualifiziert, um im Dschungel erschossen zu werden. Da dachte ich mir, ich sollte besser mal bei der Marine vorbeischauen. Immerhin war mein Vater bei der Marine gewesen und hatte überlebt. Das Rekrutierungsbüro war ein grell erleuchteter Raum mit nackten Wänden, und hinter einem langen Tisch saß ein großer Kerl mit einem Hundegesicht, der sehr beflissen aussah.

»Bogart?« sagte er. »Irgendwie verwandt mit Humphrey?«

»Ich bin sein Sohn.«

»Ohne Scheiß?« fragte er. »Ich wußte nicht, daß er Kinder hatte.«

Also exerzierten wir alles durch. Er nannte mir alle seine Lieblingsfilme von Bogie, und dann zeigte er seine Bogart-Imitation. Wir schienen uns gut zu verstehen, also sagte ich zu ihm:

»Okay, ich melde mich freiwillig, wenn Sie mich erst nach meinem Geburtstag am 6. Januar nehmen.«

»Mensch, Junge, das würde ich ja gerne tun«, sagte er. »Wegen deinem Vater und so.« Er kramte in seinen Papieren und sagte: »Die späteste Möglichkeit ist aber der 24. Dezember.«

Das wollte ich nicht und fragte: »Kann ich denn, wenn ich eingezogen werde, hierherkommen und unterschreiben?«

Er nickte.

Also fügte ich mich in die Tatsache, daß ich eingezogen werde, zur Marine gehe und vermutlich im Indischen Ozean ertrinken würde.

Aber bekanntermaßen spielt das Leben manchmal wie im Film und verschafft einem in letzter Minute Aufschub, wie bei der Szene in *African Queen,* wenn der selbstgebastelte Torpedo genau in dem Moment explodiert, als die Deutschen meinen Vater und Katharine Hepburn hängen wollen. Mein glückbringender Torpedo bestand darin, daß die Einberufungslotterie eingeführt wurde und ich die Nummer 224 bekam, eine hohe Zahl. Im ersten Jahr wurde bis zur Nummer 218 eingezogen, also blieb ich verschont. Im nächsten Jahr fingen sie wieder von vorne an, bei den Jungs, die gerade 18 geworden waren, also wurde ich wieder verschont. So mußte ich nie zum Militär.

Aber was mir dabei immer zu schaffen gemacht hat, war die Tatsache, daß ich im Grunde kein besonders ausgeprägtes politisches Gewissen hatte. Ich wollte nur am Leben bleiben.

Als ich also anfing, das Leben meines Vaters zu erforschen, fragte ich mich natürlich, wie engagiert er politisch gewesen war. War er wie ich ein wenig apathisch? Oder gehörte er zu der Sorte Mensch, die das Banner tragen und von Leuten wie mir behaupten, sie seien ein Teil des Problems?

In Gesprächen mit seinen Freunden fand ich heraus, daß Bogie sich sicherlich weniger Sorgen gemacht hatte, erschossen zu werden, als ich. Er versuchte nicht, den Gefechten aus dem Weg zu gehen, aber natürlich waren Kriege zu seiner Zeit nobler.

Bogies Kumpel Stuart Rose, der später Bogies Schwester Francis (genannt Pat) heiratete, war zur Armee gegangen und hatte ein paar bunte Geschichten zu erzählen. Zur Armee zu gehen erschien meinem Vater eine gute Idee. Er würde eine Uniform tragen und hübsche französische Mädchen kennenlernen, und als Bonus käme er von Maud weg.

Nur unter großen Schwierigkeiten erhielt er die Einwilligung seiner Eltern. Aber sie müssen wohl gespürt haben, daß er verzweifelt versuchte, ein paar tausend Meilen Salzwasser zwischen sich und sie zu bekommen. Ich bin sicher, er sagte nicht einfach: »Mutter, ich muß weg von deinen ständigen Vorwürfen, was für ein Versager und Störenfried ich bin.« Aber darauf lief es am Ende hinaus.

Während für mich in den späten Sechzigern die Vorstellung, in Vietnam zu sterben, sehr real war – immerhin hatte ich Bilder davon im Fernsehen gesehen –, war die Möglichkeit, an der Front zu fallen, für meinen damals achtzehnjährigen Vater nicht sehr real. »Der Tod war ein großer Witz«, sagte er. »Tod? Was bedeutet der Tod schon für ein achtzehnjähriges Kind? Der Tod gewinnt erst dann an Bedeutung, wenn man älter wird und die Nachrufe auf berühmte Leute liest, deren Leistungen einen berührt haben, und wenn Leute der eigenen Generation sterben. Mit achtzehn erschien mir der Krieg als etwas Großartiges. Paris. Französische Mädchen. Heiße Sache!«

Es gibt zwei bekannte Geschichten über seine Zeit bei der Marine. Nur eine davon ist wahr.

Die eine Geschichte erzählt, wie sein Boot, die Leviathan, von einem deutschen U-Boot getroffen wurde und durch die Explosion ein Holzsplitter in die Oberlippe meines Vaters geriet. Die Verletzung zerstörte einen Nerv und verursachte eine Teillähmung der Lippe. Die unbewegliche Lippe wird für immer mit Humphrey Bogart assoziiert werden, und sie ist ein körperliches Merkmal, auf das sich seit drei Generationen die Imitatoren stürzen, wenn sie Humphrey Bogart nachahmen. Die Paralyse beeinträchtigte auch das Sprechen und verursach-

146

te ein leichtes Lispeln, das seiner Filmkarriere allerdings nicht geschadet zu haben scheint.

Es gibt noch eine zweite Version, wie er zu seiner steifen Oberlippe kam. Danach war Dad zu dem Zeitpunkt noch nicht einmal an Bord. Er schob Dienst im Hafen und sollte einen Gefangenen nach New Hampshire ins Portsmouth-Marinegefängnis bringen. Der Gefangene trug Handschellen. Als sie in Boston in einen anderen Zug stiegen, bat der Gefangene meinen Vater um eine Zigarette. Bogie (der damals übrigens noch nicht Bogie hieß; das kam erst in Hollywood) gab dem Kerl eine Lucky Strike, und während er in seiner Jacke nach einem Streichholz suchte, hob der Kerl seine Hände, schlug ihm ins Gesicht und floh. Mein Vater, dessen Lippe fast abgerissen wurde, zog seine 45er und streckte den Gefangenen mit ein paar Schüssen nieder. Das Ergebnis ist dasselbe: Mein Vater hatte eine Narbe fürs Leben.

Nathaniel Benchley meint, die zweite Geschichte sei wahr. Die Schrapnellgeschichte hält er für lächerlich, weil sie 16 Tage nach Kriegsende passiert sein soll. Selbst wenn es noch zu solch einem verspäteten Vorfall gekommen sein sollte, sagt er, hätte das Schrapnell niemals so fliegen können, daß diese Narbe erzeugt wurde. Mag sein. Aber was mich an Benchleys Schluß stört, ist die Behauptung, die Schrapnellgeschichte sei eine Erfindung des Studios. Das verstehe ich nicht. Warum würde ein Studio eine Geschichte wie diese erfinden, wenn es bereits eine wahre Geschichte gab, in der Humphrey Bogart einen Gefangenen mit einer 45er umlegt? Wenn irgend etwas wie eine Studioerfindung klingt, dann ist es die Geschichte mit dem Gefangenen. Jedenfalls wird Dad in beiden Geschichten von einem Marinearzt zusammengeflickt, und die Lippe ist Teil der Legende.

Als ich mit Bogies Freunden sprach, hörte ich von vielen Geschichten verschiedene Versionen, und es gibt keine Möglichkeit, die Wahrheit herauszufinden. Das passiert, wenn jemand eine Legende ist. Natürlich verunsichert es mich, Geschichten über meinen Vater zu hören und nie zu wissen, ob sie wahr sind. Und es verunsichert mich auch, sie zu erzählen. Wir alle sehnen uns nach Gewißheit in diesen Dingen; wir alle möchten gerne sagen können, mein Vater hat dies getan, und jenes hat er nicht getan. Aber in Wirklichkeit haben mit diesem Problem nicht nur die Söhne von Legenden zu kämpfen. Wir alle müssen uns von Zeit zu Zeit damit auseinandersetzen. Wir alle haben einen Onkel Jack oder eine Cousine Mertie, deren Erlebnisse über die Jahre verzerrt werden, indem verschiedene Familienzweige ihre Geschichten auf verschiedene Weisen weitererzählen. Als ich anfing, über meinen Vater zu schreiben, sagten die Leute zu mir: »Du kannst nicht zwei verschiedene Geschichten über dasselbe Ereignis erzählen. Da verlierst du deine Glaubwürdigkeit.« Sie dachten offenbar, Bogarts Sohn sollte derjenige sein, der immer die Wahrheit kennt, dabei wissen sie selbst sicher auch nicht die ganze Wahrheit über ihre Väter und Mütter. Ich finde, Glaubwürdigkeit entsteht, wenn man seine Unsicherheit eingesteht und einfach von Zeit zu Zeit sagt: »Ich weiß es nicht.« Ich weiß, daß Bogie, als seine Zeit bei der Marine um war, zurück zu seiner Mutter ging, die ihn fortan wieder regelmäßig wegen seiner fehlenden Ausbildung heruntermachte.

Das Militär war anscheinend keine besonders prägende Erfahrung.

»Tut mir leid, daß mich der Krieg geistig nicht berührt hat«, sagte mein Vater. »Als er vorbei war, wußte ich keinen Deut besser, wer ich war oder was ich werden wollte.«

Bogie war mit dem Militär natürlich noch nicht fertig. Gloria Stuart, eine Schauspielerin, die mit seiner Frau Mayo Methot Karten spielte, erinnert sich, wie mein Vater im Zweiten Weltkrieg mit Frontsoldaten per Brief Schachpartien austrug.

Mein Vater wollte für die Truppe tun, was er nur konnte. Also besuchte er mit Mayo an Weihnachten 1943 zwölf Wochen lang Rehabilitationslager in Nordafrika. Das ist eine amüsante Vorstellung, Bogie als Entertainer, der ein Stöckchen wirbelt und mit Bob Hope »Thanks for the Memories« singt.

Er hatte eine ordentliche Gesangsstimme, aber tatsächlich bestand seine Vorstellung aus Rezitationen aus *Der versteinerte Wald* und anderen Filmen. Und Mayo sang, von Don Cummings auf dem Akkordeon begleitet, »More Than You Know«, den Song, der sie bekannt gemacht hatte.

Als er nach Nordafrika kam, war Bogart bereits in der ganzen Welt bekannt, vor allem wegen seiner Gangsterfilme. Eines Tages gingen er und Mayo durch die alte Kasbah, da sprang ihn plötzlich aus einer Ausfahrt ein Araber an. Er hob den Arm, als hielte er ein Maschinengewehr, und schrie Dad in seiner fremden Sprache an. Jemand übersetzte die Worte für Bogie: »Rattattattat, du bist tot, du miese Ratte.«

Während Bogie die Truppen voll und ganz unterstützte, blieb er stets der alte, wenn es um die Vorgesetzten ging. Einmal hatten er und Mayo einen großen Streit. Sie warf ihn aus dem gemeinsamen Schlafzimmer hinaus, und Bogie fing an, gegen die Tür zu schlagen, um sich wieder Einlaß zu verschaffen. Ein Colonel tauchte auf, sah Bogie in Uniform (es war eine der United-States-Organisation) und forderte ihn auf, das zu unterlassen. Dann verlangte er Namen und Rang meines Vaters und seine Erkennungsziffer.

»Ich habe keinen Namen«, sagte Bogie. »Ich habe auch keinen Rang und keine Nummer. Und Sie können sich zum Teufel scheren.«

Als Bogie später zur Rede gestellt wurde, weil er angeblich die Uniform der United States Army beleidigt hatte, entschuldigte er sich bei dem Colonel und sagte: »Ich wollte die Uniform nicht beleidigen. Ich wollte Sie beleidigen.« In Neapel gerieten die Dinge etwas außer Kontrolle, als Bogie eine große Party für die Truppe gab. Ein General, der auf der anderen Seite des Gangs wohnte, beschwerte sich über den Lärm, und Bogie brüllte: »Leck mich am Arsch!« Kurz darauf wurde er aus Italien entfernt.

Zu Hause setzte Bogie seinen Militärdienst fort, indem er bei der Küstenwache diente. Einmal in der Woche mußte er antreten. An seinen Wochenenden bei der Küstenwache traf sich mein Vater übrigens oft heimlich mit einer bezaubernden jungen Schauspielerin namens Lauren Bacall, auch bekannt als meine Mutter.

Ich bin sicher, Vater hätte die Truppen unterhalten, ganz gleich, wer während des Krieges an der Macht gewesen wäre. Aber er war die meiste Zeit ein liberaler Demokrat und ein eifriger Unterstützer von Franklin Roosevelt. Bogie betätigte sich politisch nicht so sehr wie Jane Fonda oder Lauren Bacall. Aber er sprach sich für demokratische Kandidaten wie Harry Truman aus und spendete Geld für ihre Kampagnen.

Der Krieg machte indessen Dwight Eisenhower populär, und meine Eltern unterstützten Ike schon früh, noch ehe überhaupt jemand wußte, daß er für die Präsidentschaft kandidieren würde. Bogie und Bacall hofften, er würde sich von den Demokraten aufstellen lassen, aber er ging zu den Republikanern. Obwohl sie Ike immer noch mochten, freundeten die beiden sich nun mit seinem demokratischen Rivalen Adlai Stevenson an. Besonders meine Mutter.

Je mehr sie über Stevenson hörte, desto faszinierter war sie von ihm. Sie sprach mit Freunden über ihn. Sie las ein Buch über ihn. Sie ging für ihn auf eine Party in Hollywood. Damals war Politik ein sehr heikles Thema in Hollywood, besonders demokratische. Tatsächlich sagte einmal ein bekannter Produzent auf einer Party zu meiner Mutter: »Wenn Sie klug sind, halten Sie den Mund und ergreifen nicht Partei.«

Es dauerte nicht lange, bis meine Mutter die Seiten wechselte, von Eisenhower zu Stevenson, und sie brachte meinen Vater dazu, dasselbe zu tun. Einmal sollte Bogie zu einer von Ikes Wahlveranstaltungen fliegen. In letzter Minute änderte er seine Meinung und ging zu Stevenson. Das war in den frühen Fünfzigern, und Adlai landete damit einen ziemlichen Coup, denn mein Vater war damals einer der berühmtesten Filmstars der Welt.

Wenn mein Vater nicht ganz so leidenschaftlich für Stevenson eintrat wie meine Mutter, dann lag das vielleicht daran, daß sie viel jünger und in politischen Dingen optimistischer war. Und eine Frau.

Meine Mutter macht kein Hehl daraus, daß sie sich zu Adlai Stevenson hingezogen fühlte. Über die Reise zu einer Veranstaltung mit Stevenson, bei der sie ihn persönlich kennenlernte, erzählt sie: »Auf der Fahrt nach Hause war ich von Bogie weit entfernt, in Gedanken bei dem Mann, den ich zurückgelassen hatte. Ich versuchte, mir sein Leben vorzustellen. Ich hatte mich bemüht, soviel wie möglich von seinen Freunden zu erfahren, von allen, die ihn in den letzten Jahren begleitet hatten. In meiner üblichen romantischen Art hatte ich die Vorstellung, er brauche eine Frau – offenbar nahm seine Schwester diese Stelle bei offiziellen Anlässen ein, aber ihm fehlte jemand, mit dem er sein Leben teilen konnte. Ich entwickelte die Phantasie, ich könnte seine Brieffreundin werden, eine gute Freundin, mit der er über alles reden würde. Ein mitfühlendes, vorurteilsfreies Ohr. Ich brauchte lange, um meine Gefühle zu analysieren, aber damals empfand ich wohl eine Mischung aus Heldenverehrung und Ansätzen von Verliebtheit. Diese Kampagne hatte mein Leben völlig durcheinandergebracht. Ich war geschmeichelt, daran teilhaben zu dürfen und von Stevenson als jemand Besonderes hervorgehoben zu werden. Immerhin war ich erst 28 Jahre alt. Ich hatte gerade mein zweites Kind bekommen und war die letzten Jahre im Haushalt beschäftigt gewesen. Meine Karriere war zu einem Stillstand gekommen. Ich hatte Träume nötig. Ich mußte mich ein wenig strecken, mich bewegen, meine ungenutzten Energien einsetzen.«

Da überrascht es nicht, daß es Zeiten gab, in denen mein Vater es satt hatte, sie dauernd über Adlai reden zu hören, aber seine gelegentlichen Anfälle von Eifersucht kamen seinen politischen Überzeugungen nie ins Gehege. Bogie unterstützte Stevenson, und Stevenson war dankbar dafür. (Alles in allem war die Beziehung meiner Mutter zu Stevenson eine sehr positive Kraft in ihrem Leben, und ich erinnere mich, auf seiner Farm gespielt zu haben, nachdem mein Vater gestorben war, denn

Stevenson war für meine Mutter die Sorte Freund, an die man sich in solchen Situationen wenden konnte.)

Alistair Cooke, der ebenfalls zu Stevenson hielt, war sich sicher, Eisenhower würde die Wahl gewinnen. Er hat mir erzählt, wie er mit seinem Vater um zehn Dollar wettete, daß Adlai verliert. Als Ike gewann, zahlte Bogie, aber nicht ohne eine Bemerkung dazu zu machen: »Toller Kerl, der gegen seine eigenen Überzeugungen wettet.« (Cooke durfte übrigens auch wählen. Er ist Amerikaner. Eine Menge Leute glauben wegen der ganzen Masterpiece-Stücke, die er präsentiert hat, er sei Brite.)

Da mein Vater ein berühmter Schauspieler war, wurde er häufig unter Beschuß genommen, wenn er öffentlich zu politischen Themen Stellung bezog. 1944, als er im Radio für Roosevelt sprach, schickten ihm die Leute säckeweise gehässige Briefe, in denen stand, Schauspieler hätten keine politischen Meinungen zu haben, und wenn doch, sollten sie sie für sich behalten.

Dad waren die Briefe egal. Er schoß in Zeitungsinterviews und in einem Artikel mit der Überschrift »Ich habe meinen Kopf hingehalten«, der in der *Saturday Evening Post* erschien, gegen seine Verleumder zurück. Damals war sein alter Freund Stuart Rose, mittlerweile ein ehemaliger Schwager, Redakteur bei der *Post*.

Bogie hatte kein Verständnis für die Ansicht, Schauspieler sollten ihre politischen Überzeugungen für sich behalten, weil ihr Ruhm ein paar Stimmen in die eine oder andere Richtung verschieben könnte. Er hielt diese Ansicht für »idiotisch«.

»Ich kann Politik und Politiker nicht ausstehen, aber ich liebe mein Land«, sagte er. »Warum sollte ein Mann die Freiheit der Meinungsäußerung einbüßen, nur weil er Schauspieler ist? Niemand hat je von einem Baseballstar oder einem Bestsellerautor verlangt, sich aus der öffentlichen Diskussion politischer Themen herauszuhalten. Ganz allgemein bin ich der Meinung, es sollte nicht soviel politisches Gewäsch in die Welt

152

gesetzt werden, aber da ich genausoviel von Politik und Regierungsgeschäften verstehe wie die meisten Kerle, die sich auf eine Seifenkiste stellen, möchte ich ihnen auch widersprechen dürfen.«

1950, als er für Helen Douglas warb, kam das Thema erneut auf. »Filmstars zahlen enorm hohe Einkommensteuern«, konterte Bogie. »Ich werfe nicht einmal einen Blick auf die Summe. Ich leg' nur die Hand drüber und unterzeichne den Scheck. Damit könnte man ein Flugzeug kaufen, das kann ich Ihnen sagen. Jeder, der 200.000 Dollar Einkommensteuer im Jahr zahlt, hat verdammt noch mal das Recht, sich aktiv in die Politik einzumischen. Natürlich gibt es ein paar Republikaner, die der Meinung sind, ein Filmstar sollte dann nicht das Recht haben, sich in der Politik zu engagieren, wenn er Demokrat ist.«

Damals war mein Vater der höchstbezahlte Star bei Warner, in manchen Jahren sogar der höchstbezahlte der Welt, obwohl seine Gagen nach heutigen Maßstäben mickrig erscheinen. Bogie hatte einen Fünfzehn-Jahres-Vertrag bei Warner unterschrieben, der ihm Benchley zufolge eine Million Dollar im Jahr einbrachte.

Als er einmal gefragt wurde, ob er glaube, das Politisieren schade seiner Karriere, antwortete er: »Ich glaube, es gibt ein paar Unverbesserliche im Hinterland von Pasadena oder Santa Barbara, die sich meine Filme ansehen werden, weil ich Demokrat bin. Aber im großen und ganzen macht es wohl kaum einen Unterschied. Sobald die Wahlen vorbei sind, vergessen die Leute, ob man Republikaner oder Demokrat ist. Wenn man einen guten Film macht und seine Rolle vernünftig spielt, dann sehen die Leute ihn sich sowieso an.«

Vielleicht. Aber es gab eine Zeit, in der die Politik eine Menge Karrieren bedrohte und tatsächlich auch einige zerstörte.

Im Oktober 1947, drei Jahre bevor der verrückte Joe McCarthy seine Hexenjagd inszenierte, saß ein auf Publicity versessener Kongreßabgeordneter namens J. Parnell Thomas einer

Sache vor, die sich »The House Committee on Un-American Activities« (Ausschuß für unamerikanische Umtriebe) nannte. Thomas beschloß, es sei dringend geboten, daß der Ausschuß Kommunisten in der Filmindustrie aufspürte. Thomas, dem Helfer wie Richard Nixon zur Seite standen, kam nach Hollywood, um »Interviews« zu führen, bei denen die Filmleute gefragt wurden, wer ein Kommunist sein könnte. Leute, die Namen angaben, galten als »freundlich«. Als Reaktion darauf formierten sich neunzehn Autoren, Regisseure und Produzenten zu einer Gruppe, die verlautbarte, es gehe den Kongreß nichts an, welche politische Haltung sie hätten. Von diesen neunzehn wurden elf als Zeugen vor den Kongreß geladen. Einer der elf, Bertolt Brecht, verließ die Stadt. Er ging zurück in seine Heimat Deutschland. Der Rest wurde bekannt als die »Unfriendly Ten«, die unfreundlichen Zehn.

Eine Menge Leute in der Filmbranche waren empört. Sie hatten den Eindruck, die Zehn würden angeklagt, ohne einen ordentlichen Prozeß zu bekommen. Sie fanden außerdem, der Kongreß solle Gesetze erlassen, aber nicht sie durchsetzen. John Huston brachte ein paar dieser Filmleute zusammen, und sie gründeten das »Komitee für den Ersten Verfassungszusatz«. Ihre Absicht war niemals allein die Verteidigung der unfreundlichen Zehn. Das Komitee hatte die Aufgabe, etwas zu bekämpfen, was sie für einen Angriff auf die Verfassung und die Bürgerrechte hielten.

Huston sagt, einige dieser Leute seien tatsächlich Kommunisten gewesen. »Aber sie waren wohlmeinende Menschen, die nichts vom Archipel Gulag oder Stalins Massenvernichtungen wußten«, fügt er hinzu. Huston hatte ein paar Kommunistentreffen besucht und sie alle reichlich kindisch gefunden. »Ich staunte über die Unschuld dieser guten, aber einfältigen Leute, die tatsächlich glaubten, auf diese Weise ließen sich gesellschaftliche Bedingungen verbessern.«

Als ein Anwalt der unfreundlichen Zehn Huston um Unterstützung bat, trommelte der eine Flugzeugladung Filmleute zusammen, die mit einer von Howard Hughes' Maschinen nach Washington flogen. Unter ihnen: Danny Kaye, Sterling Hayden, Richard Conte, Gene Kelly, Ira Gershwin. Und meine Eltern. »Ich erinnere mich, daß wir zu einem Treffen gingen, das John in Willie Wylers Haus organisiert hatte«, erzählte mir meine Mutter. »Ich sagte zu deinem Vater, das müssen wir hin.«

Als es in den Zeugenstand ging, waren die Filmstars zur moralischen Unterstützung anwesend. Die Zehn, angeführt von dem Autor Dalton Trumbo, erklärten Thomas mehr oder weniger deutlich, er könne sich sein Komitee dort hineinstekken, wo die Sonne nie scheint. Sie weigerten sich, Fragen zu beantworten, und beriefen sich dabei auf den Ersten Verfassungszusatz, der das Recht auf Redefreiheit garantiert. Aber sie verlasen Statements. Sie forderten den Obersten Gerichtshof auf, darüber zu befinden, ob das Komitee überhaupt das Recht hatte, einen Kommunisten dazu zu zwingen, sich als solchen zu erkennen zu geben. Thomas schlug unentwegt mit seinem Hämmerchen auf den Tisch und schwor, sie wegen Mißachtung des Kongresses ins Gefängnis zu werfen.

Die Presse, die bis dahin freundlich gewesen war, wand sich nun gegenüber den Zehn und dem Komitee für den Ersten Verfassungszusatz. Bald wurde das Komitee als kommunistische Tarnorganisation bezeichnet, und ein Journalist schrieb: »Es gibt stichhaltige Beweise, daß John Huston der Kopf der Kommunistischen Partei im Westen ist.«

Nach dem Ausflug nach Washington machte mein Vater einen Rückzieher. Er hatte den Eindruck, sich zu weit vorgewagt zu haben. Ihm war versichert worden, die unfreundlichen Zehn würden zu Unrecht angeschwärzt. Und nun kam heraus, daß einige von ihnen Kommunisten waren. Bogie war sauer, weil er sich ausgenutzt fühlte.

»Ich bin kein Kommunist«, sagte er. »Ich verabscheue den Kommunismus, so wie es jeder anständige Amerikaner tut. Ich bin nie im Leben mit irgendeiner kommunistischen Tarnorganisation in Verbindung gebracht worden. Ich bin nach Washington gefahren, weil ich dachte, amerikanische Mitbürger würden ihrer Verfassungsrechte beraubt, und aus keinem anderen Grund. Ich erkenne nun, daß ich bei meinem Ausflug schlecht beraten war und dumm und übereilt gehandelt habe, aber zu dem Zeitpunkt schien es das Richtige zu sein. Ich habe im momentanen Übereifer dumm und übereilt gehandelt, wie es sicherlich viele andere amerikanische Bürger häufig auch tun.«

Ed Sullivan erzählte er: »Ich habe etwa soviel übrig für den Kommunismus wie J. Edgar Hoover. Ich verachte den Kommunismus, und ich glaube an die amerikanische Art der Demokratie. Unsere Flugzeugladung Filmleute kam nach Osten, um dagegen zu kämpfen, daß dem Film eine Zensur auferlegt wird. Die zehn Männer, die vom Ausschuß für unamerikanische Umtriebe wegen Mißachtung vorgeladen wurden, sind sicher nicht typisch für Hollywood. Bei jeder Gelegenheit haben wir in Washington unsere Ablehnung von Lawson und seinen Leuten betont, damit kein Zweifel aufkam, auf welcher Seite wir stehen. Wir haben sogar, bevor wir Hollywood verließen, jeden Auftretenden sorgfältig überprüft, so daß kein Roter oder Rosafarbener unsere Absichten sabotieren konnte.«

Es gab viele Interpretationen der Reaktion meines Vaters. Manche Leute glaubten, er habe einen Rückzieher gemacht, um seine Karriere nicht zu gefährden. Andere behaupten, er wollte einfach nicht an etwas teilnehmen, was er nicht kontrollieren konnte.

Ich habe darüber nachgedacht. Mir scheint, wenn Bogie und die anderen nach Washington fuhren, um ein Prinzip zu verteidigen und nicht die zehn Angeklagten, daß sich das Prinzip nicht geändert hat, nur weil einige der zehn Leute wirklich Kommunisten waren. Wenn er hinfuhr, um Verfassungsrechte zu verteidigen, wie konnte er dann irregeführt oder schlecht beraten gewesen sein? Ich glaube, Bogie lag hier einfach falsch, so wie ich in Hunderten von Fällen falsch gelegen habe. Vielleicht war er nichts als ein menschliches Wesen wie wir alle und gab nur dem einfachen menschlichen Bedürfnis nach Selbsterhaltung nach. Dad war offensichtlich derselben Meinung, was

Casablanca – Rick und
Ilsa verabschieden sich
am Flughafen
Quelle: Warner/MPTV

Humphrey Bogart und
Ingrid Bergman während
der Dreharbeiten zu
Casablanca (1942)
Quelle: Warner/MPTV

die Änderung seiner Haltung anging. Mutter erzählte mir: »Er fühlte sich dazu gedrängt, und er war nie stolz darauf.«

Die Zehn wurden wegen Mißachtung des Kongresses verurteilt und ins Gefängnis gesteckt, manche von ihnen für nahezu ein Jahr. Eine ironische Pointe, die ich sehr befriedigend finde: Einige kamen ins Bundesgefängnis nach Danbury, Connecticut, und einer ihrer Mithäftlinge war kein Geringerer als J. Parnell Thomas, der große, selbstgerechte Kommunistenjäger. Wie sich herausgestellt hatte, war er ein mieser, kleiner Gauner, und er wurde eingelocht, weil er Lohngelder unterschlagen und Bestechungsgelder angenommen hatte.

Das Verhalten meines Vaters im Zusammenhang mit den unfreundlichen Zehn, nämlich sich erst politisch zu verstricken und dann auszusteigen, würde keinen guten Film abgeben. Viel eindrucksvoller ist der umgekehrte Fall, wie er oft genug in Bogies Filmen vorkommt: Ein Mann hält sich raus, will allein gelassen werden, wird aber schließlich mit hineingezogen und gezwungen, Partei zu ergreifen, weil ein Grundsatz auf dem Spiel steht. So geschehen zum Beispiel in *African Queen*. Als Hepburn vorschlägt, den Fluß hinabzufahren und ein deutsches Schiff in die Luft zu jagen, sagt er ihr, sie sei verrückt und er wolle nichts damit zu tun haben. Am Ende entwirft er natürlich doch seinen eigenen Torpedo und jagt mit Hepburn hinter den Deutschen her.

Casablanca ist das klassische Beispiel. Rick Blaine als knallharter Amerikaner, der ein Café in Marokko betreibt. Auf allen Seiten von Leuten mit politischen Überzeugungen umgeben, ist er der Typ, der nicht Partei ergreift. Er hat für alle nur Zynismus übrig und will in Ruhe gelassen werden. Er ist weder für Patriotismus noch Nationalismus, noch für irgendeinen anderen Ismus zu haben. Doch am Ende tut er genau das Richtige und erwartet dafür auch kein Lob. Ein Typ wie Rick wollen viele Leute sein.

War mein Vater jemand wie Rick Blaine? In vielerlei Hinsicht ja. Ich glaube, Dad konnte nicht viel mit Ismen anfangen. Er hatte Ideale, war aber skeptisch, wenn andere Leute von ihren Idealen sprachen. Es war groß, was Mitgefühl und Loyalität betrifft, aber er verdrehte die Augen, wenn andere Leute zuviel darüber sprachen, wie mitfühlend und loyal sie seien. Vielleicht hätte Rick Blaine bei der Kontroverse um die unfreundlichen Zehn anders gehandelt, aber zur Hölle damit, keiner kann dauernd wie Rick Blaine sein, nicht einmal Humphrey Bogart.

Ob mein Vater ein Rick Blaine war oder nicht, es steht außer Frage, daß *Casablanca* der Film war, der der Öffentlichkeit das eindrücklichste politische Bild von Humphrey Bogart vermittelte.

Alistair Cooke erzählte mir: »Dein Vater ist eine Legende, und eine Menge davon steckt in dem Film *Casablanca*. Es war ein kolossales Glück, daß dieser Film zu einer Zeit herauskam, als Hitler etwas demonstrierte, was wir uns nur ungern eingestehen: den Erfolg der Gewalt. *Casablanca* kam nur achtzehn Tage nach einem der ersten großen Schläge gegen Hitler in die Kinos: der alliierten Landung in Casablanca. Und was passierte später, als sie den Film größer starteten? Churchill, Roosevelt und Stalin hielten eine Konferenz ab. Und wo fand sie statt? In *Casablanca*. Wen wundert es also, daß die Leute die Rolle deines Vaters mit der Wirklichkeit durcheinanderbrachten.

Cooke hat recht, wenn er behauptet, eine Menge Glück sei mit im Spiel gewesen. Aber Warner Brothers halfen dem Glück auch auf die Sprünge. Der Film sollte eigentlich Ende 1943 anlaufen, doch nach der alliierten Invasion in Casablanca im November 1942 wurde er schneller in die Kinos gebracht.«

Cooke scheint weniger an Bogies politischen Einstellungen interessiert als an den Auswirkungen, die die Politik auf die Karriere meines Vaters hatte. Er sagt: »Der Gangsterfilm fiel in Ungnade, als der Zweite Weltkrieg begann. Wie konnte man sich über Gangster, die ein paar Leute erschießen, aufregen, wenn Hitler Dinge hat, die nicht einmal Warner Brothers hätten erfinden können? Und unter den Gangsterstars wie Robinson, Cagney oder Raft schien dein Vater am ehesten geeignet, sich im Film den Nazis zu stellen.«

Cooke schrieb einmal über Bogie: »Er hatte vermutlich keine Ahnung bei seinen endlosen Streifzügen über die Bühnen und durch die Salons der zwanziger Jahre, daß die Geschichte ihn sich aufsparte und reifen ließ, damit er später die romantische Antwort der Demokraten auf Hitlers neue Ordnung werden konnte.«

Wie die meisten Leute neigte mein Vater eher dazu, sich politischen Themen zu widmen, die ihn direkt betrafen. Eines davon war die Zensur.

In den späten Vierzigern, als Hitler bezwungen war, wurden Gangster im Kino wieder populär, und es gab jede Menge Gejammere über die wachsende Zahl von Krimis. Eine Weile war das Genre sogar vom Johnston Office, das damals in Hollywood die Zensur ausübte, verboten. Der Bann zeigte wie die meisten Zensurversuche nur kurze Zeit Wirkung. Schon bald kamen noch mehr Krimis ins Kino, und noch mehr Leute regten sich auf.

Obwohl mein Vater für die Beschwerden nur wenig Verständnis hatte, gab er ihnen in einigen Punkten recht. Über einen bestimmten Gefängnisfilm sagte er einmal: »Es ist die Geschichte von ein paar faulen Eiern, die einen Ausbruch wagen und schließlich wieder dorthin kommen, wo sie hingehören. Ich kann keinen triftigen Grund erkennen, warum dieser Film gemacht werden mußte.« (Eine ähnliche Meinung hatte er schon zuvor formuliert. Als sein Freund Mark Hellinger ihn anrief, um zu erfahren, was Bogie von dem Gefängnisfilm *Zelle R 17 [Brute Force]* hielt, antwortete er: »Warum hast du ihn gemacht? Ein Film sollte entweder unterhaltsam sein oder eine Moral besitzen. Diesem fehlt beides.«)

»Aber es ist dumm anzunehmen, Filme könnten Verbrechen fördern«, meinte Bogie. »Als ich jung war, lasen wir über Billy the Kid. Aber das hat aus uns keine Verbrecher gemacht. Wenn man herausfinden will, was aus Kindern Verbrecher macht, muß man einen Blick auf ihre Umgebung und besonders ihr Familienleben werfen. Eltern, die ihre Zehnjährigen nachts

Oben: v. l. n. r.: mein Vater, Peter Lorre, Mary Astor, Sidney Greenstreet – *Die Spur des Falken* (1941) Quelle: Warner/MPTV
Unten: *Die Spur des Falken:* Mein Vater mit Peter Lorre (1941)
Quelle: Warner/MPTV

herumlungern lassen, sind verantwortlich, wenn sie zu Verbrechern werden.«

Dad lehnte Zensur ab. Man schneide sich nur ins eigene Fleisch: »Das Johnston Office gab die Parole aus, Verbrecher dürften im Film keine abgesägten Flinten oder Maschinenpistolen verwenden. Und Filmpolizisten müßten groß sein und zahlreich auftreten. Wenn man also eine Verhaftung zeigt, schürt man damit nur die Solidarität der Kinder mit dem Schwächeren. So wie bei meiner Ergreifung in *High Sierra*. Ich stand auf dem Berg und hatte das ganze Land gegen mich.«

In der *New York Times* schlug er im November 1948 ein »Heilmittel« für Gangsterfilme vor.

Er erwähnte, als Filmemacher und werdender Vater habe er ein besonderes Interesse an dem Problem. Das »Problem«, das bei all diesen Anti-Gangsterfilm-Diskussionen auftauche, sei die Tatsache, daß die Leute von den Gangstern und nicht von der Polizei fasziniert seien. »Der Grund für die Popularität der Gangster«, schrieb Bogie, »liegt darin, daß wir sie nicht einzeln und auf faire Weise verfolgen. Wir rufen eine Menge Fahrzeuge zusammen, die Nationalgarde oder das ganze FBI, und pumpen den Schurken, nachdem er wie ein Kaninchen in die Enge getrieben worden ist, so mit Blei voll, daß nicht einmal seine Mutter ihn wiedererkennen würde. Und wenn wir das nicht tun, scheint die Story für den durchschnittlichen Amerikaner auf der Stelle zu treten, bis der Gangster schließlich durch eigenes Glück oder den Einfall eines Drehbuchautors davonkommt. Und wer im Publikum sagt sich dann noch: ›Diese Polizisten finde ich gut‹?

Der junge Gangster, der auf die Straße rennt oder in irgendeine Gasse und die Welt, die er haßt, mit Kugeln übersät, ist vielleicht moralisch nicht so akzeptabel wie der junge Crazy Horse, der die amerikanische Armee auf dem Vormarsch austrickst, aber als dramatische Person wird er, obwohl er Killer ist, genauso viele Sympathien haben.

Die Lösung für den Gangsterfilm scheint mir ganz einfach zu sein. In *Die Spur des Falken* stellten wir einen einzelnen gegen

162

eine Horde Gangster, und danach entstand eine ganze Reihe von Filmen über einsame Helden, die sich einer Übermacht von Gangstern stellen müssen statt umgekehrt. Wir nannten ihn Sam Spade, aber man könnte ihn auch Calvin Coolidge nennen und dieselbe Wirkung erzielen, solange man sich an die Regeln hält. Natürlich verlange ich nicht, daß wir grundlegende Werte austauschen. Es ist die Kavallerie, die das Geld bringt, und nicht die Indianer, aber ein paar Tote gibt es in jedem Fall.«

Was ich an meinem Vater in dieser Zensurdebatte bewundernswert finde, ist weniger, daß er wie ich gegen Zensur war, sondern daß er ebenfalls die andere Seite sah und sich nicht auf Schwarzweißmalerei beschränkte. Das kennzeichnet für mich einen intelligenten Menschen.

Ich nehme an, ich stehe politisch eher meinem Vater als meiner Mutter nahe. Ich halte meine Mutter für eine hoffnungslose Liberale, obwohl es sie rasend macht, wenn ich das sage. Ich bin bei manchen Fragen wie Abtreibung oder Bürgerrechten liberal. Aber in anderen Dingen bin ich konservativ. Zum Beispiel glaube ich an die Todesstrafe, was meine Mutter entsetzt.

Man könnte annehmen, Bacall und ich hätten deswegen lebhafte Diskussionen. Das stimmt aber nicht ganz. Es stimmt, daß ich wie mein Vater gerne streite. Ich vertrete gerne irgendwelche Positionen nur des Spaßes wegen. Meine Mutter hat ebenfalls etwas für geistvolle Diskussionen übrig. Aber nicht mit mir.

Mein Vater war, glaube ich, der Geduldigere der beiden. Wenn er noch lebte, würde er mir wahrscheinlich zuhören. In politischen Dingen sind wir uns ähnlich. Nicht, daß er in jeder Sache meiner Meinung wäre, aber er würde alles sorgfältig gegeneinander abwägen und sich nicht von irgendeinem Ismus, ob Liberalismus oder Konservativismus, beeinflussen lassen.

Es heißt, mein Vater hatte eine sehr eigene Art des Glaubens. Seine Religion übte er allerdings nicht aus. Ich selbst bin überhaupt nicht religiös.

(Offenbar zeigte sich meine Respektlosigkeit in dieser Hinsicht schon früh. Als ich in der Episkopalischen Kirche getauft wurde und der Pfarrer Wasser auf meinen Kopf spritzte, sagte ich so laut, daß es jeder hören konnte: »Ich mag das nicht.« Und gegen Ende der Predigt, als der Pfarrer sagte: »Er soll eintreten ins Haus der Herrn«, fügte ich ziemlich laut hinzu: »Wenn er rein will, laßt ihn doch rein.«)

»Bogie war kein religiöser Mensch«, erzählte mir meine Mutter, »aber er glaubte an die Zehn Gebote und die goldene Regel.«

Nat Benchley bestätigt das: »Sein Moralkodex war strikt und von den Zehn Geboten kaum zu unterscheiden, auf denen er basierte. Bogie hat sie zwar nicht immer befolgt, aber er hat an sie geglaubt.«

Ich nehme nicht an, meine eigene politische Haltung hat sich in irgendeiner Weise geändert, weil ich von der meines Vaters erfuhr, aber es freut mich zu wissen, daß er feste Überzeugungen besaß. Meine eigenen Überzeugungen haben etwas mehr mit dem Privatleben zu tun als seine. Ich beziehe mich eher auf meine eigene Welt, meine Frau, meine Kinder. Es ist nicht so, als kümmerte mich der Rest der Welt nicht; er geht mich nur nicht so sehr viel an, und ich glaube einfach, daß man zu Hause am meisten Gutes tun kann. Wie mein Vater verfolge auch ich keine Parteilinie, und ich traue Leuten nicht, die das tun. Dad sagte einmal: »Politisch bin ich ein Anarchist. Wie John Huston.« Ich weiß nicht, ob er da nur einen Spaß machen wollte.

Bogie scheint in jeder Hinsicht ein Mann gewesen zu sein, der sich schwer auf einen Nenner bringen läßt. Aber als ich Alistair Cooke aufsuchte, hatte ich die Absicht, zu begreifen, welche politischen Überzeugungen mein Vater hegte, und ich glaube, ich habe es auch geschafft. Cooke hielt während unseres Gesprächs oft inne, um etwas nachzulesen, was er einst über meinen Vater geschrieben hatte. Und wenn er auch nicht die ganze Wahrheit kennt, dann doch zumindest einen großen Teil.

»Bogart«, sagt Cooke, »war ein empfindsamer Mann, der eine korruptere Welt vorfand, als er befürchtet hatte. Ein Mann mit einer harten Schale und einem weichen Kern. Er erfand die Bogart-Figur und drängte sie dieser Welt auf, die selbst besseren Männern mit Ungeduld begegnete. Das kam seinen trügerischen Absichten absolut entgegen. Er war entschlossen, sein Geheimnis zu wahren: das in dieser eher realistischen Welt, in der wir leben, ziemlich beschämende Geheimnis, ein tapferer Mann und gleichzeitig Idealist zu sein.«

Als ich im oberen Stockwerk des Hauses am Mapleton Drive wieder in den Flur zurückkehre, ist meine Mutter schon die halbe Treppe hinuntergegangen. War sie bereits ohne mich im Schlafzimmer? Wollte sie dabei alleine sein? Ich bin erleichtert. Ich will dort nicht wirklich hineingehen, obwohl dieser Gedanke in meinem Kopf noch nicht endgültig Form angenommen hat. Als ich die Stufen hinabsteige, höre ich einen Wagen auf der Straße vorbeifahren. Einen Moment lang kommt es mir vor wie das Geräusch, wenn Daddy nach einem Tag im Studio die Auffahrt hochgefahren kam. Aber dieser Gedanke verschmilzt mit einer anderen Erinnerung.

Wir fahren mit dem Thunderbird fort, mein Vater und ich. Ich bin mir bewußt, daß irgend etwas neu und anders ist. Wir sitzen nicht im Jaguar. Er prahlt mit seinem neuen Wagen. Er sagt, zwei seiner Freunde hätten ebenfalls Thunderbirds gekauft, aber seiner sei besser. Wir fahren zu dem Studio, wo Dad arbeitet.

Hier werden Filme gemacht, sagt er, als wir ankommen. Er sagt, ins Studio zu gehen sei so, als dürfe man in die Umkleidekabine der Braves. Er weiß, daß die Braves mein Lieblingsteam sind, seit mich Sammy Cahn einmal zu einem Baseballspiel zwischen den Dodgers und den Braves mitgenommen hat.

Im Studio sind alle sehr freundlich. Wir befinden uns auf dem Set. Daddy sagt, der Film heiße An einem Tag wie jeder andere (Desperate Hours). Es ist seltsam, denn Vater steht in einem Zimmer, das nicht wirklich ein Zimmer ist, und überall stehen Leute mit Scheinwerfern, Kameras und Mikrofonen herum. Ich sitze im Regiestuhl, und alle Leute lächeln mir zu. Sie sagen wirklich: »Ruhe auf dem Set«, so wie sie es in den Filmen tun, die ich übers Filmemachen gesehen habe. Ich komme mir wichtig vor, weil mein Vater der Star ist, und ich bin sein Sohn. Es ist so, als wäre man der Sohn des besten Baseballspielers.

6

»Bogie war der professionellste Schauspieler,
mit dem ich je gearbeitet habe.
Aber in seinem Vertrag stand,
er hat um sechs Uhr Schluß,
und wenn es sechs Uhr war
und wir waren mitten in einer Szene,
dann ging er trotzdem.
Er sagte: ›Es ist sechs Uhr,
wir beenden die Szene morgen.‹
Dann ging er und genehmigte sich einen Drink.«
Rod Steiger

Als ich anfing, über meinen Vater zu schreiben, glaubte ich
wahrscheinlich, jeder Aspekt seines Lebens werfe Licht auf
mein eigenes und es würde mir spielend gelingen, herauszufinden, in welcher Hinsicht ich der Sohn meines Vaters bin und in
welcher nicht. Sein Alkoholmißbrauch könnte mir meinen
Drogenmißbrauch erklären. Seine Erfahrungen mit Privatschulen wären irgendwie eine Vorwegnahme meiner eigenen
Probleme auf Privatschulen. Und ich dachte, beim Blick auf seine Karriere und seine Haltung zu seiner Arbeit könnte ich
etwas erfahren über meine eigene Einstellung zur Arbeit.

Vielleicht. Aber in Wahrheit gibt es wenig über mein Berufsleben zu sagen. Es gleicht jedem anderen, mit einigen Höhen
und einigen Tiefen. Auf meine verschiedenen Jobs näher einzugehen wäre langweilig und anmaßend, Sünden, die weder ich
noch mein Vater bei anderen durchgehen ließen.

Der entscheidendste Unterschied zwischen meinem Vater
und mir, was Arbeit angeht, ist die Tatsache, daß ihm sein Beruf

wirklich wichtig war. Er widmete sich ihm mit ganzem Herzen und stellte die Arbeit über alles andere. Ich hingegen mag meine Jobs beim Fernsehen und leiste dabei, glaube ich, auch gute Arbeit, aber ich habe mich nie auf die Arbeit beschränkt. Ich habe Freunde und Familie immer über das gestellt, womit ich meinen Lebensunterhalt verdiene. Mir läge vielleicht, wenn ich mit einem Vater aufgewachsen und nicht auf eine Schule geschickt worden wäre, weniger am Familienleben und mehr an der Karriere. Vielleicht hat mich mein Vater auf diese Weise tatsächlich beeinflußt.

Mein Vater hatte keine großen Pläne, als er von der Marine zurückkam. Er trieb sich eine Zeitlang herum, arbeitete in einer Keksfabrik und nahm dann einen Job an, bei dem er Schlepper inspizieren mußte. Er hatte noch einige andere Jobs, aber er blieb nie lange. Der junge Bogie hatte keine Vorstellung, was er mit seinem Leben anfangen sollte. Er verbrachte eine Menge Zeit damit, im Central Park mit seinen Freunden herumzureiten.

Obwohl anzunehmen ist, daß Bogies Eltern ihn nicht mehr um sich haben wollten, dürfte es kein Zufall sein, daß er ausgerechnet für die Wall-Street-Firma als Laufbursche arbeitete, die das Geld seiner Eltern verwaltete. Während er dort tätig war, nahm ihn Bill Brady sen. unter die Fittiche, der Vater seines langjährigen Freundes Bill Brady. Brady sen. war bereits ein etablierter Bühnenproduzent. Dad erzählte später: »Eines Tages, als ich für Börsenmakler Botendienste erledigte, wurde mir in der Subway schlecht, und ich taumelte in der Nähe von William Bradys Büro aus dem Untergrund und fragte ihn in diesem Moment der Verzweiflung nach einem Job.«

»Wie wär's mit Bürobote?« habe Mr. Brady gefragt.

»Bürobote?«

»Das ist keine große Verbesserung für einen Laufburschen«, gab Brady zu, »aber in einer neuen Firma gibt es Aufstiegsmöglichkeiten.«

»Was für eine Firma?« fragte Dad.

»Film, mein Junge. Eine Filmgesellschaft.«

Also wurde mein Vater Bürobote für Bradys Firma, die sich World Film nannte.

Die Beförderung kam bald. Brady hielt Bogie eines Tages im Büro auf und fragte: »Wie würde es dir gefallen, Regisseur zu werden?«

»Regisseur?«

»Ja«, sagte Brady. Er erzählte Bogie, sein Film *Life* sei gerade dabei, den Bach hinunterzugehen.

»Ich glaube schon«, sagte Dad.

Barry warf den Regisseur raus und übergab den Film in die Hände des jungen Humphrey. »Inszeniere ihn fertig«, sagte er.

»Wie?«

»Das mußt du schon selbst herausfinden«, meinte Brady.

Unglücklicherweise fand Dad das nicht heraus, und der Film wurde ein Desaster.

Die Erfahrung lehrte meinen Vater, daß er zwar nicht inszenieren konnte, wohl aber besser schreiben als mancher, der sein Geld mit Drehbüchern verdiente. Bald fing er an, im Club 21 herumzuhängen, damals noch eine Kneipe. Dort setzte er sich an einen kleinen Tisch, beugte sich mit großem Ernst über sein Notizbuch und schrieb Ideen für Geschichten nieder. Er rauchte Pfeife, weil er dachte, das ließe ihn mehr wie einen Schriftsteller aussehen. (»Ich rauche gerne Pfeife«, sagte er einmal, »aber es macht einfach zuviel Arbeit.«)

Als Bogie schließlich eine Story fertig hatte, schickte er sie an Jess Lasky, der sie an Walter Wanger weitergab, der sie grauenvoll fand und in den Papierkorb warf. (Jahre später wurde Wangers Tochter Shelly meine Spielkameradin, und Wanger prahlte: »Bogie hat mal für mich geschrieben.«)

Da die Sache mit dem Schreiben nicht weiterführte, wurde mein Vater Inspizient in New York, wo er für Mr. Brady arbeitete. Bogie war verantwortlich für Gepäck, Requisiten und Kulissen. Der Inspizient ist hinter der Bühne im Grunde für die ganze Show verantwortlich.

Selbst damals zeigte Dad keinen großen Respekt vor Autoritäten. Eines Abends, als Brady den Vorhang nach der Pause zu früh hochzog, ließ Dad ihn wieder hinunter. Brady soll Dad daraufhin in den Bauch getreten haben. Mein Vater rächte sich, indem er den Vorhang hochzog, als Brady noch auf der Bühne stand, um letzte Vorbereitungen für den nächsten Akt zu treffen. Brady feuerte ihn. Am nächsten Tag stellte er meinen Vater wieder ein. Dieser Vorgang wiederholte sich offenbar einige Male – ein interessantes Vorspiel zu Dads vielen Auseinandersetzungen mit Jack Warner.

Die erste Rolle meines Vaters, wenn man das so nennen will, ergab sich kurz vor einer Aufführung. Der jugendliche Held war krank geworden, und Dad sollte ihn vertreten. (»Jugendliche Helden« nannte man junge, gut gekleidete Männer in kleineren Rollen.)

»Es war fürchterlich«, sagte er später. »Ich kannte den Text von allen Rollen, weil ich sie ungefähr tausendmal gehört hatte. Aber ein Blick in den leeren Raum, wo am Abend die Zuschauer sitzen würden, genügte, und ich erinnerte mich an kein Wort mehr.«

Glücklicherweise mußte er in dem Stück nie wirklich auftreten, denn es wurde an diesem Abend abgesetzt.

Fürchterlich oder nicht, mein Vater war auf den Geschmack gekommen. Er fing an, seine Arbeit als Inspizient mit Schauspielerei abzuwechseln, wann immer sich die Gelegenheit ergab.

Die Schauspielerei ist etwas, was mich nie gereizt hat. Trotz meiner Herkunft, oder gerade deshalb, habe ich niemals ernsthaft mit dem Gedanken gespielt, Schauspieler zu werden. Einmal, in der achten Klasse, spielte ich die Bianca in *Der Widerspenstigen Zähmung*. Ich weiß, daß Bianca eine Frau ist, aber es war eine Jungenschule. Auch in Milton schauspielerte ich ein wenig. Doch um die Wahrheit zu sagen, ich bin ein miserabler Schauspieler. Ich fühle mich wohl, wenn ich ich selbst sein kann. Und ich fühle mich nicht wohl, wenn ich ein anderer sein muß, doch darum geht es schließlich bei der Schauspielerei.

Wenn man sich in der Haut eines anderen unwohl fühlt, sollte man die Schauspielerei besser vergessen. Meine Mutter behauptet immer wieder, ich machte mich sehr gut vor der Kamera, aber sie ist ja auch meine Mutter.

Davon abgesehen entschied ich früh in meinem Leben, etwas zu machen, was mit Sport zu tun hat.

Wenn Jady Robards und ich zu den Spielen der Mets gingen, saßen wir oft auf der Tribüne und redeten miteinander, als wäre einer von uns der Studiogast und der andere der Kommentator.

»Ja, Jady, ich glaube, wenn die Mets heute mehr Läufe als das andere Team erzielen können, dann haben sie eine ziemlich gute Chance, dieses Match nach Hause zu bringen.«

»Richtig, Steve, viele der Spieler haben schnelle Schnelligkeit und starke Stärke. Und Geschwindigkeit, jede Menge sehr geschwinde Geschwindigkeit.«

»Ja, jeder einzelne von ihnen ist einer der besten Spieler dieses Spiels.«

Obwohl wir uns einen Spaß daraus machten, Sportreporter nachzuäffen, träumte ich doch oft davon, selbst einer zu werden. Und wenn ich schon kein Reporter werden konnte, dann wollte ich doch irgendeine andere Verbindung zum Sport.

»Sprich mit Howard«, sagte meine Mutter. Da war ich Anfang Zwanzig. Ich dachte, man bräuchte irgendein Ziel im Leben, also erzählte ich meiner Mutter von meinen Sportträumen. Der Howard, von dem sie sprach, war Howard Cosell. Sie rief ihn an, und ich wurde zu einem Gespräch eingeladen.

Es ist gut, eine berühmte Mutter zu haben, weil sie wiederum eine Menge berühmter Freunde hat. Aber normalerweise finde ich es entsetzlich, das auszunutzen. Wann immer ich zum Beispiel mit meinen Kindern einen Ausflug nach Disneyworld plane, sagt Mom: »Ruf Michael an, er wird dir helfen.« Sie meint Michael Eisner, den Vorstandsvorsitzenden von Disney. Aber ich rufe Michael nie an. Bevorzugte Behandlung ist mir nicht recht; ich möchte mich nicht so fühlen, als würde ich an der Schlange vorbeigeschoben. Also nutze ich in der Regel die

Berühmtheit meiner Mutter nicht aus. Aber was soll's, ich war ein Sportfan, und hier handelte es sich um Howard Cosell.

Also machte ich einen Termin aus und fuhr eines sonnigen Morgens von Connecticut zu ABC nach New York. Ich saß bei der Empfangsdame im Büro und wartete darauf, daß Cosell auftauchte. Nach etwa zehn Minuten öffnete sich die Fahrstuhltür, und ich hörte, wie jemand ziemlich gut, aber nicht völlig überzeugend Howard Cosell nachahmte.

»Hier ist er, Ladys und Gentlemen, der Große ist da. Ja, hier ist Howard Cosell, der zu Ihnen aus seinen palastartigen Büroräumen im Gebäude der American Broadcasting Corporation spricht.«

Ich blickte auf und entdeckte Cosell höchstpersönlich, der hier seinen großen Auftritt hatte, nicht als er selbst, sondern als Parodie seines öffentlichen Images. O Gott, dachte ich, macht er das jeden Tag?

»Du mußt der Bogart-Junge sein«, sagte er. »Ich erinnere mich, wie ich deine Mutter Betty kennengelernt habe. Das war ...« Er rasselte die genauen Daten, Ort und exakte Zeit, seiner ersten Begegnung mit Mom vor mehr als fünfzehn Jahren herunter. »Willkommen bei ABC«, sagte er. Er schüttelte meine Hand und führte mich in sein Büro. Es dauerte noch ein oder zwei Minuten, bis ich den Eindruck los wurde, er parodiere sich selbst. Nachdem wir eine Zeitlang über Betty und meinen Vater geredet hatten, kamen wir zum Geschäft. Ich erzählte ihm, ich wolle Sportreporter werden. Cosell hörte mir aufmerksam zu, beugte sich schließlich über seinen Schreibtisch und sagte: »Weißt du, was, Steve, ich könnte dir einen Job besorgen.«

»Wirklich?«

»Aber sicher, ich würde ein paar Anrufe tätigen, und du könntest morgen früh um neun Uhr irgendwo eine Arbeit aufnehmen.«

»Das wäre in jedem Fall großartig«, sagte ich. »Nur daß ich erst mal anfangen kann.«

»Steve«, meinte er. »Das wäre der Anfang deiner Karriere als Sportreporter.«

»Ja«, sagte ich. Mein Herz schlug heftig. Hier war sie, meine große Chance.

»Aber ich muß dir auch sagen, Steve, daß das gleichzeitig das Ende wäre.«

»Wie?«

»Das Ende, Stephen Bogart, das Ende. Ohne Ausbildung kommst du in diesem Geschäft nirgendwohin. Ich bin lange genug in dem Geschäft, um dir eines mit Sicherheit sagen zu können. Du mußt erst wieder auf die Schule und deinen Abschluß machen.«

Damals war ich wie vor den Kopf gestoßen. Es sah so aus, als wäre mein Traum vom Sportreporterdasein ausgeträumt, und nachdem ich Cosell die Hand geschüttelt und ihm für seinen Rat gedankt hatte, verließ ich das Gebäude und lief mit gesenktem Kopf gute vierzig Block weit die Sixth Avenue hinunter.

Aber in meinem Innersten wußte ich, daß Cosell recht hatte, und seine Worte festigten meinen noch vagen Entschluß, aufs College zu gehen und diesmal zur Abwechslung einen Abschluß zu machen. Ich muß Howard Cosell für seinen Rat wohl ewig dankbar sein.

Es war so, daß mein Vater mir einen kleinen Fonds hinterlassen hatte. Er kam zur Auszahlung, als ich heiratete, und belief sich etwa auf 600 Dollar im Monat, was zu der Zeit, als meine Miete 185 Dollar betrug, eine ziemlich ansehnliche Summe war. Aber von Zeit zu Zeit hatte ich auch um Geld aus dem Fonds gebeten, um mir ein Auto oder ähnliches anzuschaffen. Als ich mit Cosell sprach, war bereits klar, der Fonds würde nur noch etwa vier Jahre reichen. Ich ging auf die Universität von Hartford, wo ich mich für Kommunikationswissenschaften einschrieb. Und tatsächlich, ich machte auch meinen Abschluß.

Wie mein Vater hatte ich mich an einen älteren, etablierten Mann gewandt. Und sie taten beide in der jeweiligen Situation das Richtige. Brady verschaffte einem jungen Mann einen Job, Cosell nicht. In meiner Zeit brauchte man einen Abschluß, um etwas zu erreichen. Als mein Vater lebte, hing der Erfolg mehr davon ab, wie sehr man gewillt war, sich zusammenzureißen.

Dad hatte allerdings nicht sofort Erfolg. In seinem ersten Auftritt vor Publikum spielte er einen japanischen Hausangestellten. Er hatte nur einen Satz zu sprechen und machte nichts daraus. Sein Freund Stuart Rose, der an einem Abend im Publikum saß, sagte: »Er sprach seinen Satz, und er war so schlecht, daß es mir peinlich war.«

Dads erste nennenswerte Rolle war ein jugendlicher Held in einem Stück namens *Swifty*. Fast alle von Dads frühen Rollen waren jugendliche Helden. Sein Auftritt in *Swifty* prägte sich zwar dem Publikum nicht ein, er aber erinnerte sich sein ganzes Leben lang daran.

Jahrzehnte später saß er einmal mit dem Sportreporter Mel Allen und Hank Greenberg, dem großen Schläger der Detroit Tigers, im »21«. Allen fragte Greenberg nach einigen seiner Homeruns, die er geschlagen hatte. Greenberg antwortete, am besten könne er sich nicht an die Homeruns erinnern, die er geschlagen habe, sondern an die verfehlten. »Ich erinnere mich zum Beispiel an einen Homerun, den ich nicht geschlagen habe, als in der World Series 1934 zwei Mann auf Base standen«, sagte er. »Und es gab noch einen, den ich ausließ, und zwar in der World Series 1940.« Die Fehlschläge waren Greenberg in Erinnerung geblieben. Als Allen ihn an alle die Homeruns erinnerte, die er geschlagen hatte, antwortete Greenberg: »Manche Leute erinnern sich nur an die unerfreulichen Sachen.«

»Das geht mir auch so«, sagte mein Vater. »Die Kritiker sind immer sehr nett zu mir gewesen und haben einige ziemlich freundliche Kritiken geschrieben, aus denen ich kein Wort mehr zitieren könnte. Aber ich erinnere mich Wort für Wort an Alexander Woolcotts Verriß vor 26 Jahren für meinen Auftritt in *Swifty*. Er schrieb: Der junge Man, der den erwähnten Sprigg verkörperte, war, gnädig formuliert, unzulänglich. Das war 1921. Eine Menge ist seither passiert, aber ich habe diese Worte immer noch vor Augen.«

Swifty wurde übrigens bald wieder aus dem Programm genommen, und mein Vater trug Woolcotts Kritik, wie gesagt, sein ganzes Leben mit sich herum.

Das erste Erfolgsstück, in dem Bogie auftrat, hieß *Meet the Wife*. Aber selbst darin hatte er so seine Probleme. Während einer Matineevorstellung verließ er das Theater nach dem zweiten Akt, weil er seinen kleinen Auftritt im dritten Akt vergessen hatte. Später, als der Inspizient ihn fragte, wo zum Teufel er gesteckt habe, verlor mein Vater die Beherrschung.

Seine Kritiken waren in jener Zeit durchwachsen. Die schlechten setzten ihm zu, besonders die von Woolcott, aber auch eine andere, in der es hieß, Bogie und ein weiterer Schauspieler zeigten »ziemlich eindrucksvolle Beispiele schlechter Schauspielkunst«.

»Die Prügel, die ich damals wegen meiner Schauspielerei bezog, machten mich wütend«, sagte er. »Sie brachten mich dazu, so lange weiterzumachen, bis ich nicht mehr durchfiel.«

Über die Kritiker selbst regte er sich eigentlich nie besonders auf. Er sagte einmal: »Ich habe sie immer für fair gehalten, außer dem einen, der schrieb, irgend jemand habe schlecht gespielt, aber nicht so schlecht, wie Humphrey Bogart gewesen wäre, wenn er die Rolle übernommen hätte.«

Dad trat während der zwanziger Jahre in Dutzenden von Stücken auf, und mit der Zeit erhielt er auch bessere Kritiken, außer von seiner Mutter Maud, die keinen Hehl daraus machte, daß sie Schauspieler nicht für standesgemäß hielt.

In dieser Zeit trank mein Vater eine Menge Alkohol und traf eine Menge Mädchen. Während er später in der Regel als Mann beschrieben wurde, der viel Sex-Appeal besaß, ohne eigentlich gut auszusehen, hielt man ihn zu jener Zeit für ziemlich gutaussehend und verglich ihn zuweilen sogar mit Valentino.

Bogie bekam zwar nicht nur gute Kritiken, aber er bemühte sich immer sehr. Er blieb sein ganzes Leben lang ein Schauspielschüler.

Eine der frühen Geschichten aus der Zeit, als Bogie mit Mary Philips ausging, die später seine zweite Frau wurde, handelt davon, wie er den Schauspieler Holbrook Blinn traf, einen Bühnenstar jener Tage.

»Hey, Sie sind ja gar nicht größer als ich«, sagte Bogie zu Blinn.

»Na und?«

»Aber ich habe Sie auf der Bühne gesehen. Sie sehen immer größer aus.«

»Passen Sie auf«, sagte Blinn. Er drehte sich um und ging ein paar Schritte von Bogie weg. Dann blieb er einige Sekunden stehen und drehte sich langsam wieder um. Bogie war verblüfft. Es schien ihm, als wäre Blinn vor seinen Augen ein paar Zentimeter gewachsen.

»Wie um alles in der Welt ...?«

»Einfach groß denken«, sagte Blinn. »Einfach groß denken.«

Von Anfang an hatte mein Vater offenbar das Wesen des Dramas begriffen, und er äußerte sich oft in seinem Leben zu diesem Thema.

Seine frühen Rollen als jugendliche Helden nannte er häufig »Irgend-jemand-Tennis?«-Rollen, weshalb man Bogie auch für den Schöpfer dieses Ausdruckes hält. Er erklärte das so:

»Der Autor bringt fünf oder sechs Figuren in eine Szene und weiß nicht, wie er sie wieder von der Bühne herunterkriegt. Was macht er also? Er holt den jugendlichen Helden, der hinter der Bühne auf diese Chance gewartet hat. Er kommt also mit dem Tennisschläger unterm Arm rein und fragt: ›Irgend jemand Tennis?‹ Das löst das Problem des Autors. Die Figur, die der Autor loswerden will, geht auf den Vorschlag ein. Die Heldin, die für eine Liebesszene mit dem Helden reif ist, lehnt ab. Also verschwinden die anderen, und alles ist bereit für die Liebesszene zwischen Held und Heldin. Es muß nicht immer Tennis sein. Manchmal ist es Golf oder Reiten, aber Tennis ist besser, weil es dem jungen Mann die Chance gibt, in makellosen weißen Flanellhosen attraktiv auszusehen.«

Mein Vater hatte einige Flirts mit der Filmindustrie, ehe er in Hollywood etwas wurde. 1930 hielten die Studios Ausschau nach Schauspielern, die sprechen konnten, also ging er nach Hollywood. Aber das taten auch eine Menge anderer. Nate

Benchley sagt: »Vermutlich ist niemals so wenig Talent an einem Ort versammelt gewesen.«

Bogie spielte in ein paar Filmen. Sie waren langweilig, und er wirkte langweilig darin. Von Hollywood hatte er die Nase voll und ging zurück an die New Yorker Bühnen.

1934 trat er in *Invitation to Murder* auf, einem Stück, das ein Kritiker »Hochspannungsschund« nannte. Aber der Produzent und Regisseur Arthur Hopkins sah es und wollte Bogie für die Rolle in *Der versteinerte Wald*.

Welche magischen Eigenschaften mein Vater auch besessen haben mag, sie kamen jedenfalls zum ersten Mal am 7. Januar 1935 in diesem Stück zum Vorschein. Was er besaß, war dieses flüchtige Etwas, das wir Starqualitäten nennen.

Was ist eine Starqualität? Niemand weiß das so genau, aber Bogie erkannte es offenbar auch in sich selbst. Sam Jaffe erzählte mir: »Ich habe einmal mit einem Regisseur darüber gesprochen. Er sagte, es gebe einige gute Schauspieler, die man nicht wirklich bemerke, wenn sie auf der Leinwand auftauchten. Wenn Bogie aber auf der Leinwand erscheine, dann wendeten sich ihm alle Augen zu, egal, wer sonst noch zu sehen sei. Das ist es, was einen Star ausmacht. Und das ist etwas, was Bogie bewußt war. Er sagte einmal zu mir: ›Weißt du, Sam, ich bin nicht der beste Schauspieler der Welt. Gary Cooper ist auch kein großer Schauspieler. Aber wenn er auftaucht, dann beobachtet man ihn aufmerksam. Und diese Qualität besitze ich ebenfalls. Das ist gottgegeben. Das ist es, was einen Star ausmacht.‹«

Auch wenn Bogie in diesem Gespräch seine eigenen schauspielerischen Fähigkeiten untertrieben haben mag, so gab es doch andere Gelegenheiten, bei denen Bogie erzählte, er sei der zweitbeste Schauspieler Hollywoods nach Spencer Tracy.

Zum Thema Starqualität äußerte sich auch John Huston: »Bogie war ein mittelgroßer Mann, nicht besonders beeindruckend im wirklichen Leben, aber irgend etwas passierte, wenn er die richtige Rolle spielte. Die Lichter und Schatten fügten ihn zu einer anderen, edleren Persönlichkeit zusammen – heroisch

179

wie in *High Sierra*. Ich schwöre, die Kamera hat eine Art, in Leute und Dinge hineinzusehen, die das bloße Auge nicht besitzt.«

Als Bogie seine Schauspielkunst verfeinert hatte, wurde er für andere zum Lehrer, so wie Blinn für ihn.

1944 zum Beispiel, als er *Hollywood und die Nazis (Passage to Marseilles)* dreht, gab es eine Szene, bei der Billy Roy in der Rolle des Schiffsjungen eine Orange werfen mußte. Jedesmal, wenn Billy die Frucht warf, erntete er nichts als hämische Bemerkungen.

»Du wirfst sie wie ein Mädchen«, sagte der Regisseur. »Wirf sie wie ein Junge.«

Billy versuchte es weiter, aber irgendwie schien er die Orange nicht so werfen zu können, wie es von ihm erwartet wurde. Bald setzte ihm jeder im Team zu, und Billy war den Tränen nahe. Mein Vater sagte schließlich: »Genug!«

Er nahm Billy beiseite und ließ sich Zeit, ihm in Ruhe beizubringen, wie er die Orange werfen sollte. Als Billy das beherrschte, wurde weitergedreht.

Einmal, als ich ein Kind war, brachte mein Vater sechs junge Schauspieler mit nach Hause, um über das Schauspielern zu reden. Frank Sinatra war auch dabei. Die jungen Schauspieler waren damals alle unbekannt, aber zwei von ihnen schafften den Durchbruch: Tom Laughlin, der später in den *Billy-Jack*-Filmen spielte, und Dennis Hopper.

Bogie saß auf dem Boden, und die jungen Schauspieler versammelten sich im Schneidersitz um ihn herum. »Arbeitet immer weiter. Seid nie ›verfügbar‹«, sagte er zu ihnen. Dieser Rat war ihm vor langer Zeit geben worden, und er zitierte ihn häufig. »Spielt im Theater oder Fernsehen, wo auch immer, sooft ihr könnt. Wenn ihr etwas taugt, dann wird euch irgendwer irgendwann sehen. Natürlich ist der beste Weg zum Film, zuerst auf der Bühne aufzutreten.«

»Warum arbeiten Sie immer weiter, obwohl Sie doch ein großer Star sind?« fragte eine der jungen Schauspielerinnen.

»Ich weiß es nicht«, sagte Bogie, »Ich habe eine bezaubernde Frau, zwei wunderbare Kinder, ein großartiges Haus und eine schöne Yacht.« Und er seufzte: »Aber zum Teufel, ich habe keine Ahnung, warum ich so schwer arbeite. Sinatra und ich sprachen vor kurzem darüber. Ich schätze, Arbeit ist Therapie. Sie hält uns in Bewegung. Dies ist eine ziemlich schlechte Stadt, um darin ohne Arbeit zu sein. Nach einer Woche langweilt man sich so, daß man nicht mehr weiß, was man mit sich anfangen soll.«

Bogart riet den jungen Leuten außerdem: »Wenn ihr Schauspieler werden wollt, seid ehrlich mit euch selbst. Laßt euch nicht herumschubsen. Wenn ihr an etwas glaubt, dann kämpft dafür, auch wenn ihr leiden müßt. Wir Schauspieler wissen besser als jedes Studio, was gut für uns ist. Sobald eure Namen bekannt sind und ihr das Gefühl habt, sagen zu können, das mache ich nicht, dann sagt es auch, wenn ihr meint, die Rolle sei nicht das richtige. Langfristig wird sich das auszahlen. Denkt nur daran, genügend Geld beiseite zu legen für die Zeiten, wenn die Anfragen seltener werden.«

Dad fragte Dennis Hopper, warum er Schauspieler werden wolle.

»Aus einer Menge Gründen«, sagte Hopper. »Um etwas zu tun im Leben, um jemand zu werden.«

»Aber warum Schauspieler?« fragte mein Vater. »Warum nicht Landwirt? Oder irgendwas anderes?«

»Ich eigne mich einfach am besten für die Schauspielerei«, antwortete Hopper. »Ich will, ich weiß nicht, ich habe einfach das Bedürfnis, besser zu sein als ...«

»Ja, sprich nur weiter«, sagte mein Vater.

»Besser zu sein als andere«, sagte Hopper.

»Um sich aus der Masse herauszuheben?«

»Ja«, sagte Hopper, »das ist es.«

Mein Vater lächelte. »Du bist in Ordnung, Junge«, sagte er. Er sagte häufig »Junge«.

»Genießt den Applaus«, fuhr er an alle gewandt fort. »Das ist wunderbar. Das hat nichts mit Eitelkeit zu tun. Es ist eine

Befriedigung, so wie man einen Witz erzählt und alle zum Lachen bringt.«

Und er riet ihnen auch: »Geht nicht auf Partys, nur um einflußreiche Leute kennenzulernen.«

Zum Thema Öffentlichkeit sagte er: »Ein Star muß akzeptieren, daß in seine Privatsphäre eingedrungen wird. Wenn man sich in einer Bar vollaufen läßt, dann darf man sich nicht ärgern, wenn es anderntags in der Zeitung steht.«

»Was glauben Sie, wie man ein Star wird?« fragte eine der Frauen.

»Gute Geschichten machen Stars«, sagte Bogie. »Aber wenn Sie Schauspielerin werden wollen, dann sagen Sie nicht: ›Ich will ein Star werden.‹ Konzentrieren Sie sich ganz auf die Schauspielerei, lernen Sie Ihr Handwerk. Man muß Selbstvertrauen entwickeln, wenn man eine Szene richtig spielen will, und Selbstvertrauen stellt sich ein, wenn man weiß, welche Register man ziehen muß. Ich persönlich finde ja, ihr steckt ganz schön in der Klemme, wenn ihr Schauspieler werden wollt, denn in Hollywood hat keiner eine Ahnung, was Schauspielerei bedeutet. Sie glauben, Schauspielen sei einfach. Sie halten Schauspieler für ein notwendiges Übel.«

Mein Vater hatte ein paar sehr ausgeprägte Vorstellungen über Schauspielerei und Schauspieler. Er betrachtete Schauspieler mit einer Botschaft skeptisch. »Wenn ein Schauspieler eine Botschaft hat, sollte er die Western Union anrufen«, sagte Bogie. »Der Job eines Schauspielers ist es, zu spielen, und sonst nichts. Er schuldet dem Publikum nichts außer einer guten Vorstellung.«

Sam Jaffe erzählte mir: »Dein Vater war von den ›Method Actors‹ nicht sonderlich beeindruckt. Ich erinnere mich, wie er einmal mit einem jungen sogenannten Method Actor drehte. Bogie sagte: ›Sam, schau dem Kerl gut zu. Er glaubt, er könnte mir die Schau stehlen.‹ Sie begannen also eine neue Aufnahme, und der andere Schauspieler machte eine Menge Lärm und bewegte fortwährend seinen Körper und seine Hände. Aber als die Muster gezeigt wurden, war es Bogie, auf den der Blick fiel.

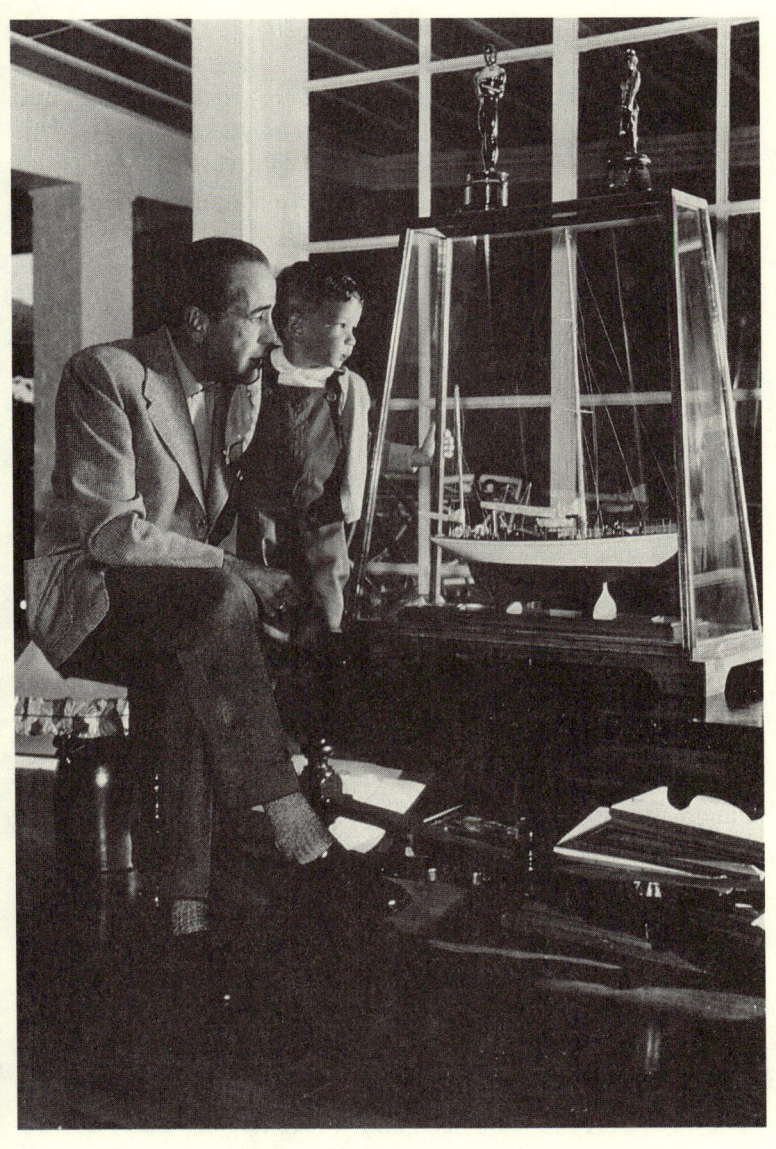

Dad und ich betrachten das Modell der Santana. Auf dem Glaskasten stehen
seine Oscar-Trophäen (1952)
Copyright © 1978 by Sid Avery/MPTV

Es war unmöglich, Bogie die Schau zu stehlen. Er behauptete, er habe zwei Regeln für das Spiel mit Method Actors. Die eine lautete, sie soviel improvisieren zu lassen, wie sie wollten, und die andere war, nie eine Eßszene mit ihnen zu spielen, weil sie einen dauernd anspuckten.«

Mein Vater fragte einmal einen jungen Schauspieler über die Stanislawski-Methode aus.

»Also, Stanislawski behauptete, die wahre Interpretation komme aus dem Unterbewußtsein«, erklärte der junge Schauspieler. »Wir können es weder fassen noch kontrollieren, aber wenn wir es loslassen, dann fließt es aus dem Unterbewußtsein.«

Bogie hielt das vermutlich für Schwachsinn, aber er antwortete höflich. »Sie werden entschuldigen«, sagte er, »Sie haben mich völlig verwirrt. Doch eines weiß ich zumindest, die Zuschauer sind einem immer ein wenig voraus. Wenn jemand eine Waffe auf dich richtet, weiß der Zuschauer, daß du Angst hast. Man muß dazu keine Grimassen schneiden. Man muß nur glauben, diese Figur zu sein.«

Bogie sagte, der Schlüssel zu gutem Spiel liege in der Konzentration. Die erste Einstellung in *Casablanca* zeigt zum Beispiel, wie Rick alleine Schach spielt. Das war eine Idee meines Vaters, denn er spielte selbst häufig alleine Schach und brachte das mit seiner Schauspielerei in Verbindung. Er glaubte, die Konzentration beim Schach sei etwas, was er auch für sein Spiel brauche.

Auch wenn Bogie an Talent und Konzentration glaubte, so vermute ich doch, daß er Woody Allen zugestimmt hätte, der einmal gesagt hat, achtzig Prozent des Lebens bestehe aus Anwesenheit. Bogie war jemand, der immer zur Arbeit erschien.

»Bogie war ein sehr disziplinierter Mann«, sagt Sam Jaffe. »Die Leute erzählen oft, er habe während der Arbeit getrunken, und ich sage dann immer, ihr redet über den Falschen. Bogie kam mit einem Lunchpaket zur Arbeit. Darin war eine Flasche kaltes Bier. Mittags ging er in seinen Bungalow oder

Wohnwagen, aß sein Mittagessen und trank das Bier. Und er achtete dabei genau auf die Zeit. Eine halbe Stunde. Dann legte er sich hin und schlief die zweite halbe Stunde. Bogie war absolut keiner, der bei der Arbeit trank. Er blieb völlig nüchtern, denn er kam vom Theater und nahm seine Kunst ernst. Er erschien bei der Arbeit wie jeder disziplinierte Arbeiter, und er konnte seinen Text. Er mochte das, was er tat. Aber die Leute behaupten trotzdem, er sei ein Trunkenbold gewesen. Es ist wahr, daß er in Schlägereien geriet und trank, wenn er nicht arbeitete. Aber das geschah nie bei Dreharbeiten.«

Alle sagen das über meinen Vater. Er kam nie zu spät, konnte immer seinen Text und probte mit den anderen Schauspielern, damit sie nicht gegen eine Wand reden mußten. Obwohl sie gute Freunde waren, bestand ein Streitpunkt zwischen meinem Vater und Frank Sinatra darin, daß Frank nach Dads Ansicht als Schauspieler unprofessionell war, allerdings nicht als Sänger. Bogie fand, Sinatra nehme die Schauspielerei zu sehr auf die leichte Schulter. In späteren Jahren ging Bogie um zehn Uhr zu Bett, wenn er am nächsten Tag arbeiten mußte, und er machte Sinatra Vorwürfe, weil der während der Dreharbeiten so ein Herumtreiber war.

Einmal jedoch ließ mein Vater es zu – und das ist eine verbürgte Geschichte –, daß der Alkohol seine Arbeit bei Warner Brothers beeinträchtigte. Er hatte sich abends betrunken und weigerte sich am nächsten Morgen, zur Arbeit zu erscheinen. Statt dessen fuhr er auf dem Studiogelände mit seinem Fahrrad herum und rief: »Schaut her, freihändig, freihändig« wie ein Zehnjähriger, der ein Kunststück gelernt hat.

Schließlich kam Jack Warner, um ihn zur Rede zu stellen.

»Bogie, was zum Teufel machst du da?«

»Ich fahre Rad«, antwortete Bogie.

»Es ist Zeit, zur Arbeit zu gehen«, sagte Warner.

»Ich habe keine Lust zu arbeiten.«

»Hast du nicht?«

»Richtig. Hab' ich nicht.«

»Gut«, sagte Warner, »es gibt eine Menge Leute hier, die

Lust haben zu arbeiten, und sie verdienen weniger, als du für Scotch ausgibst.«

»Und?« fragte Bogie. »Was willst du damit sagen?«

»Ich will damit sagen, daß diese Leute auf dich angewiesen sind. Wenn du nicht arbeitest, arbeiten sie auch nicht.«

Dieser Hinweis beendete die Unterhaltung ziemlich rasch. Bogie stellte sein Fahrrad ab, ging zur Arbeit und tauchte nie wieder betrunken dort auf.

Obwohl Bogie, was die Schauspielerei angeht, sehr diszipliniert war, behauptete er, sie völlig unsentimental zu betrachten.

»Ich nehme meine Arbeit ernst«, sagte er, »aber nicht als Kunst um der Kunst willen. Jede Kunst, die etwas taugt, verkauft sich auch, und das gilt ebenso für jeden Job. Wenn sich etwas verkaufen läßt, dann ist es auch wert, gekauft zu werden. Ich bin da ganz unsentimental. Wenn mir jemand fünf Dollar mehr bietet, als ich jetzt verdiene, dann greife ich zu.«

Klingt hübsch, entspricht aber nicht der Wahrheit. Bogie meinte einmal: »Der einzige Grund, eine Million Dollar zu verdienen, besteht darin, daß man es sich dann erlauben kann, fetten Produzenten zu sagen, sie sollten sich zum Teufel scheren.« Tatsache ist, daß Bogie, der in den späten Vierzigern der höchstbezahlte Schauspieler in Hollywood war, oft eine Menge Geld sausenließ, um die Rollen zu bekommen, die er spielen wollte.

»Dein Vater war ein Intellektueller unter den Schauspielern«, sagt Phil Gersh. »In der Regel sind Schauspieler nicht sonderlich helle. Aber er war sehr belesen. Einmal kam er in mein Büro und sagte: ›Phillip, hast du dieses Buch gelesen, *Die Caine war ihr Schicksal (The Caine Mutiny)*?‹ Ich sagte ja. ›Und kennst du Stanley Kramer?‹ fragte er. Stanley sollte bei *Die Caine war ihr Schicksal* Regie führen. Ich sagte: ›Ja, ich kenne Stanley sehr gut.‹ Und dein Vater sagte: ›Gut, ich würde nämlich gerne Captain Queeg spielen.‹ Also rief ich Stanley an, der meinte, Bogie wäre als Queeg großartig, und ich rief Harry Cohn an, den Chef der Columbia. Damals betrug das Spitzenhonorar für einen großen Star etwa 200.000 Dollar pro Film. Also sagte ich zu Cohn, diese Summe verlangten wir, und Cohn erwiderte: ›Nichts da, er will die Rolle, also zahlen wir ihm 75.000 Dollar.‹ Bogie spielte am Ende den Queeg für viel weniger Geld, als er für jeden anderen Film hätte bekommen können. Alle Studios wußten, man konnte Bogie billig kriegen, wenn er eine Rolle wirklich haben wollte.«

Bogie bewies einen guten Instinkt bei Queeg – der Film brachte ihm seine vierte Oscar-Nominierung ein. Marlon Brando schlug ihn allerdings mit *Die Faust im Nacken (On the Waterfront)*.

Aber Bogies Instinkt war nicht immer so gut. Er machte ein paar schlechte Filme und wußte das auch. Als er etwa in Italien mit Huston *Schach dem Teufel* drehte, spürte er, daß mit dem Film etwas nicht stimmte. Er fand, das Drehbuch tauge nichts und Huston solle die ganze Sache fallenlassen. Statt dessen holte Huston Truman Capote für eine neue Fassung. Capote machte aus einer komplizierten Abenteuergeschichte eine Parodie, aber dessen waren sich nicht alle Schauspieler bewußt. Das Ergebnis war ein alberner, überspannter Film, eine Parodie auf Abenteuerfilme, aber einfach nicht jedermanns Geschmack. Als der Film in die Kinos kam, stellte er sich als finanzieller Fehlschlag heraus. Ein Kinobetreiber veröffentlichte sogar eine Anzeige, in der er sich dafür entschuldigte, den Film zu zeigen. Er sei jedoch verpflichtet, ihn noch ein paar Tage im Programm zu halten, weshalb er jedem, der den Film so schlecht finde, wie er es offenbar tat, den Eintrittspreis zurückerstatten werde.

Es gab gute wie schlechte Besprechungen. Ein Kritiker schrieb, in dem Film fühle man sich immer so, als hätte man die Hälfte verpaßt, ganz gleich, wo man einsteige. Dad war offenbar auch der Meinung, *Schach dem Teufel* sei eine Katastrophe und Leute, die ihn lustig fanden, aufgeblasene Intellektuelle.

Später bildete sich eine Fangemeinde für diesen Film, aber das macht aus ihm noch lange keinen guten Film. Viele Bogie-Filme sind Kultfilme, und viele davon nicht schlecht. *Tote schlafen fest* hat zum Beispiel eine Menge Fans, und der Film ist ein großer Spaß, aber er scheint mir auch ziemlich konfus. Bosley Crowther ist derselben Meinung: »So viele rätselhafte Dinge passieren in dieser verwickelten und verwirrenden Geschichte, daß man völlig konfus wird.« Und als mein Vater einmal gefragt wurde, was in dem Film mit dem Chauffeur passiert, antwortete er: »Ich habe verdammt noch mal keine Ahnung.«

Obwohl mein Vater als Schauspieler eine Menge Geld verdiente und es auch nicht sinnlos aus dem Fenster warf, war er nicht gerade der Typ, der durch Investitionen großen Reichtum anhäufte. Einmal gehörten ihm ein paar Safeway-Supermärkte, aber die gingen zusammen mit einem großen Batzen Geld an Mayo Methot, als er sich von ihr scheiden ließ. Seine einzigen anderen nennenswerten Investitionen tätigte er beim Film, und er neigte dazu, sich dabei mehr vom Gefühl als vom Kopf leiten zu lassen. Er hatte zum Beispiel einiges Geld in *Schach dem Teufel* gesteckt, vermutlich als Vertrauensbeweis für seinen Freund John Huston.

Aber das war nicht seine letzte Investition in einen Film. Im Laufe seiner Karriere war mein Vater oft besorgt wegen der Qualität seiner Filme. 1947 beschloß er, sein Geld in die eigene Branche zu stecken, und gründete mit Hilfe von Sam Jaffe und Sams Partnerin Mary Baker eine eigene Produktionsfirma: die Santana Pictures Corporation. Bogie war der Meinung, irgendwann würden alle großen Stars ihre eigenen Produktionsfirmen haben, um Stoffe zu erwerben und bestimmen zu können, in welchen Filmen sie auftreten. Damals war das eine bizarre Idee. Jack Warner war natürlich sauer. Er rief Sam Jaffe an.

»Sam«, sagte er, »du bist die destruktivste Kraft in der ganzen Filmindustrie.«

»Warum das denn, Jack?« fragte Sam.

»Du hast aus einem Schauspieler eine unabhängige Firma gemacht«, antwortete Warner. »Das ist ein ganz, ganz schlimmer Präzedenzfall.«

Sam fragte: »Inwiefern sollte das der Branche schaden? Bogies Name ist ein Begriff, und er möchte seine eigene Firma haben.«

»Das wird die Branche zerstören«, sagte Warner. »Diese Schauspieler werden alles an sich reißen wollen. Vielleicht kannst du Bogie diese schreckliche Sache noch ausreden.«

»Ich glaube nicht«, sagte Sam. »Ich wüßte nicht, wie, nachdem es meine Idee gewesen ist, daß er seine eigene Firma gründen sollte.«

Sam Jaffe erzählte mir, Warner habe ihm nie verziehen. Er habe sich sogar geweigert, den Klienten von Jaffe & Baker Rollen in seinen Filmen zu geben, weil er in der Santana Pictures Corporation eine so große Gefahr für die Branche sah. Das führte dazu, daß die beiden Agenten viele Stars verloren. Aber sie ließen sich dennoch nicht unterkriegen.

Santana produzierte unglücklicherweise nie einen guten Film. Zwischen 1949 und 1951 entstanden vier Santana-Filme: *Vor verschlossenen Türen (Knock on Any Door)*, *Tokyo Joe*, *Einsamer Ort (In a Lonely Place)* und *Scirocco*. Keiner davon erwies sich als etwas Besonderes, was für Bogie ziemlich peinlich war, weil er Warner Brothers verlassen hatte, um bessere Filme zu machen. Aber mein Vater hatte sich für die künstlerische Freiheit eingesetzt und behielt recht damit. Heute haben viele, wenn nicht die meisten Stars ihre eigenen Produktionsfirmen und wählen ihre Projekte selbst aus. Ganz so falsch hatte mein Daddy also nicht gelegen!

Ob er für andere oder für sich selbst arbeitete, Bogie war im Umgang nie schwierig. Aber er erwartete von anderen Leuten, daß sie ihre Arbeit genauso professionell erledigten wie er seine, und von Zeit zu Zeit führte das zu Konflikten mit Regisseuren.

Sam Jaffe erzählt: »Eines Tages war ich mit seinem Vater und Frederic March auf dem Set von *An einem Tag wie jeder andere*. Willie Wyler führte Regie. Wyler war ein Mensch, der nicht ausdrücken konnte, was er wollte. Er war wie viele Regisseure, die im Schneideraum einen guten Film zusammenbauen können, aber keine Ahnung haben, wie sie einem Schauspieler vermitteln sollen, was sie vor Augen haben. Das einzige, was sie können, ist, zu sagen: ›Mach's noch einmal.‹ Er sagte das also immer wieder zu Bogie, und Bogie erwiderte: ›Sieh mal, was bringt es, mich dauernd aufzufordern, es noch einmal zu machen, wenn du mir nicht sagen kannst, was du anders haben willst oder was ich tun soll?‹ Das war typisch für Bogie. Er war sehr analytisch. Aber er hatte Wyler bloßgestellt, und dann setzten sich die beiden Männer zusammen, redeten leise miteinander und schlossen Frieden. Anschließend drehten sie die Szene noch einmal, und ich vermute, Wyler hatte nun doch in Worte gefaßt, was er von deinem Vater wollte.«

Seltsamerweise erzählte mir Phil Gersh ebenfalls eine Geschichte darüber, wie sich Bogie und Wyler bei diesem Film nicht verständigen konnten. Bogie hatte in seine Verträge schreiben lassen, daß er abends nur bis sechs Uhr drehen mußte, und eines Tages rief er um zehn vor sechs Gersh vom Set aus an.

»Phil«, sagte Bogie, »Wyler macht mich noch verrückt.«

»Wo liegt das Problem?« fragte Phil.

»Ich muß in dieser Szene in den ersten Stock gehen.«

»Na und?«

»Ich mache es also, und Willie sagt, ich sei zu langsam. Dann mache ich es noch einmal, und Willie sagt, ich ginge zu schnell. Ganz gleich, was ich mache, es ist nie richtig. Ich bin jetzt schon zwölfmal die Stufen rauf- und runtergerannt, und es ist bereits fast sechs Uhr.«

»Sag ihm, er soll es dir vormachen«, sagte Phil.

»Wie?«

»Sag ihm einfach: Willie, geh du die Treppe rauf. Zeig mir, wie du es haben willst.«

Also ging Bogie zu Wyler. »Hör mal«, sagte er, »warum gehst du nicht einfach die Treppe so rauf, wie du es von mir erwartest?«

Wyler sah ihn einen Moment lang an und blickte dann zur Treppe. »Fertig für heute«, sagte er, und Bogie war um sechs Uhr draußen.

Spaziergang
am Waikiki Beach

Wir flogen nach
Hawaii zur Erholung
während der Dreh-
arbeiten zu *Die Caine war
ihr Schicksal* (1954)
Quelle: David Fahey

Die meisten Regisseure waren jedoch der Meinung, es lasse sich mit Bogie leicht arbeiten. Und die meisten Schauspieler ebenso. Rod Steiger erzählt: »Bogie war der professionellste Schauspieler, mit dem ich je gearbeitet habe. Wenn er in einer Szene keinen Auftritt hatte, stellte er sich neben die Kamera, um mir die Stichworte zu geben, damit ich jemanden hatte, an den ich mich wenden konnte. Und Bogie war sehr großzügig. Als wir einmal eine Szene drehten, sagte er: ›Mensch, der Junge bläst mich von der Leinwand‹, und ich erwiderte: ›Wenn das so ist, Mr. Bogart, dann können wir ja die Rollen tauschen.‹ Da lächelte er nur. Er hätte mich aus dem Film rauswerfen lassen können, wenn er gewollt hätte, oder meine Großaufnahmen rausschneiden lassen, wie das bei vielen Stars damals üblich war, aber solche Sachen hat er nie gemacht.«

Es gab allerdings ein paar Schauspieler, die die Arbeit mit Bogie weniger erfreulich fanden. Einer davon war William Holden.

Holden hatte für Dad nicht viel übrig. Er nannte ihn »einen Schauspieler mit unübertrefflichen Fähigkeiten und einem ebensolchen Ego«.

1939, als Holden 21 Jahre alt war und in *Invisible Stripes* auftrat, sollte er in einer Szene mit meinem Vater im Beiwagen Motorrad fahren. Er hörte, wie Dad sagte: »Laßt das mein Double machen. Ich setze mich nicht neben diesen Hurensohn. Er wird das Ding zu Schrott fahren.« Jahre später gab Holden zu, die Bezeichnung Hurensohn könne bei Bogie durchaus ein Kompliment sein, aber damals kochte er vor Wut und bemühte sich so sehr, Bogart ins Unrecht zu setzen, daß er tatsächlich das Motorrad mit Bogies Double zu Schrott fuhr.

Vierzehn Jahre später machten mein Vater und Bill Holden zusammen den Film *Sabrina* für Paramount. Die Dreharbeiten erwiesen sich in jeder Hinsicht als höchst unangenehm für Bogie. Und er war zumindest teilweise selbst schuld daran.

»Es fing schon nicht gut an«, erzählte mir Phil Gersh. »Ich rief Billy Wilder an und sagte: ›Billy, du hast ja bereits Audrey Hepburn und Bill Holden. Ich glaube, Bogie wäre als Linus Larrabee großartig.‹ Billy sagte: ›Komm am Samstag in den Tennisclub, dann reden wir weiter.‹ Wir besprachen die Sache also. Anschließend verstrichen zwei Wochen, bis er anrief und sagte: ›Ich habe darüber nachgedacht. Kann ich Bogie treffen?‹ Also trafen wir uns um fünf Uhr, und dann quatschten wir, und als es sieben war, hatten wir immer noch nicht über den Film geredet. Alle hatten Verabredungen. Schließlich sagte Bogie zu Billy: ›Laß uns das per Handschlag regeln, und dann kümmerst du dich um mich.‹ Sie gaben sich die Hand, und das war's, keine Probleme. Sie hatten nicht einmal über das Drehbuch gesprochen. Bogie vertraute einfach darauf, daß Billy ihn anständig behandeln würde. – Als sie einen Monat später mit den Dreharbeiten begannen, rief Bogie mich aufgeregt an. Er sagte: ›Der Typ dreht mich von hinten, und ich soll nicht einmal mein Haarteil aufsetzen. Ich bin raus aus dem Film.‹ Also ging ich zu Billy Wilder und sagte: ›Bogie ist sehr unglücklich. Er schmeißt die Sache hin.‹ Es gab jede Menge Gebrüll und Geschrei, man kümmere sich nicht genügend um ihn und so weiter. Dann setzte Bogie sein Haarteil auf und kam in dem Film großartig rüber.«

Bogie kam vielleicht gut rüber, aber der Film hatte von Anfang an seine Schwierigkeiten. Wilder fing ohne fertiges Drehbuch zu filmen an, eine ähnliche Erfahrung wie bei *Casablanca*. Jeden Tag wurden neue Seiten verteilt. Eines Tages erhielten Holden und Hepburn Seiten, aber nicht mein Vater, der sich sowieso schon wie ein Außenseiter inmitten der »Paramount-Bastarde«, wie er sie nannte, vorkam. Er verließ den Drehort und erzwang eine Unterbrechung.

Einer der Gründe, warum sich Dad wie ein Außenseiter vorkam, war die Tatsache, daß William Holden, Audrey Hepburn und Billy Wilder, der Regie führte, jeden Abend nach dem Dreh zusammen trinken gingen, aber nie Bogie einluden, sich ihnen anzuschließen. Das verletzte ihn. Mehr als einmal hörte man ihn sagen: »Diese Paramount-Bastarde haben mich nicht eingeladen. Was soll's, zum Teufel mit ihnen.« Genauso rede ich, wenn ich mich verletzt fühle.

Billy Wilder nennt folgenden Grund, weshalb mein Vater nicht aufgefordert wurde: »Wir waren einfach der Meinung, mit ihm würde es nicht besonders viel Spaß machen. Doch weil er ausgeschlossen wurde, reagierte er wütend und verhielt sich schlimmer denn je. Das verursachte extreme Spannungen.«

Mehr als ein Filmjournalist hat darauf hingewiesen, daß Bogie bei den Dreharbeiten von *Sabrina* nicht gerade in bester Form war. Manche behaupten, er habe sich immer noch mit der Figur des Captain Queeg aus seinem vorangegangenen Film *Die Caine war ihr Schicksal* identifiziert – einem paranoiden und unglücklichen Menschen. Manche sagen, er sei reizbar gewesen, nervös und teilnahmslos, was den Film anging. Es heißt, er habe sich über seine Garderobe beschwert, Reportern erzählt, der Film sei »ein Haufen, Sie wissen schon, was«, und Billy Wilder oft als »deutschen Bastard und Nazi-Hurensohn« bezeichnet, obwohl Wilder in Wirklichkeit Jude ist.

Dad hatte auch für Audrey Hepburn nichts übrig. Obwohl er über sie in Interviews freundliche Sachen sagte, hielt er sie persönlich für unprofessionell.

Aber selbst bei diesem Film, über den er nicht sonderlich glücklich war, konnte er seinen Text und reagierte häufig ungeduldig, wenn Holden und Hepburn wieder einmal ihren Text vergessen hatten. Vermutlich hatte Bogie noch eine ganze Liste weiterer Beschwerden. Hepburn schaffe keine Szene in weniger als zwölf Takes, sagte er, und sie habe Ringe unter den Augen, weil sie abends immer so lange mit Holden zusammen sei. Holden, der damals verheiratet war, blies meinem Vater überdies Zigarettenrauch ins Gesicht. In einer Szene stand Dad vor der Kamera, und Bill Holden las, weil er nicht im Bild war, seine Sätze aus dem Drehbuch ab. Er rauchte dabei, und mein Vater war frustriert, weil er seinen Text vergessen hatte – was ihm sonst nie passierte. Er sagte zu Wilder: »Es liegt nur an dem Scheiß-Holden mit seinem Drehbuch und seiner Raucherei.«

Zwischen Holden und meinem Vater kam es zu einem Wortwechsel, aber offenbar vertrugen sie sich später wieder, während sie ihrer gemeinsamen Leidenschaft, dem Alkohol, frönten.

Eine andere Schauspielerin, die sich für meinen Vater nicht gerade begeistern konnte, war Bette Davis. Conrad Nagel, ein Schauspieler, der an der Gründung der Academy of Motion Pictures beteiligt war, sagt, Bette Davis habe meinen Vater wegen eines Vorkommnisses bei ihrem ersten gemeinsamen Film nicht leiden können, *Bad Sister*.

Nagel zufolge gab es in diesem Film eine Szene, in der Bette Davis einem Baby die Windeln wechseln mußte. Bette, sagt Nagel, sei sexuell unerfahren und leicht in Verlegenheit zu bringen gewesen. Sie habe offenbar angenommen, es handelte sich bei dem Baby um ein Mädchen. Mit ihren 23 Jahren hatte sie anscheinend noch nie männliche Geschlechtsteile gesehen; die des Babys waren die ersten. Bette Davis war das sehr peinlich, und sie wurde rot. Nagel behauptet zwar nicht, mein Vater habe es so arrangiert, daß ein männliches Baby gebracht wurde, muß aber geglaubt haben, er sei dafür verantwortlich gewesen, daß das ganze Team anwesend war, um ihre Reaktion zu beobachten. Ihrer Meinung nach hatte er sich auf ihre Kosten lustig gemacht. Bogie, sagte sie, sei »ungehobelt«.

Obwohl sich Bette Davis und Bogart nie sonderlich nahestanden, tranken sie ab und zu ein Glas miteinander und lästerten über Jack Warner. Sie hätten mit der Zeit zu einer »widerwilligen Bewunderung füreinander« gefunden, sagt sie.

Ich vermute, widerwillige Bewunderung ist das, was ich für die Arbeit meines Vaters hege, seit ich mehr darüber weiß. Ich habe erfahren, daß er seine Arbeit ernst nahm, sich für andere Schauspieler einsetzte und sein Handwerk beherrschte. All diese Dinge sind bewundernswert. Aber sein Job kostete genauso wie sein Boot unsere gemeinsame Zeit, deshalb habe ich beides vermutlich unbewußt immer abgelehnt. Jetzt sehe ich das anders: Immerhin mußte er seinen Lebensunterhalt verdienen. Und, was vielleicht noch entscheidender ist, Bogie wußte nicht, daß er sterben würde, wenn ich acht Jahre alt bin. Wenn er es gewußt hätte, vielleicht hätte er nicht so viele Filme gedreht. Ich habe auch erfahren, daß die Leidenschaft für Arbeit sich allmählich entwickeln kann, besonders wenn die Kinder älter sind und weniger Zeit beanspruchen. Und vielleicht hängt auch viel davon ab, um welche Arbeit es sich handelt. Ich habe nie genug an meinen Jobs gehangen, um sie über alles andere zu stellen, aber das bedeutet nicht, ich bin im Recht und er war im Unrecht. Tatsache ist, daß ich in letzter Zeit ein paar Krimis geschrieben habe, und dabei ist mir aufgefallen, ich denke selbst dann daran, wenn es nicht sein müßte; so wie vermutlich Bogie selbst dann über seine Rollen nachdachte, wenn er vor der kalifornischen Küste segelte. Vielleicht werde ich eines Tages meine Notizbücher und einen Stift nehmen, mich in einer Kneipe im Greenwich Village an einen kleinen Tisch setzen und Ideen für Geschichten niederschreiben. Und vielleicht werde ich ein Pfeife rauchen, während ich arbeite. Oder vielleicht auch nicht. Vielleicht werde ich wie mein Vater denken, es ist einfach zuviel Arbeit.

Mutter und ich halten uns gerade lange genug in der Küche auf, um festzustellen, wie sehr sie sich verändert hat. In diesem kurzen Moment erinnere ich mich an meinen ersten Schluck Alkohol.

Ich bin acht Jahre alt. Mein Vater ist seit langem krank, und er kommt nur nachmittags aus dem Schlafzimmer, um mit seinen Freunden eine Zeitlang im Walnußzimmer zu sitzen. Die Erwachsenen lachen immer noch, weshalb ich denke, alles wird wieder gut. Und sie trinken immer noch Schnaps, meine Bezeichnung für all das, was sie in ihre Gläser schütten. Es ist spät am Nachmittag und ungewöhnlich kühl, kein Tag zum Draußenspielen. Ich habe versucht, meine Hausaufgaben zu machen, aber es hat mich gelangweilt. Ich gehe hinunter in die Küche, doch es ist niemand da. Ich höre sie alle im Walnußzimmer miteinander reden. Auf der Spüle steht ein Tablett mit leeren Gläsern. May ist nicht da. Niemand ist da. In ein paar Gläsern ist noch etwas Schnaps, und plötzlich bin ich ganz aufgeregt, weil ich eine Chance wittere, Schnaps zu probieren. Schon seit einiger Zeit habe ich über diese Getränke nachgedacht, die die Erwachsenen mögen. Ich frage mich, welches wohl Dads Glas ist? Mein Herz schlägt laut, als wollte ich etwas Schlimmes tun. Ich höre die Stimmen im Walnußzimmer. Ich nähere mich der Spüle, auf der das Tablett mit den Gläsern steht. Ich zähle die Gläser. Es sind vier. Ich frage mich erneut, welches wohl meinem Vater gehört. Ich gehe noch näher heran; ich möchte den Schnaps probieren, um den anderen Kindern davon zu erzählen. Ich schnuppere an den Gläsern in der Annahme, auf diese Weise könnte ich herausfinden, welches meinem Vater gehört. Zwei riechen gleich, eines anders. Der Geruch ist nicht wirklich angenehm. Es fühlt sich in der Nase warm an, wie wenn man heiße Luft einatmet. Aber ich bin mir sicher, es wird gut schmecken. Und wenn nicht, dann habe ich wenigstens ein-

mal Schnaps probiert. Als ich schließlich zu wissen glaube, welches das Glas meines Vaters ist, hebe ich es hoch. Es ist nur noch ein kleiner Rest Schnaps auf dem Boden des Glases. Ich warte auf das Geräusch von Gelächter, um sicherzugehen, daß alle immer noch im Walnußzimmer sind. Ich hebe das Glas zum Mund und lasse den Schnaps über meine Zunge laufen. Es fühlt sich scharf und abscheulich an. Ich stelle das Glas schnell zurück aufs Tablett und fange an, in die Spüle zu spucken, um den Geschmack von meiner Zunge zu bekommen. Ich drehe den Hahn auf, lasse Wasser in meine zusammengelegten Hände laufen und trinke. Diese Leute müssen verrückt sein, wenn sie das Zeug mögen, denke ich.

7

»Bogie hatte einen Alkoholthermostaten.
Er stellte ihn einfach mittags ein,
pumpte ein wenig Scotch in sich hinein
und hielt den Thermostaten den ganzen Tag
schön gleichmäßig am Glühen,
wobei er automatisch nachfüllte,
wenn es nötig wurde.«
Nunnally Johnson

Einmal, ein paar Jahre vor meiner Geburt, trank mein Vater eine ganze Nacht hindurch. Bei Morgengrauen stolperte er durch ihm unbekannte Straßen von Hollywood. Er hatte einen Kater, war unrasiert und zerknittert und sah eher aus wie eine Kanalratte als wie ein Filmstar. In einer Seitenstraße bemerkte er im Fenster eines kleinen Hauses Licht. Er schlüpfte zwischen zwei Hecken hindurch, kroch über den Rasen und lugte ins Fenster. Dort sah er eine Frau, die in der Küche das Frühstück für ihre Familie bereitete. Bogie war mittlerweile hungrig geworden. Er blieb lange vor dem Fenster stehen und schnupperte den Geruch des Specks. Schließlich drehte sich die Frau um und sah, wie er sie anstarrte. Zuerst erschrak sie offenbar beim Anblick dieses verlotterten Typs. Aber als sie ihn länger betrachtete, merkte sie, daß sie einen der berühmtesten Männer der Welt vor sich hatte.

»Du lieber Himmel!« rief sie ihrem Mann zu. »Es ist Humphrey Bogart.«

»Was ist mit ihm?« fragte der Mann.

»Er steht in unserem Vorgarten«, sagte sie. »Dann laß ihn uns doch hereinbitten.«

Also bat der Ehemann Bogie herein. Die Kinder kamen zum Frühstück herunter, und alle versammelten sich um den Küchentisch. Dort saß der nicht ganz nüchterne Filmstar, verschlang Eier mit Speck und versorgte diese normale Familie mit Geschichten aus Hollywood, erzählte, wie es ist, Bette Davis zu küssen oder von James Cagney und Edward G. Robinson erschossen zu werden. Nachdem er sich an diesem Morgen verabschiedet hatte, sah Bogie die Leute nie wieder, aber sie hatten für den Rest ihres Lebens eine interessante Geschichte zu erzählen.

Es gibt eine ganze Reihe von Anekdoten, die meinen Vater und den Alkohol betreffen. Dad lebte schließlich in einer Zeit, als es noch amüsant war, sich vollaufen zu lassen. Also unternahm er keinerlei Anstrengungen, seine Trinkerei zu verbergen, und viele seiner Trinkergeschichten fanden ihren Weg in die Zeitung.

Mein Vater war, was den Alkohol angeht, sogar ziemlich überheblich. Seiner Ansicht nach standen Menschen, die trinken, über jenen, die abstinent sind.

»Die ganze Welt ist drei Drinks im Verzug«, sagte er einmal im Jahr 1950. »Wenn jeder Mensch auf der Welt sich drei Drinks genehmigen würde, hätten wir keine Probleme. Natürlich sollte es maßvoll getan werden. Man muß das Trinken im Griff haben. Und nicht umgekehrt. Das ist es, was die Welt braucht, drei Drinks zusätzlich. Wenn Stalin, Truman und all die anderen jetzt sofort drei Drinks bestellen würden, wären wir alle lockerer und bräuchten keine UNO.«

Ein anderes Mal kündigte er an: »Ich starte, vielleicht sollte ich sagen, entkorke eine Kampagne für zivilisierteres, anständigeres Trinken.« Er nominierte seine liebsten »Gentleman-Schlucker«. Auf der Liste standen Winston Churchill, Ernest Hemingway, Errol Flynn, John Steinbeck, Don Ameche, Ed Gardner, Toots Shor, Pat O'Brien, Paul Douglas und John

Nance Garner. In sein All-Star-Drinking-Team berief er Mark Hellinger, Robert Benchley und W. C. Fields.

Frauen ließ er in dem Team keine zu. Er behauptete, man könne nicht in Ruhe trinken, wenn Frauen in der Nähe seien. »In Männerbars gibt es keine Schlägereien«, sagte er. »Die gibt es nur in Nachtclubs, wo Frauen herumflirten. Ihnen sollte ein Cocktail als Appetizer erlaubt sein, und den müßten sie an einem Tisch trinken. Frauen haben keine sehr attraktive Art zu trinken. Sie sehen dabei immer ein bißchen verlottert aus. Sie richten ihre Hüte so lange, bis sie schief sitzen.«

Wann immer Bogie sich über irgend etwas länger ausließ, was oft genug geschah, kam er unweigerlich aufs Trinken zu sprechen, und er wird zu dem Thema häufig zitiert. »Ich bin der Meinung, zwischen Drinks sollte es Pausen geben«, sagte er, »aber nicht zu lange.« Als er von einer Reise nach Italien zurückkam, erklärte er: »Ich konnte die Pasta nicht leiden, also habe ich mich von Scotch und Suppe ernährt.« Als er gefragt wurde, ob er je abstinent gewesen sei, antwortete er: »Nur einmal. Es war der schlimmste Nachmittag meines Lebens.«

Bogie sagte auch: »Irgendwas passiert mit Leuten, die trinken. Sie leben länger.« Aber er wußte es besser. Als seine Schwester Catherine, die er Kay nannte, nach einem Blinddarmdurchbruch an Bauchfellentzündung starb, sagten die Ärzte, sie sei durch den vielen Alkohol geschwächt gewesen. »Sie war«, meinte Bogie, »ein Opfer der Kneipenära.«

Kay, die als Model für Bergdorf-Goodman gearbeitet hatte, starb in ihren Dreißigern. Sie muß eine genauso starke Trinkerin wie mein Vater gewesen sein. George Oppenheimer, einer der Gründer des Verlags Viking Press, war eine Zeitlang ihr ständiger Begleiter, aber beim Trinken konnte er mit ihr nicht mithalten. Bogie sagte einmal: »Das Problem mit George ist, daß er schon schlappmacht, wenn Kay gerade erst anfängt.«

Ja, es gibt einige hübsche Geschichten über Bogies Trinkerei und einige lustige Sprüche. Aber die Wahrheit ist, mein Vater hatte ein Alkoholproblem, und das kann nie gut sein.

»Dad war ein funktionierender Alkoholiker«, sagte ich einmal zu meiner Frau. Ich sagte das oft.

»Du weißt nicht, was du sagst«, meinte sie ziemlich verärgert.

»Wie?«

»Den Ausdruck funktionierender Alkoholiker gibt es nicht«, sagte sie. »Das bedeutet nichts. Alkoholismus ist eine Krankheit, und wir sollten mit diesem Begriff sehr vorsichtig umgehen.«

Kann sein.

Ich weiß jedoch, daß Bogie funktionierte. Er war bei der Arbeit nie betrunken (mit Ausnahme jenes einen Males, als ihn Jack Warner vom Fahrrad holen mußte), kam nie in eine Ausnüchterungszelle oder ins Krankenhaus und randalierte nie, obwohl der Alkohol bei seinem Krebs sicher eine Rolle gespielt hat. Bogie war normalerweise nicht betrunken, wenigstens nicht so, daß man es ihm angemerkt hätte. Er war das, was er einen guten Trinker nannte. »Ein guter Trinker«, erklärte er, »läßt den Alkohol nicht seinem Job in die Quere kommen. Er kann total voll sein, ohne daß die Leute es merken.« Ein Freund meines Vaters, der Schauspieler Patrick O'Moore, sagt, als er mit Bogart getrunken habe, sei ihm an seiner eigenen Art zu trinken etwas aufgefallen.

»Ich dachte, wir hätten die gleiche Menge getrunken«, erzählt er, »aber am Ende des Abends war Bogart immer noch stocknüchtern und ich nicht.«

Eines Tages sagte O'Moore auf der Santana zu Bogie: »Irgendwas stimmt mit meiner Trinkerei nicht, Bogie. Ich weiß nicht, was es ist, aber du kannst immer so tun, als wärest du nüchtern, und ich kann das nicht.«

Bogie erwiderte: »Junge, du hat es nicht richtig im Griff. Du hast die Grenze überschritten.«

Mein Vater überschritt selten die Grenze. Und er war ziemlich stolz darauf.

Und doch fing er, wenn er nicht arbeiten mußte, mittags mit dem Trinken an. Er trank, wenn er bei Romanoff's saß. Er ging noch irgendwo einen trinken, wenn er auf dem Heimweg war. Er trank, wenn er nach Hause kam. Er trank auf seinem Boot. Er hing mit Leuten herum, die tranken. Mein Vater trank eine Menge. Tatsache ist, daß mein Vater gerne trank und rauchte, und das hat ihn irgendwann umgebracht. Mir scheint, dies ist im Grunde die Beschreibung von jemandem mit einem Alkoholproblem.

John Huston sagte einmal: »Bogie trank gerne und spielte den harten Burschen. Ich glaube nicht, daß ich Bogie je betrunken gesehen habe. Es war immer halb gespielt, aber er liebte diese Art von Szenen.«

Vielleicht hat Huston Bogie nie betrunken erlebt, aber eine Menge anderer Leute durchaus, meine Mutter eingeschlossen. Das Ergebnis war nicht immer sehr erfreulich. Wie Jason Robards konnte Bogie überaus charmant sein, wenn er nüchtern war, aber auch sehr unangenehm, wenn er getrunken hatte. Bogie trank nicht immer nur zum Vergnügen.

Mom sagt, es habe ihm leid getan, wenn er mit ihr zuviel getrunken hatte. Und wenn er zuviel trank, wurde er oft wütend. Sie sagt, es sei sogar vorgekommen, daß Bogart nicht mehr wußte, wo er war oder sie nicht erkannte.

Eines Nachts – ich nehme an, es war ihre erste Nacht auf dem Boot, eines ihrer heimlichen Treffen – betrank er sich auf beängstigende Weise, und sie mußte zusehen, wie sich diese bewundernswerte Person in ein Ekel verwandelte. Wie bei Dr. Jekyll und Mr. Hyde. Es hatte keinen Streit, keine spitzen Bemerkungen gegeben, nichts, was Anlaß für einen Wutanfall gewesen wäre. Ganz plötzlich schlug Bogie auf den Tisch.

»Schauspielerinnen!« brüllte er.

»Bogie, was ist los?« fragte Mutter. Sie war erst neunzehn Jahre alt und hatte seinen Zorn nie zuvor mitbekommen.

»Ihr verdammten Schauspielerinnen seid los«, brüllte Bogie. »Ihr seid doch alle gleich.«

»Du mußt es ja wissen«, sagte Mutter und versuchte, die Sache leichtzunehmen. »Du hast immerhin drei geheiratet.«

»Ich habe gesagt, daß 95 Prozent von ihnen Schwachköpfe

sind«, brüllte Bogie. »Und die Zeitungen haben mich dafür niedergemacht. Verdammt noch mal, ich glaube, ich muß die Zahl erhöhen. Ich behaupte, 98 Prozent von ihnen sind Schwachköpfe.«

Dieselbe Behauptung hatte amüsant geklungen, als der nüchterne Bogart sie einem Reporter gegenüber äußerte, doch jetzt klang er ziemlich wütend.

»Schauspielerinnen! Wer braucht die denn, verdammt noch mal«, brüllte er. Wieder schlug er auf den Tisch.

Meine Mutter war ganz durcheinander. Sie verstand nicht, was ihn so in Rage gebracht hatte. Schauspielerinnen, vermutete sie, war ein Synonym für Frauen wie sie selbst, seine drei Ehefrauen und vielleicht sogar seine Mutter. Mom hatte ihn noch nie so wütend gesehen. Sie hatte Angst, die Leute könnten ihn brüllen hören. Sie hatte Angst, ihn zu verlieren. Und es schreckte sie der Gedanke, daß sie, selbst wenn es ihr gelänge, an diesem launischen Mann festzuhalten, doch nie lernen würde, wie sie mit der Trinkerei von Bogie und seinen Freunden umgehen sollte. Meine Mutter hatte vorher noch nie so viele Besäufnisse erlebt.

Am Ende schwankte Dad, auf die Welt im allgemeinen und Schauspielerinnen im besonderen schimpfend, vom Boot und verschwand in der Dunkelheit. Mutter weinte stundenlang. Am Morgen kehrte Bogie zurück und war voller Reue wegen seines Benehmens. Erst viel später kam Mutter zu folgendem Schluß: Bogie hatte so lange Zeit mit Mayo Methot getrunken und gestritten, daß sich dieses Verhaltensmuster in ihm festgesetzt und er offenbar Bacall für Mayo gehalten hatte.

Eine Menge von Dads Ängsten kamen zum Vorschein, wenn er trank, und eine davon war, besonders zu jener Zeit, er könnte Bacall verlieren. Aus ihrer Sicht schien das lächerlich. Sie liebte ihn, und wenn irgendein Herz in Gefahr war, dann ihres. Immerhin war er ein sehr begehrenswerter, witziger, wohlhabender, intelligenter und berühmter Mann, den viele Frauen ziemlich sexy fanden. Sie erlebte oft genug, wie Frauen ihn anmachten, oder es erschien ihr zumindest so. Für meinen

Vater stellte sich die Situation etwas anders dar: Er war ein fast fünfzig Jahre alter Kerl, der auch nicht mehr ganz frisch aussah, und sie eine hinreißend schöne, talentierte junge Schauspielerin, die jeden Mann kriegen konnte. So standen sich also zwei unsichere Menschen gegenüber. Meine Mutter war zum Glück keine große Trinkerin. Aber Bogie wie gesagt schon, und wenn er trank, machte er sich wieder Sorgen und ließ es oft an meiner Mutter aus.

Es ist eine große Erleichterung für mich, daß ich die Alkoholsucht meines Vaters nicht geerbt habe. Ich bin kein Trinker. Ich mag weder den Geschmack noch den Geruch von Alkohol. Im Jahr nehme ich höchstens sechs bis sieben Drinks zu mir, und selbst bei denen ist der Geschmack des Alkohols meist gut verborgen.

Dennoch interessieren mich die Trinkgewohnheiten meines Vaters, denn ich war selbst mal süchtig. Nach Drogen. Ich glaube, meine Erfahrungen und die meines Vaters ähneln sich in gewisser Hinsicht. Und in manch anderer Hinsicht unterscheiden sie sich. Seine Droge war zum Beispiel legal und meine nicht. Und ich habe mit den Drogen aufgehört, während er nie wirklich mit dem Trinken aufhörte.

Bogie und ich benutzten unsere Drogen sicher als gesellschaftliches Gleitmittel, versuchten, unsere Schüchternheit damit zu überwinden. Es gab in Bogies erwachsenem Leben anscheinend keine Zeit, zu der das Trinken nicht im Mittelpunkt seines gesellschaftlichen Lebens gestanden hätte.

In den zwanziger Jahren, während der Jazz-Ära, lief er mit kecken Frauen herum, die Zigaretten rauchten, und trank Whiskey, den dieselben Gangster gebrannt hatten, die er später im Film darstellen würde. Nach seinen ersten Erfolgen auf der Bühne, als er ein bißchen Geld in der Tasche hatte, verbrachte Dad eine Menge Zeit in den Kneipen am Times Square, den Bars im Greenwich Village und an Orten wie dem Harlem Cotton Club. Oft trank er die ganze Nacht hindurch.

Später, als er zum Film kam, betrat er regelmäßig um sechs Uhr seine Garderobe und brüllte: »Scotch!« Dann bereitete sein

Friseur Drinks für Bogie und irgendwelche Gäste, die gerade da waren. Auf dem Weg nach Hause kehrte er dann noch irgendwo ein, um mit seinen Kumpels ein paar Drinks zu nehmen, meistens mit Autoren wie Mark Hellinger, John O'Hara, Nathaniel Benchley, Nunnally Johnson und Quentin Reynolds. Wenn er nach Hause kam, trank er weiter, und später ging er dann noch mal los und hielt nach Typen Ausschau, mit denen er trinken konnte.

Seine ersten drei Ehen, besonders trifft das für die Ehe mit Mayo Methot zu, waren weitgehend Sauforgien. Aber als Dad meine Mutter heiratete, hatte er anscheinend das fehlende Glied in seinem Leben gefunden, und es wurde besser mit seiner Trinkerei. Er hörte auf, Cocktails zu trinken, und er trank auch nicht mehr soviel durcheinander.

»Marc Hellinger hat mal zu mir gesagt, ich tränke wie ein kleiner Junge, und er hatte recht«, meinte Bogie. Hellinger hatte ihm gesagt, er trinke wie ein Kind, weil er durcheinander trank: Martinis vor dem Essen, Bier zum Essen und Drambuie nach dem Essen. Aber während er mit Lauren Bacall zusammenlebte, war er ein strikter Scotchtrinker. »Scotch«, sagte er, »ist ein sehr wichtiger Teil meines Lebens.«

Meiner Mutter wurde oft zugeschrieben, sie habe Bogies Alkoholkonsum gesenkt, doch sie sieht das etwas anders.

»Ich habe ihn nie überredet kürzerzutreten«, sagt sie. »Das wäre auch naiv gewesen. Man konnte an Bogie nicht herumnörgeln. Das wäre nach hinten losgegangen. Ich versuchte nicht, mit ihm mitzuhalten, und ich machte ihn auch nicht an, wenn er einen Kater hatte. Ich ignorierte ihn einfach. Er versuchte zwar, mich auf sich aufmerksam zu machen, wenn er trank, aber ich ignorierte ihn. Tatsache ist, daß Bogie trank, weil er unsicher war. Als er erst einmal in emotionaler und beruflicher Hinsicht Sicherheit gewonnen hatte, trank er auch nicht mehr soviel.«

Nachdem er Lauren Bacall geheiratet hatte, ging Bogie weniger häufig aus, aber er trank immer noch jeden Tag, in der Regel mit seinen Freunden im Walnußzimmer. »Das ist meine

Dad und Mom küssen sich – nach ihrer Hochzeit

207

Erholung«, erklärte er. » Ich sitze gerne herum und quatsche, freue mich über meine Freunde und meine Familie. Das ist es, was ein Mann braucht, wenn er über fünfzig ist. Trinken hat mir nie geschadet. «

Man könnte Bogies Leben in Gesellschaft schlicht als »mit Freunden trinken« beschreiben. Und ich weiß, wie das läuft. Ein Großteil meiner jungen Jahre ließe sich in dem Satz »Dope rauchen mit Freunden« zusammenfassen.

Meine Mutter hat natürlich erst später von diesen Drogengeschichten erfahren. Aber die Drogen – oder zumindest das ganze Drumherum – brachten mich dennoch mit ihr in Konflikt, während ich noch bei ihr wohnte.

Als meine Mutter 1968 in Europa einen Film drehte, kam mein Freund Peter aus New Jersey eines Tages ins Dakota.

»Komm, Bogart, laß uns eine Party feiern«, sagte er.

»Gute Idee«, antwortete ich. »Wen sollen wir einladen?«

»Alle. «

Also luden wir all unsere Freunde ein und sagten ihnen, sie sollten noch Leute mitbringen.

Vor der Party fuhren Peter und ich ins Greenwich Village, um ein Pfund Gras zu besorgen. Als wir ins Dakota zurückkamen, tauchten bereits die ersten Leute für die Party auf. Sie hatten alle eines gemeinsam: Weder Pete noch ich hatten die leiseste Ahnung, wer sie waren.

Als wir zu der Party einluden, dachten wir, es würden ein paar Dutzend Leute erscheinen. Aber um zehn Uhr trampelten drei- oder vierhundert Leute durch die schöne Wohnung meiner Mutter, darunter ein paar, die Pete und ich tatsächlich kannten. In jenen Tagen verbreitete sich die Nachricht von einer Party wie ein Virus. Einer sagte dem anderen, wo es abging, und bald tauchten Fremde auf, denen es ganz gleich war, daß sie weder den Gastgeber noch irgendeinen der Gäste kannten. Also kamen sie – die langhaarigen Kerle und noch langhaarigere Mädchen. Manche brachten Kuchen mit oder ein Stück Käse. Oder eine Schale Blumenkohl. Doch alle brachten Drogen mit. Joints gingen von Hand zu Hand, Haschplätzchen wurden gemampft, und Tabletts mit Acid machten die Runde. Einige altmodische Typen brachten sogar Alkohol mit. Alle fünf Minuten rief der Pförtner an und meldete irgendwelche neuen Gäste.

»Wie heißen Sie?« fragte ich und hörte ihn dann fragen: »Wie heißen Sie?«

»John und Cherry«, antworteten sie oder: »Windsong und Harmony.« Und ich sagte: »Schicken Sie sie herauf.« Ich hatte nicht die leiseste Ahnung, wer sie waren. Aber das machte mir nichts. Ich war breit und außerdem umgeben von Frieden und Liebe und gutaussehenden Frauen. Sie hätten auch sagen können, ihre Namen seien Tick, Trick und Track – ich hätte sie trotzdem hochgebeten.

Wir amüsierten uns alle prima, und in jener Nacht trug sich eine Art Wunder zu. Damals war es kein Wunder, aber heute wäre es eines. 400 bekiffte Hippies wälzten sich durch das Luxusappartement eines Filmstars, ohne daß dabei etwas gestohlen oder ruiniert worden wäre. Das waren definitiv andere Zeiten. Heutzutage würde alles gestohlen, ruiniert oder als Beweisstück in einer Schadensersatzklage verwendet werden.

Da nichts gestohlen oder kaputtgemacht worden war, freute sich meine Mutter also sicherlich, daß 400 meiner Freunde mich in ihrer Wohnung besucht hatten? Nicht so ganz. Pete hatte gesagt, es sei absolut unproblematisch, meine Mutter könne es gar nicht herausfinden, weil sie ja in Europa sei.

Der Pförtner des Dakota dachte jedoch, es würde meine Mutter vielleicht interessieren, daß die Hälfte aller ungewaschenen Leute von New York auf ihren Teppichen tanzte. Also rief er sie in Europa an und erzählte es ihr.

Es kann kaum überraschen, daß sie daraufhin mich anrief. Wir diskutierten die Sache.

»Stephen«, sagte sie mit der kältesten Stimme, die ich je gehöre habe. »Ich habe gerade einen sehr beunruhigenden Anruf vom Pförtner erhalten.«

»Mom, es ist nichts Schlimmes. Es ist nichts kaputtgegangen ...«

»Stephen«, unterbrach sie mich. »Was du getan hast, ist so unglaublich schlimm, so unverzeihlich, daß ich noch nicht einmal schreien kann.«

»Schau mal, Mom. Alle sind fort. Nichts ist gestohlen worden, nichts ist …«

»Stephen! Meine Hände zittern. Ja, zittern. Ich weiß nicht, ob ich dir je wieder werde vertrauen können.«

Sie hätte mir genausogut ein Messer ins Herz stechen können.

»Mom. Es tut mir leid. Ich hatte keine Ahnung, daß so viele Leute auftauchen würden.«

»Wie viele?«

»Ich weiß nicht. Vierzig, vielleicht fünfzig.«

»Aha«, sagte sie, was entweder bedeutete, sie hielt fünfzig für eine entsetzlich hohe Zahl oder sie kannte die Wahrheit. »Ich sage das nur einmal, Stephen. Ich will die Wohnung makellos vorfinden, verstehst du?«

»Verstanden, Mom.«

»Ich will nicht einen einzigen Flecken finden. Verstehst du mich? ich will in meine Wohnung kommen und glauben können, es sei nur ein Alptraum gewesen, es sei in Wirklichkeit nie passiert.«

Die nächsten drei Tage brachte ich damit zu, Dinge zu säubern, die gar nicht gesäubert werden mußten.

Abgesehen von einem schlimmen LSD-Trip und dem Zwischenfall mit der Party, derentwegen ich mich meiner Mutter gegenüber immer noch schuldig fühle, glaube ich, das Gras und die Trips haben mir alles in allem nicht geschadet. Das kann ich vom Kokain allerdings nicht behaupten. Es ist eine viel verführerischere und, wie ich jetzt weiß, auch viel gefährlichere Droge.

Ich war Ende Zwanzig und besuchte die Universität von Hartford, als ich anfing, Kokain zu schnupfen. Zunächst hatte ich keine Probleme damit. In den ersten Jahren nahm ich es vielleicht einmal im Monat. Etwa 1980, als ich als Produktionsassistent bei ESPN in Bristol, Connecticut, arbeitete, fing mein Kokainkonsum an zu steigen. Die Ehe mit meiner ersten Frau Dale funktionierte schon seit langem nicht mehr, aber die Auswirkungen dieses Scheiterns hatten gerade erst angefangen, mir zuzusetzen. Ich war einsam, und ich vermute, das Kokain nahm meiner Einsamkeit die Spitze.

Bei ESPN assistierte ich bei der Regie von Spielen und zog gleichzeitig eine Straße Kokain nach der anderen hoch. Wir hatten ein Telex, wo wir die Sportresultate abholten. Typen legten Kokain auf die Plastikabdeckung und teilten es mit einer Rasierklinge auf. Heute klingt das natürlich wahnsinnig unverantwortlich. Aber damals war Kokain die »gute Droge«. Es war die Zeit der Partys, Studio 54 und all das. Kokain war nicht die gesellschaftliche Geißel, als die es heute gilt. Es war noch nicht einmal besonders teuer.

Während der Zeit bei ESPN dachte ich, ich hätte meinen Drogenkonsum noch unter Kontrolle. Ich kaufte etwas, verbrauchte es, und das war's. Ich lief nicht durch die Straßen und brüllte nach mehr. Manchmal ging ich zu Leuten nach Hause und schnupfte bis vier Uhr früh Kokain. Aber am nächsten Tag hielt ich mich dann davon fern. Alles cool, dachte ich.

Doch Kokain ist verführerisch. Man merkt nicht, wie man süchtig wird. Ich brauchte mehr und mehr. Bald nahm ich es auch an meinem freien Tag, und zweimal die Woche kaufte ich für 200 Dollar Koks. Das bedeutete 400 Dollar die Woche, um auf Drogen zu sein. 10.000 Dollar im Jahr, und das war noch Kleingeld, verglichen mit dem Konsum anderer Typen. Das Problem war nur, daß ich auf dem besten Weg schien, selbst einer dieser Typen zu werden.

Ich nahm Freitag abends Kokain und schlief nicht vor Samstag abends. Ich war total durchgeknallt. Ich wurde selbstsüchtig und weigerte mich, mein Kokain mit anderen zu teilen. Dann setzte die Paranoia ein. Die Angst, die Schweißausbrüche, der Tatterich – das alles kam mit der Landung, die auf die Nacht folgte. Ich hörte zu essen auf. Ich verlor an Gewicht. Meine Kraft ließ nach, und ich konnte keinen Sport mehr treiben.

Dennoch fuhr ich jeden Tag jeweils 140 Kilometer von Connecticut nach New York und zurück, und unterwegs nahm ich Koks. Ich fehlte bei der Arbeit nicht oft, aber trotzdem wurde es immer schlimmer.

Bei Kokain wie bei Alkohol erreicht man irgendwann einen Tiefpunkt. Vorausgesetzt, man bringt sich nicht vorher schon um. Bei jedem sieht der Tiefpunkt anders aus. Ich glaube, ich weiß, wann er bei mir erreicht war.

1984 arbeitete ich bei NBC als Texter für die Nachrichten. Ich hatte die ganze Nacht Kokain geschnupft. Nun mußte ich mich für die Arbeit fertigmachen. Zu der Zeit war ich von Dale bereits geschieden und lebte wieder in New York bei meiner Mutter im Dakota. An diesem Morgen war ich nur noch ein Wrack. Ich wußte, ich konnte nicht zur Arbeit gehen, aber mit den Optimismus eines Koksers war ich der Meinung, später würde ich mich großartig fühlen und doch noch gehen können. Also rief ich NBC an und erzählte ihnen, ich sei in Connecticut.

»Mein Auto hat mich im Stich gelassen«, sagte ich. »Ich weiß nicht, wie lange es dauert, bis es abgeschleppt und repariert ist.«

Ich behauptete, von einem Münzfernsprecher anzurufen. Ich hatte ein verdammt schlechtes Gewissen wegen der Lüge, aber malte mir aus, später ginge ich ins Studio und dann wäre alles in Ordnung.

Eine Art, die Wirkung des Kokains zu lindern, besteht darin, Alkohol zu trinken, wenn das High nachläßt. Das war für mich kein Vergnügen, weil ich Alkohol wie gesagt nicht leiden kann. Aber ich trank trotzdem. Das hatte ich vorher schon gemacht. Ich trank ein halbes Glas Wodka. Ich verlor die Besinnung, wachte auf, dachte, es ginge schon wieder besser, wurde erneut besinnungslos und wachte später wieder auf. Ich dachte, wenn ich eine Stunde durchhielte, dann wäre ich auf dem Damm. Gegen Mittag hatte ich den Eindruck, wieder weitgehend in Ordnung zu sein, zog mich also an und machte mich auf den Weg. Als ich vor dem Rockefeller Center stand, fiel mir ein:

Scheiße, sie werden sicher den Wodka riechen. Also rief ich NBC aus einer Telefonzelle direkt vor dem Gebäude an. Ich sagte meinem Vorgesetzten, ich sei immer noch in Connecticut und wartete darauf, daß mein Wagen repariert würde. »Das habe ich mir gedacht«, sagte er und meinte natürlich damit, er habe sich schon gedacht, daß ich das bin, was man liebevoll einen verlogenen Scheißkerl nennt.

Ehe ich einhängte, sagte er noch: »Nimm dich in acht, oder du landest in der Scheiße«, irgendwas in der Art.

Ich vermute, damals ging mir ein Licht auf. Ich saß bereits in der Scheiße. Ich gab alles mögliche Geld für Kokain aus, ließ es mein Leben ruinieren, und jetzt lief ich auch noch Gefahr, meinen Job zu verlieren, weil ich zu einem verlogenen, betrügerischen Kokainsüchtigen geworden war. Plötzlich spürte ich, ich war nicht mehr cool, ich war einer dieser Typen, die ein Problem hatten und denen es alle Welt ansah.

Kurz darauf begab ich mich in Therapie. Ich machte die Therapie alleine. Und dann nahm ich meine Mutter mit. Und schließlich machte ich eine Paartherapie mit Barbara, die damals meine neue Freundin war.

Den Erfolg schreibe ich vor allem Barbara zu. Sie hat mir mehr als irgend jemand sonst geholfen, von den Drogen loszukommen. Barbara war seit zwei Jahren clean, hatte aber vorher ein ernstes Problem gehabt mit Alkohol und Drogen. Sie hatte eine ziemlich schwere Zeit hinter sich, und als ich mich in sie verliebte, bewunderte ich sie mehr und mehr dafür, wie sie ihre Sucht überwunden hatte. Sie nahm mich zu den Treffen der Anonymen Alkoholiker mit. Sie zeigte mir ihre Liebe und unterstützte mich und versicherte mir, ich könne davon loskommen.

»Steve«, sagte sie, »es ist leichter, clean zu bleiben, als weiter der Sucht anzuhängen. Und es macht auch mehr Spaß.«

Mit Barbara zusammenzusein war wichtig für mich, weil sie eine Siegerin war, jemand, der es geschafft hatte. Wenn man von Drogen loskommen will, muß man sich mit Siegern umgeben und nicht mit Süchtigen.

In der Therapie lernte ich, welche Lücke Kokain in meinem Leben ausgefüllt hatte. Ich erkannte, daß ich ein sehr einsamer Mensch geworden war. Ich hatte mit dem Kokain angefangen, als ich mich in meiner Ehe einsam fühlte, als Dale und ich praktisch Fremde füreinander geworden waren. Nach unserer Scheidung hatte meine Einsamkeit noch zugenommen, weil ich meinen Sohn Jamie nicht mehr täglich sehen konnte. Und ich war einsam, weil ich mich meinen Freunden nicht wirklich nahe fühlte. Kokain hatte dieser Einsamkeit irgendwie die Spitze genommen. Nahm ich Kokain, weil ich Humphrey Bogarts Sohn war? Nein, aber ich glaube, die Einsamkeit, die mich zum Kokain führte, setzte ein, als mein Vater starb und ich begann, eine Mauer um mich herum aufzubauen.

Es überrascht wohl nicht, daß der Name meines Vaters bei der Therapie von Zeit zu Zeit fiel. In jenen düsteren Tagen der Selbstreflexion verspürte ich eine echte Verbundenheit mit Dad. Wir hatten beide ein Drogenproblem. Ich redete viel über ihn oder über seine Abwesenheit. Ich verstand, daß ich voller Selbstmitleid war, weil ich nie einen Vater gehabt hatte, der mir Männersachen beibrachte oder zeigte, was es genau bedeutet, ein Mann zu sein. Ich sah immer mehr Ähnlichkeiten zwischen ihm und mir. Ich gewann den Eindruck, auch er sei einsam gewesen.

Nachdem ich nun mit einer Menge Leute über meinen Vater gesprochen habe, bin ich mir sicherer denn je: Humphrey Bogart war in seinem tiefsten Innern ein einsamer Mensch.

»Mr. Bogart hatte immer etwas sehr Trauriges«, erzählte mir Rod Steiger. »Man konnte es in seinen Augen sehen.«

»Er schien ein trauriger Mann zu sein«, sagte Jess Morgan.

Ähnliche Bemerkungen habe ich auch von anderen gehört.

Mein Vater war ein sehr zurückhaltender Mann. Obwohl er berüchtigt dafür war, offen heraus zu sagen, was er dachte, glaube ich nicht, daß er seine wahren Gefühle offenbarte, zumindest nicht oft. Vielleicht hatte das damit zu tun, daß seine Mutter ihm als Kind nicht die Aufmerksamkeit schenkte, die er

Oben: Barbara und ich (Foto: Jeff Alan)
Unten: In Florida – Mom mit meiner Tochter Brooke auf dem Arm. Sohn
Richard sitzt im Hintergrund (1989); Quelle: Stephen Bogart

gebraucht hätte. Manchmal sehe ich ihn vor mir, wie er in Andover Unfug macht, und dabei verschmilzt das Bild von ihm mit meinem eigenen, wie ich dasselbe in Milton tue. All der Unfug war eine Art Maske für mich gewesen. Ich wette, es war bei ihm nicht anders.

Am Ende seines Lebens fühlte sich Bogie seinen scheinbar engen Freunden vielleicht gar nicht so verbunden, zumindest fühlte er sich keinem nahe genug, auch meiner Mutter nicht, um über seinen bevorstehenden Tod zu sprechen. Es gab kein letztes Gespräch mit seiner Frau oder seinen Kindern. Man würde annehmen, er hätte über den Tod reden wollen. Aber so war es nicht. Er wollte, daß die Leute seine Krankheit ignorierten, bis er starb, damit er sich dem allen nicht stellen mußte. Vielleicht glaubte Bogie, der Überraschungsparty und all den Zusammenkünften mit seinen Kumpels zum Trotz, nie wirklich, daß er geliebt wurde. Immerhin gab es einiges nicht so Liebenswerte an ihm, und vielleicht waren das die Dinge, auf die er sich nun in Gedanken konzentrierte. Vielleicht gab es einen Grund, warum er trank.

Ich weiß es nicht. Aber es gibt zwei Dinge, deren ich mir sicher bin. Zum einen war er weder ein Heiliger noch ein Teufel. Sondern er war ein Mensch. Und zum anderen trinkt niemand, das habe ich durch meine eigene Erfahrung mit Drogen erkannt, einfach nur so tagein, tagaus andauernd Alkohol. Die Strafe dafür ist zu hoch. Es gibt immer einen Grund.

Über den Grund kann man nur Vermutungen anstellen. Aber sicher hatte mein Vater Probleme und fühlte sich unsicher, und die Trinkerei stand in irgendeiner Beziehung dazu. Pat O'Moore sagte: »Es gab eine Zeit, als der Druck stieg und er trinken mußte. Ich habe ihn so frustriert vor Zorn gesehen, daß er nur noch dasaß und zitterte.«

Phil Gersh bestätigte das. Er sagt: »Die Unsicherheit bei Humphrey Bogart war erstaunlich. Er war schrecklich unsicher.«

Gersh erinnert sich an ein Essen bei Romanoff's. Normalerweise sprach er beim Mittagessen mit Bogie über mögliche Rollen oder brachte ihm wenigstens ein paar Drehbücher. Diesmal redeten die Männer über etwas anderes.

Nachdem Bogie zwei Scotch runtergekippt hatte, sah er Gersh an und sagte: »Keine Drehbücher, wie?«

Gersh erwiderte: »Nein, heute habe ich keine, Bogie, aber ich kriege welche.«

Bogie sah deprimiert aus. »Gut«, sagte er, »es will mich also keiner mehr.«

»Bogie, was redest du da?«

»Ich schätze, ich fahre besser runter zum Boot«, sagte er. »Ich rufe Betty an und sage ihr, sie soll die Kinder mitbringen.«

»Hör zu«, sagte Gersh, »ich kriege morgen ein Drehbuch von Hal Wallis. Das ist vermutlich genau das richtige für dich.«

»Nein«, sagte Bogie, »ich fahre zum Boot.«

Gersh sagt: »Er dachte wirklich, keiner wollte ihn mehr, der letzte Film sei womöglich sein letzter Film gewesen. Bogie hatte ein ausgeprägtes Ego, aber ihn zeichnete auch eine große Unsicherheit aus. Einmal kamen wir aus dem Romanoff's, und es standen Leute da. Eine Gruppe Kinder kam angerannt, um Autogramme von ihm zu erbitten, und ich fragte: ›Stört dich das nicht?‹, doch er sagte: ›Nein, es würde mich stören, wenn sie nicht kämen.‹«

Meinen Vater verstehe ich durch die Therapie heute besser, aber auch meine Mutter habe ich in dieser Zeit besser verstehen gelernt. Die Erkenntnis verdanke ich jedoch nicht einem Therapeuten, sondern meiner Schwester Leslie, die in Kalifornien lebt und gemeinsam mit ihrem Mann Yoga lehrt.

Eines Abends sprach ich mit Leslie am Telefon und beschwerte mich über Mom.

»Warum muß sie immer alles unter Kontrolle haben?« fragte ich. »Warum kann sie nie einfach nur ihre Gefühle zeigen?« (Zwei Wochen Therapie, und ich fing bereits an, wie *Leo Buscaglia* zu klingen!)

Leslie sagte: »Mutter hat nie die Chance bekommen, ihre

Gefühle zu zeigen, und vielleicht hat sie mit der Zeit den Eindruck gewonnen, Gefühle zu zeigen sei nicht nötig. Wegen dieses albernen Spiels, das sie und Dad gespielt haben, nämlich nie darüber zu reden, daß er sterben würde, konnte sie auch nie zu ihm sagen: ›Ich kann nicht fassen, daß du sterben mußt. Wie kannst du mir das antun? Ich habe meine Karriere geopfert. Wir haben zwei Kinder zusammen. Und jetzt verläßt du mich.‹ Statt dessen mußte sie sagen: ›Ich bewundere dich‹ und so weiter. Ich weiß nicht, ob sie es gesagt hätte, wenn sie gekonnt hätte, aber wenn einem der Schmerz zugestanden wird, dann kann man all die einzelnen Stationen der Trauer durchlaufen, und eine davon ist Wut. Ich weiß jedenfalls, ich hätte so etwas ganz bestimmt gesagt. Aber sie hatte nie die Chance dazu. Nicht einmal das hat er ihr gelassen.«

O Gott, dachte ich, Leslie hat recht. Und ich wußte, das galt nicht nur für Mom, sondern auch für Leslie und mich. Wenn mein Vater gestorben wäre, als ich erwachsen war, hätte ich vielleicht wie so viele andere bedauert, ihm nicht gesagt zu haben, daß ich ihn liebte. In der Hinsicht war sozusagen alles in Ordnung. Aber ich hatte nie die Chance zu sagen: »Zum Teufel mit dir, Daddy, warum mußt du ausgerechnet sterben, wenn ich dich brauche.« Und vielleicht waren all die Jahre, in denen ich ihn verleugnete, meine Art, genau das auszudrücken.

Ich hatte also jede Menge Erkenntnisse, absolvierte fröhlich meine Therapie und rührte nie wieder Kokain an? Nun, ganz so einfach ist das Leben nicht.

Nachdem Barbara und ich geheiratet hatten, kam der Tag, an dem ich rückfällig wurde. Sie war fort, und ich nahm etwas Kokain, obwohl ich seit einiger Zeit clean gewesen war. Als ich Barbara davon erzählte, schrie sie mich nicht etwa an. Sie hielt mir nicht einmal eine Predigt. Sie machte die Sache für mich ganz einfach. Sie sagte, sie wolle nicht mit einem Kokainsüchtigen zusammenleben. Ich könne entweder Kokain schnupfen oder mit ihr verheiratet sein. Nicht beides. Kein Wettbewerb. Seither bin ich clean.

Wie meine Mutter im Hinblick auf Bogie lehnt auch Barbara

strikt ab, sich den Erfolg meines Entzugs zuschreiben zu lassen. Und in gewisser Weise hat sie recht. Keiner kann einen von Drogen abbringen. Man muß selbst davon loskommen. Aber ich glaube, an Barbara habe ich das gefunden, was mein Vater in Mom fand, die eine große Liebe, die einem genügt, auch wenn man sonst nichts hat. Welche Lücke auch immer ich mit Drogen auszufüllen versucht habe, sie ist nun ausgefüllt.

Während wir durch das Haus am Mapleton Drive gehen, neh-
me ich die Stimme meiner Mutter wahr. Ich höre sie nicht als
die berühmte Stimme der Schauspielerin, sondern als die Stim-
me meiner Mutter, wie sie vor so vielen Jahren durchs Haus
hallte. Sie vermischt sich melodisch mit einer Reihe anderer
Stimmen, die alle weiblich sind. Da gibt es die Stimme meiner
Schwester, der kleinen Leslie, die manchmal kichert und
manchmal jammert. Ich höre ihr Gelächter, das sie anstimmte,
wenn Daddy sie hochhob und durch die Luft wirbelte, und ihr
vergnügtes Geschrei, wenn er sie auf der Wippe oben in der
Luft gefangenhielt. Da ist die Stimme von May, der Köchin,
tief und voller Autorität. Mir schien es immer, als wüßte sie
Dinge, die uns anderen verschlossen waren. Und ich höre die
Stimme von Großmama Natalie, kraftvoll und mütterlich, wie
sie Leslie und mir begeistert Geschichten vorlas oder streng
und ärgerlich war wegen unseres schlechten Benehmens. Mir
fällt auf, daß all die Stimmen weiblich sind, daß ich in diesem
Augenblick nicht die Stimme meines Vaters höre, überhaupt
keine männliche Stimme, und ich habe das Gefühl, etwas fehlt,
und das macht mich sehr einsam.

8

> »Ich glaube, als er mich heiratete,
> dachte Bogie, ich würde
> wie seine früheren Frauen
> eine Begleiterin
> für sein Junggesellenleben werden.«
> *Lauren Bacall*

Jahrzehntelang wurde hinter vorgehaltener Hand behauptet, mein Vater habe das größte Ding von Hollywood gehabt. Ich würde gerne glauben, daß an dem Gerücht was dran ist, aber ich weiß nicht so recht, wen ich fragen soll. Wer weiß schon solche Sachen? Auf jeden Fall ist dies nicht die Art von Geschichte, über die ich mit meiner Mutter beim Tee sprechen kann.

Ob es wahr ist oder nicht, Tatsache ist jedenfalls, mein Vater war kein großer Aufreißer.

Leute, die Dad kannten, behaupten, er habe kaum je anderen Frauen nachgesehen. Filmkritiker haben geschrieben, Bogart sei nie weniger überzeugend gewesen, als wenn er Frauen anmachen sollte. Und Bacall sagt: »Nicht ein einziges Mal während unserer Ehe hat Bogie sich mit einer anderen Frau eingelassen.«

Allgemein hieß es von meinem Vater, er sei nicht gerade ein Schürzenjäger gewesen, kein Mann für Frauen, und nur gelegentlich habe er geflirtet. Ein Großteil seiner Ausstrahlung auf Frauen scheint geradezu daher zu rühren, daß er sie nicht zu brauchen schien. Bette Davis ist der Ansicht: »Was Frauen an Bogie mochten, war die Art, wie er sich bei Liebesszenen zurückhielt – wie viele Männer –, und das verstanden die Frauen.«

Andererseits war mein Vater viermal verheiratet, und zumindest in zwei Fällen tollte er bereits mit seiner zukünftigen Frau unter der Bettdecke herum, bevor die momentane Frau zur ehemaligen Frau geworden war. Was das folgende Zitat von Peter Lorre etwas dämlich klingen läßt: »Bogie ist kein Mann für Frauen. Vielleicht liegt das an einer tiefsitzenden Anständigkeit. Er hat in der Hinsicht sehr rigide moralische Vorstellungen.«

Kein Zweifel besteht allerdings daran, daß mein Vater lieber mit einer ausschließlich männlichen Mannschaft nach Catalina segelte, als mit einer schönen Blondine im El Morocco die ganze Nacht zu tanzen. Er zog ein gutes Pferd oder eine Runde Golf einem Paar schöner Beine vor. Bogart jagte nicht Hunderte von Mädchen durch die Stadt, und wenn er sich mit einer Frau einließ, dann neigte er dazu, sie auch zu heiraten.

In dieser Hinsicht unterscheide ich mich völlig von meinem Vater. Ich habe weibliche Formen immer verdammt viel anziehender gefunden als einen Birdie am 15. Loch, auch wenn ich selbst Golf spiele. Das kann zum Problem werden. Wie jeder Mann einschließlich Bogie werde ich hin und wieder von Körperteilen gesteuert, die viel tiefer als das Gehirn sitzen. Nachdem ich aus der Boston University rausgeworfen worden war, wohnte ich bei Dales Eltern in Torrington. Doch auch dort flog ich in hohem Bogen raus, als Dales Mutter eines Tages heimkam und uns vögelnd auf dem Wohnzimmerboden vorfand. Ich durfte erst wieder zurückkommen, nachdem ich einen langen Entschuldigungsbrief geschrieben hatte.

Howard Stern fragte mich einmal während einer Radiosendung, ob ich meine Rolle als Bogies Sohn je dazu benutzt hätte, eine Frau ins Bett zu bekommen, und ich antwortete, zumindest nicht bewußt. Es sei sogar so, erklärte ich, wenn Frauen mich fragten, ob ich mit Humphrey Bogart verwandt sei, hätte ich das zuweilen geleugnet, weil ich nicht mit ihm verglichen werden wollte. Und vor allem wollte ich nicht, daß sich ein Mädchen nur wegen meines Vaters für mich interessierte. Manchmal hätte ich sogar einen falschen Namen angegeben. Aber wenn ich jetzt darüber nachdenke, glaube ich, es gab auch Fälle, in denen ich mit Frauen zusammen war, die von meiner Herkunft durchaus wußten und davon beeindruckt waren, Fälle, in denen ich das sehr wohl ausgenutzt habe.

Wie auch immer, da Sex und Liebe – wenngleich nicht unbedingt in dieser Reihenfolge – stets eine große Rolle in meinem Leben gespielt haben, wollte ich natürlich etwas über meinen Vater und sein Verhältnis zu Frauen herausfinden.

Ich erfuhr, daß seine erste Freundin, von deren Existenz man weiß, Pickles hieß, wobei ich annehme, das war nicht ihr richtiger Name. Als er sich in Pickles verliebte, war Bogie ein Teenager und verbrachte gerade mit seiner Familie den Sommer auf Fire Island, eine willkommene Abwechslung, denn normalerweise fuhren die Bogarts in den Sommerferien nach Camp Canandaguia, wo Bogie auch segeln gelernt hatte. Er beschrieb Pickles als »ein Mädchen mit lachenden Augen und Sommersprossen auf der Nase«. Am Ende des Sommers kehrte Pickles nach Flatbush zurück, und sosehr er auch in sie verliebt war, es reichte offenbar nicht aus, um dafür die langen Bahnfahrten nach Brooklyn in Kauf zu nehmen. Also strich der junge Humphrey im Anschluß an nur einen nachsommerlichen Besuch Pickles von seiner Tanzkarte und fing etwas mit einem Mädchen aus New Jersey an.

Bogie stieß sich mit einer Reihe von jungen Frauen die Hörner ab, doch als er der Schauspielerin Helen Menken begegnete, wurde es ihm schließlich ernst. Er lernte Helen kennen, während er als Inspizient für ein Tourneetheater arbeitete, das mit dem Stück *Drifting* durch die Lande zog. Eines Tages fiel eine von Bogies Kulissen auf den Kopf der armen Helen, und die beiden gerieten deswegen in einen heftigen Streit. Später sagte er einmal: »Ich schätze, ich hätte das nicht tun sollen, aber ich verpaßte ihr einen Tritt. Im Gegenzug versetzte sie mir einen Tiefschlag und lief anschließend heulend in ihre Garderobe.«

Wir werden nie wissen, ob die beiden sich wirklich geprügelt haben oder ob Dad seine Erzählung nur etwas interessanter gestalten wollte, jedenfalls entwickelte sich aus diesem Streit zwischen einem Mann und einer Frau, wie so oft auch in Filmen, eine Liebesbeziehung. Es dauerte nur ein paar Wochen, bis Humphrey und Helen sich eine Heiratslizenz besorgten. Und danach nur ein paar Stunden, bis Bogie Zweifel kamen.

Menken war eine bekannte Schauspielerin mit guten Beziehungen, die Bogie bei seiner Karriere als Schauspieler helfen konnte. Aber die Vorstellung, mit einer Frau verheiratet zu sein, die erfolgreicher war als er, bereitete ihm Probleme. Er war in einem Haushalt aufgewachsen, in dem die Frau die Hosen angehabt hatte, und das fand er nicht gerade erstrebenswert. Also machte Bogie einen Rückzieher.

Er sagte zu seinem Freund Bill Brady: »Ich glaube, ich will die Frau doch nicht heiraten.«

Brady antwortete: »Wenn du das nicht tust, Humphrey, dann kriegst du am Broadway nie wieder eine Rolle.«

Vielleicht fürchtete Dad, Helen könnte seiner Karriere schade. Oder vielleicht war Helen auch nur hartnäckig. Auf jeden Fall ging Bogie noch mal in sich, und die beiden heirateten im Frühling 1926.

Die Hochzeitszeremonie endete in einem furchtbaren Chaos. Helens Eltern waren taubstumm, und der ebenfalls taubstumme Pfarrer zelebrierte die Hochzeit in Zeichensprache. Das wäre ja in Ordnung gewesen, aber dann versuchte der taube Mann auch noch zu sprechen, und was dabei herauskam, hatte keinerlei Ähnlichkeit mit irgendeiner bekannten Sprache. So verwandelte sich die ganze Zeremonie in eine Tragikomödie. Am Ende bekam Helen Heulkrämpfe und rannte vor den Reportern davon, die von der Hochzeit berichten wollten.

Helen erholte sich wieder, aber die Ehe stand irgendwie

unter einem schlechten Stern und führte geradewegs in die Hölle. Bogart und Menken stritten sich wegen allem und jedem, auch darüber, daß Helen dem Hund Kaviar geben wollte, während mein Vater trotz seiner Liebe zu Hunden der Ansicht war, Hamburger seien gut genug für ihn. »Ein Wort gab das andere«, erzählte Dad, »und innerhalb kürzester Zeit rannte einer von uns beiden zornig davon.«

Die unglücklichen Liebenden trennten sich ein- oder zweimal, und ihre Versöhnungen waren nicht von Dauer. Achtzehn Monate nach der Hochzeit trennten sie sich endgültig. Dad machte sich wegen des Geredes Sorgen, aber gegenüber einem Freund meinte er: »Wenn die Sache erst mal vorbei ist, werden Helen und ich gute Freunde sein. Sie ist ein wunderbares Mädchen.«

Obwohl Helen damals Bogie für das Scheitern ihrer Ehe verantwortlich machte, erzählte sie Jahre später meiner Mutter, es sei ihr Fehler gewesen, denn sie habe sich zuviel um ihre Karriere und zuwenig um ihre Ehe gekümmert.

Bogie, der 27 Jahre alt war, als die Sache mit Helen Menken den Bach hinunterging, sagte einmal: »Ich hatte genug Frauen gehabt, als ich 27 wurde, um zu wissen, was ich von einer Frau erwartete. Ich wollte eine, zu der ich heimkommen konnte.«

Kann schon sein, aber er ging dann wieder mit Schauspielerinnen aus.

Eine davon war Mary Philips. Sie sollte seine zweite Frau werden, und auch diese Beziehung begann mit einem Streit.

Bogie hatte eine kleine Rolle in einem Stück, und während seines einzigen großen Auftritts sollte seine Partnerin, Mary Philips, von ihm fortgehen, wenn er seine Rede begann. Eines Abends stellte Dad während seines großen Augenblicks fest, daß Mary etwas zuviel Schwung in ihren Gang legte. Ein kleines Wiegen in der Hüfte reichte, um die Aufmerksamkeit von ihm weg auf ihren Hintern zu lenken. Später stellte er sie zur Rede.

»Das darfst du nicht tun«, sagte er.

»Was?«

»Was du da tust. Dieser Gang.«

»Wirklich?« fragte sie.

»Ja, wirklich«, sagte er.

»Und warum nicht, wenn ich fragen darf?«

»Das ist meine Szene«, sagte Bogie. »Du kannst sie mir nicht einfach so stehlen.«

Mary amüsierte sich. »Na gut«, sagte sie »dann versuch doch mal, mich davon abzuhalten.«

Wenn Bogie die Geschichte heute erzählen würde, klänge das Ende vielleicht so: »Ich knallte ihr eine, Steve, und sie kam zur Vernunft.« Aber in Wahrheit tat er nichts dergleichen. Er erklärte einmal: »Ich versuchte nicht, sie davon abzuhalten, weil mir plötzlich bewußt wurde, daß ich mich leicht in sie verlieben könnte.«

Bogie verliebte sich tatsächlich in Mary Philips. Aber nicht zu jener Zeit. Ein paar Jahre nach dem Zwischenfall mit dem Hüftschwung liefen sie sich nach einer Vorführung des ersten Tonfilms, *The Jazz Singer,* in die Arme. Sie fingen an, zusammen auszugehen, und zwar meistens ins Theater – in Stücke, in denen sie nicht auftraten. Mary war wie Helen erfolgreicher als Bogie und ermutigte ihn ebenfalls dazu, sein Handwerk zu vervollkommnen.

Nachdem er ihr einen Antrag gemacht und Mary eingewilligt hatte, erzählte Bogie einem Reporter: »Sie zu heiraten ist wahrscheinlich das Wundervollste, was mir passieren konnte.«

Wie sich herausstellte, sollte Bogie noch etwas viel Wundervolleres widerfahren. Er wurde nach Hollywood eingeladen. Er machte Probeaufnahmen für eine Rolle in *The Man Who Came Back* und bekam einen Vertrag über 750 Dollar die Woche angeboten. Dad hatte sich in den Kopf gesetzt, seine Braut nach Kalifornien mitzunehmen, in Hollywood groß herauszukommen und dann in Saus und Braus dort zu leben. Aber Mary war nicht daran interessiert, ein Heimchen am Herd zu werden. Etwas sehr Großes geriet zwischen sie und Bogie: die Vereinigten Staaten von Amerika. Mary hatte ihre eigene Karriere, und die fand auf den Bühnen der Ostküste statt und nicht vor den Kameras in Hollywood.

Das Ergebnis ihrer Streitereien um Karrieren und Küsten war folgendes Arrangement: Während Bogie in Kalifornien Filmstar wurde, durfte er andere Frauen treffen, und Mary sollte in New York die Freiheit genießen, mit anderen Männern auszugehen.

Als man mir diese Geschichte erzählte, war ich höchst interessiert, denn in meiner ersten Ehe hatte es eine ähnliche Einigung gegeben; mittlerweile existierte auch ein Name dafür: offene Ehe. Ich war sehr jung, als ich Dale heiratete und Vater wurde. Es dauerte nicht lange, bis unsere Ehe nichts anderes mehr war als eine Einrichtung, durch die Jamies Eltern unter demselben Dach zusammengehalten wurde. Mir schien es, als veränderte nur ich mich, meine Frau hingegen nicht. Dale hatte genau den umgekehrten Eindruck. Da wir jedoch für ein Baby sorgen mußten, wollten Dale und ich uns nicht trennen, sondern wählten die offene Ehe, die damals so populär war. Natürlich kam ich nicht nach Hause und verkündete: »Ach, übrigens, ich habe gestern Nacht Lulu gevögelt«, aber wir waren übereingekommen, uns gegenseitig die Freiheit zu lassen, mit anderen auszugehen. In Wahrheit lief es nicht besonders gut. Während der letzten sieben Jahre unserer Ehe kannte Dale die Leute nicht einmal, mit denen ich mir die Zeit vertrieb, und ich lernte auch nicht ihre Freunde kennen. Wir waren emotional getrennt. Zwar stritten wir nicht häufig, aber das lag vermutlich daran, daß sie tagsüber arbeitete und ich nachts.

Dads Experiment mit der offenen Ehe lief auch nicht viel besser. Mary Philips war offenbar eine Frau, die zu ihrem Wort stand. Sie kündigte an, sich mit anderen Männern zu treffen, und das tat sie auch. Sie verliebte sich in den Schauspieler Roland Young, während Bogie in Hollywood war. Doch als er nach New York zurückkam, brachten Bogie und Mary ihre Ehe wieder in Ordnung und schworen einander, nie wieder getrennt zu leben, was Bogie gelegen kam, weil er zum zweiten Mal von Hollywood desillusioniert worden war. Für die 750 Dollar pro Woche war er nicht etwa als Star engagiert worden, sondern als Stimmtrainer für Charles Farrell, bekannt als Gale Storms Vater in *My Little Margie*.

Bogies Ehe mit Mary Philips hielt ein Jahrzehnt, wenn auch nicht ohne gelegentliche Tiefs. Es waren die Jahre der Depression, und das junge Schauspielerpaar hatte finanzielle Probleme. Mary konnte wenigstens noch den Sommer über in New England auftreten, aber am Broadway blieben die Lichter einen Großteil der dreißiger Jahre aus. Was das Paar an Geld hatte, kam von Mary. Bogie konnte sich nicht einmal von seinen Eltern Geld leihen, denn Belmont hatte eine Reihe schlechter Geschäfte getätigt, und die Bogarts waren nicht mehr so wohlhabend wie einst. (Belmont gab irgendwann seine Praxis auf und lief davon, um Schiffsarzt auf einem Frachter zu werden. Er kehrte nach New York zurück und hinterließ bei seinem Tod 10.000 Dollar Schulden. Mein Vater zahlte das Geld irgendwann zurück.)

Also warfen Bogie und Mary ihr Geld mit Freunden zusammen und trugen fast nur noch Sweater.

Obwohl Mary verglichen mit Ehefrau Nummer drei ein Lamm war, kann die Bogart-Philips-Ehe in gewisser Weise als Vorrunde für die Bogart-Methot-Ehe gelten. Mary biß zum Beispiel eines Abends beinahe einem Polizisten einen Finger ab, als er sie mit Bogart und ihrem Freund Broderick Crawford wegen Trunkenheit festnehmen wollte.

Bei Bogies nächstem Aufenthalt in Hollywood begleitete Mary ihn. Sie lebten im Garden of Allah, einer legendären Bungalowsiedlung am Sunset Boulevard, wo Stars und solche, die es werden wollten, zusammen tranken und lachten und gelegentlich auch miteinander schliefen.

Aber Mary sehnte sich nach dem Geruch der Schminke. Sie fühlte sich dem Broadway zugehörig, und als sich ihr die Chance bot, in dem Stück *Wenn der Postmann zweimal klingelt (The*

230

Postman Always Rings Twice) aufzutreten, sagte sie zu Bogie, sie wolle zurück nach Manhattan. Bogie war tief verletzt, weil sie ihn verlassen wollte.

»Wenn der Postmann zweimal klingelt?« fragte er. »Was zum Teufel soll das eigentlich heißen?«

»Ich weiß es nicht.«

»Es heißt auch nichts«, sagte Bogie. »Ich habe das Buch gelesen. Es kommt kein Postbote darin vor, und es klingelt auch niemand, schon gar nicht zweimal. Der Typ hat den Titel einfach so erfunden. Und du willst in einem Stück spielen, dessen Titel der Typ einfach so erfunden hat?«

»Ja.«

»Das ist völlig falsch für dich«, sagte Bogie.

»Ich will heim«, heulte Mary.

»Herrgott noch mal, Mary«, sagte Bogie. »Das ist meine erste Chance, endlich zu beweisen, daß ich eine Frau und vielleicht auch Kinder versorgen kann, und du hast nichts anderes im Sinn, als in den erstbesten Zug zurück nach New York zu steigen.«

»Ich muß es tun«, sagte Mary.

»Dann geh, verdammt noch mal, aber ich versichere dir, das Stück ist nichts für dich«, erwiderte Bogie.

Mary ging fort, und während ihrer Abwesenheit lernte mein Vater Mayo Methot kennen.

Einige behaupten, Bogie habe Mayo zum ersten Mal bei seinem Freund Eric Hatch getroffen. Andere sagen, er habe sie bei einem Dinner der Vereinigung der Film- und Fernsehschauspieler kennengelernt. Sie sei ihm aufgefallen, als sie ihn von einer Empore aus beobachtete, und er habe sie so aufregend gefunden, daß er von irgendeiner Säule eine nackte Frauenplastik abgebrochen und ihr überreicht habe.

»Ihr Oscar, Madame«, soll er gesagt haben. »Für die aufregendste Schauspielerin im Saal.«

Mayo stammte aus Portland, Oregon, und war ein Kinderstar gewesen. Sie war immer noch ein Star und in vieler Hinsicht auch immer noch ein Kind. Wie Bogie war sie bereits zweimal verheiratet gewesen. Ein Jahr zuvor hatte sie sich von ihrem zweiten Mann wegen seelischer Grausamkeit scheiden lassen; sie warf ihm vor, er habe sie nicht die Möbel umstellen lassen.

Bogie nahm Mayo nach Newport Beach zum Segeln auf sein Boot mit. Da hatte er die Santana noch nicht. Mayo, deren Vater Schiffskapitän war, liebte das Meer, und das gab einen großen Pluspunkt für sie. Mayo trank gern, noch ein Punkt für sie. Bogie hatte Spaß mit Mayo. Unglücklicherweise war Mayo eine Alkoholikerin, und ihre Anfälle von Zorn und Gewalttätigkeit ließen Bogies gelegentliche Ausbrüche vergleichsweise harmlos erscheinen. Mit Mayo, die einmal als Mischung aus Mae West und Edward G. Robinson bezeichnet wurde, fing Bogie eine Beziehung an, die für ihre Wildheit so berühmt war wie die mit meiner Mutter für ihre Liebe.

Als Mary aus New York zurückkam und Bogie mit Mayo im Garden of Allah vorfand, war sie der Meinung, die Scheidung sei fällig. Nach der Scheidung war Bogie nicht gerade in Heiratslaune, aber wieder einmal hatte er sich in eine Lage gebracht, in der er sich verpflichtet fühlte. Sam Jaffes Partnerin Mary Baker sagt: »Bogie war gefangen und wußte nicht, wie er da wieder rauskommen sollte.«

Es ist interessant, daß mein Vater, der berühmt dafür war, nur das zu tun, was er wollte, und keine Kompromisse einzugehen, in seine ersten drei Ehen eher widerwillig hineinrutschte. Zuerst hatte er bei Helen versucht, einen Rückzieher zu machen. Bei Mary hegte er große Zweifel, war aber finanziell abhängig von ihr. Und nun erzählte er allen Leuten, er sei sich nicht sicher, ob er Mayo heiraten wolle. In mancher Hinsicht war jede der drei Frauen die dominante Person in ihrer Beziehung zu Bogie, und selbst bei seiner vierten Ehe – nun ja, es ist kein Geheimnis, daß meine Mutter eine starke Frau ist, die die Dinge gern in der Hand hat. So heiratete Bogie, das Sinnbild männlicher Unabhängigkeit, stets Frauen, die ihn zumindest teilweise unter Kontrolle hatten. Ein Freudianer würde viel-

232

Mein Vater auf einem
seiner ersten Segelboote
(1940)
Quelle: Stephen Bogart

Glücklich auf der Santana
Quelle: Stephen Bogart

leicht sagen, er habe versucht, einen Ersatz für seine dominante Mutter zu finden. Andere mögen der Meinung sein, er heiratete Frauen, die seiner Karriere dienlich waren. Nat Benchley, der darüber viel nachgedacht hat, kam zu dem Schluß, keine dieser Theorien sei plausibel. Nicht alle seine Frauen bedeuteten eine finanzielle Hilfe für Bogie. Nicht alle waren älter als er (meine Mutter war 25 Jahre jünger). Und nicht alle konnten seiner Karriere nützen (er war bereits ein Star, als er Mayo und später Mom heiratete). Benchley ist der Meinung, die Antwort sei viel einfacher. Mein Vater, sagt er, »war ein Gentleman wie sein Vater auch, und er hatte das Gefühl, wenn er mit einer Frau weit genug gegangen war, habe er die Verpflichtung, sie auch zu heiraten«.

Ich weiß, wie sehr dieses selbst auferlegte Gefühl der Verpflichtung meinen Vater belastet haben muß, denn ich habe eine ähnliche Erfahrung gemacht wie er. Vor vielen Jahren hatten Dale und ich geplant, zum großen Fest der Liebe nach Woodstock zu fahren. Es klappte aber nicht, also blieben wir zu Hause und veranstalteten unser eigenes Fest der Liebe. Der Sex war, sagen wir mal, stürmisch. Ein paar Monate später hatte Dale interessante Neuigkeiten für mich.

»Ich bin schwanger«, sagte sie.

Ich war noch ein Kind, und eine Heirat stand nicht gerade auf meinem Plan. Aber ich verspürte eine Verpflichtung, denn ich hatte mir immer geschworen, keines meiner Kinder würde je ohne Vater aufwachsen.

Obwohl eine Abtreibung nicht in Frage kam, bestand Dale nicht auf einer Heirat. Sie hatte kein Interesse, sich einen Mann einzufangen, der nicht eingefangen werden wollte.

»Ich behalte das Baby«, sagte sie. »Und du tust, was du wirklich tun willst.«

Es bestand überhaupt kein Zweifel an dem, was ich wirklich tun wollte. Ich wollte meinem Kind ein Vater sein. So bat ich Dale, mich zu heiraten.

1938 tat Bogie genau dasselbe. Er bat Mayo, ihn zu heiraten.

Kurz vor der Hochzeit sagte Bogie über Mayo: »Einer der Gründe, warum wir so gut miteinander auskommen, ist der, daß wir uns, was den anderen angeht, keinerlei Illusionen hingeben. Wir wissen einfach, was wir uns einhandeln, so kann es nachher auch keine Klagen geben. Illusionen taugen nichts in der Ehe. Außerdem streite ich gerne. Genau wie Mayo.«

Es war gut, daß Dad Auseinandersetzungen liebte, denn Mayo sorgte für mehr Action, als er sogar während seiner Zeit bei der Marine erlebt hatte. Bogie war 38 Jahre, als er sie heiratete, und es gab Leute, die sich fragten, ob er je 39 werden würde.

Die beiden heirateten am 21. August 1938 im Haus von Mary und Mel Baker in Bel Air. Bogie weinte bei der Hochzeit.

»Er hat bei jeder seiner Hochzeiten geweint«, sagt meine Mutter, »und mit gutem Grund.« In ihrer Hochzeitsnacht hatten Bogie und Mayo einen Streit, also zog er los, um den Rest der Nacht mit Mel Baker zu verbringen, während sie zu Mary ging. Es gibt sogar Stimmen, die behaupten, Bogie sei nach Mexiko gefahren, um unter Männern zu sein.

Kurz darauf bezogen sie ein Haus in der Horn Avenue unweit des Sunset Strip. Sie füllten es mit Haustieren und stritten ununterbrochen. Bogie gab Mayo den Spitznamen »Sluggy«. Vor ihrem Haus hatten sie ein Schild, auf dem stand: SLUGGY HOLLOW, Schneckenloch. Sie besaßen auch einen Hund namens Sluggy. Und Bogie nannte die Zwölf-Meter-Yacht, die er in Newport liegen hatte, ebenfalls Sluggy.

Mayo war eine hingebungsvolle Ehefrau, wenn sie nüchtern war, aber wie ihr Gatte sprach sie dem Scotch reichlich zu, und wenn sie getrunken hatte, konnte sie die reinste Hölle sein. Die Nachbarn erinnern sich noch an das nächtliche Gebrüll und an das Geräusch von zerbrechendem Glas. Die Kämpfe waren seltsamerweise – oder vielleicht paßte das auch – sehr theatralisch. Eines Nachts kam das Paar beispielsweise betrunken aus dem Haus, und Mayo hatte einen Strick um Bogies Hals gebunden. Aber es war Bogie, der brüllte: »Sluggy, du miese Ratte, ich werde dich aufhängen.«

»Die Bogart-Methot-Ehe war die Fortsetzung des amerikanischen Bürgerkriegs«, behauptet Julius Epstein.

Eine interessante Wendung der Geschichte für einen Mann, der sich einst beschwerte, er habe als Kind unter die Bettdecke kriechen und sich die Ohren zuhalten müssen, um seine Eltern nicht streiten zu hören.

»Die Ehe verlief ausgesprochen stürmisch«, sagte Gloria Stuart. »Ihre Beziehung war allerdings ausgeglichen: Sie schlugen beide zu. Nur daß Mayo es weitaus häufiger tat. Ich erinnere mich an einen Fall, da waren Mel Baker, mein Mann und ich bei ihnen zu Hause, und Mayo drohte, uns alle zu erschießen. Wenn sie betrunken war, konnte sie sehr streitsüchtig sein. Nüchtern war sie reizend. Aber ich glaube, die Streitereien regten die beiden an.«

Während alle ihre Freunde bestätigen, daß Bogart Mayo gerne provozierte, sind sie sich aber auch einig, daß Mayo die Gewalttätige war. Und sie liebte Sticheleien genausosehr wie Bogie. Sie nannte ihn oft »Mr. Bogart, der große Star der Warner Brothers«. Und wenn er irgendeine Bemerkung machte, sagte sie manchmal: »Schnell, verständigen Sie die Zeitungen, Mr. Bogart, der große Star der Warner Brothers, hat etwas gesagt.«

»Mayo war sauer wegen Bogarts wachsender Popularität«, behauptet ein Freund, »und weil sie ihre Karriere aufgegeben hatte, nur um Mrs. Bogart zu sein. Das ließ sie dauernd durchblicken.«

Mayo war außerdem wahnsinnig eifersüchtig. Vielleicht machte die Trinkerei sie eifersüchtig, vielleicht war es aber auch die Eifersucht, die sie trinken ließ. Wie auch immer, Mayo zeigte Bogarts Filmpartnerinnen die Krallen. Es ist wohl für jede Frau schwierig, mit dem berühmtesten Star der Welt verheiratet zu sein, aber für Mayo war es der reinste Horror. Wenn also Bogie eine schöne Frau in den Arm nehmen mußte, konnte man Mayos Gebrüll bis Fresno hören. Besonders eifersüchtig war sie auf Ingrid Bergman, als Bogie mit ihr gemeinsam *Casablanca* drehte. Nachdem der Film in die Kinos gekommen war, fragte ein Reporter Bogie, was er davon halte. »Ich weiß es nicht«, antwortete er. »Ich habe ihn nicht ansehen dürfen.«

Am Anfang seiner Filmkarriere galt Dad weder als romantischer Held noch als Sexsymbol. Verurteilte Mörder oder pistolenfuchtelnde Gangster waren nicht gerade die Typen, in die sich die Frauen verliebten. Aber 1940, als er mit Mayo verheiratet war, trat Bogie in einem New Yorker Kino persönlich auf, und da passierte etwas, was sein Image veränderte.

Die Show begann damit, daß Dutzende von Bogies Sterbeszenen auf der Leinwand gezeigt wurden. Als die Lichter dann angingen, lag Bogie auf der Bühne, als wäre er von Gangstern fertiggemacht worden. Langsam stand er wieder auf, grinste ins Publikum und sagte: »Junge, das ist eine ganz schön merkwürdige Art, seinen Lebensunterhalt zu verdienen.«

Es war ein magischer Moment. Filmfans, die Bogie bis dahin nur als Gangster gekannt hatten, erblickten auf einmal einen Typen mit Humor, der über sich selbst lachen konnte – meines Erachtens für Frauen das reinste Aphrodisiakum. Nach der Show versammelte sich ein Pulk Frauen vor Bogies Garderobe. Mary Baker rief Warner Brothers an, um ihnen von der Begeisterung der Frauen zu erzählen. Jack Warner war skeptisch, aber mit der Zeit wurde Bogie ziemlich unerwartet zum Herzensbrecher.

Bogie behauptete sogar, er genieße Mayos Eifersucht.

»Ich mag eifersüchtige Frauen«, sagte er. »Denn dann darf ich auch ein eifersüchtiger Ehemann sein. Mayo ist eine großartige Frau. Sie weiß, wie man mich nehmen muß. Wenn ich auf eine Party gehe und die Stimmung mir zu Kopfe steigt, dann neige ich dazu, mit jedem amüsanten Mädchen zu flirten, das mir über den Weg läuft. Dabei meine ich es gar nicht ernst. Die Aufgabe meiner Frau ist es – und Mayo hat versprochen, das zu übernehmen –, mich aus dem Feuer zu holen, ehe ich mir die Finger verbrenne.«

Wenn Bogie eine andere Frau ansah, schlug Mayo ihn oder

warf irgend etwas nach ihm. Einmal schubste sie ihn ins Hafenbecken, weil sie glaubte, er hätte sich ein Mädchen betrachtet, das aus einem Boot stieg. Einmal schlug sie ihm aus einem ähnlichen Grund bei Peter Lorre zu Hause mit einem großen Holzlöffel auf den Schädel. Aber nicht immer hatte Mayos Zorn etwas mit anderen Frauen zu tun.

Sie brauchte nicht unbedingt einen Grund, um Streit anzufangen. Wie viele Alkoholiker verwandelte sie sich in einen gewalttätigen, unsicheren und gefährlichen Menschen, wenn der Alkohol zu wirken begann. Eines Abends steckte sie beispielsweise tatsächlich ihr Haus in Brand. Die Sache wurde natürlich von der örtlichen Feuerwehr diskret behandelt.

Und einmal, als Bogie mit einem Freund friedlich zu Hause saß, fing Mayo plötzlich wegen irgend etwas zu toben an. Sie nahm eine Flasche und warf sie nach Bogie. Er blieb einfach sitzen und ließ die Flasche an sich vorbeifliegen.

Dann wandte er sich an seinen Freund: »Mayo ist eine miese Werferin«, sagte er. »Übrigens ist sie verrückt nach mir. Sie weiß, daß ich mutiger bin als George Raft und Edward G. Robinson zusammen.«

Ein anderes Mal luden sie Raymond Massey und seine Frau an Thanksgiving zum Essen ein. Bogie machte irgendeine Bemerkung, und schon warf Mayo ihm den Truthahn an den Kopf. Es heißt, Bogie habe gelächelt, den Vogel aufgehoben und wieder zurück auf den Teller gelegt und dann hätten sie in Ruhe weitergegessen. Bogie hatte offenbar ein unglaubliches Talent, in solchen Momenten die Ruhe zu bewahren.

Mayo litt häufig unter Verfolgungswahn, wenn sie getrunken hatte. Eines Nachts kam sie ins Wohnzimmer, wo sich Bogie mit irgendwelchen Gästen unterhielt.

»Ihr Mistkerle redet über mich«, sagte sie.

»Nein, tun wir nicht«, antwortete Bogie.

»Natürlich tut ihr das«, sagte sie. »Glaubt ihr, ich wäre so dämlich, nicht zu merken, wenn über mich geredet wird?«

»Sluggy, würdest du dich bitte hinsetzen«, sagte Bogie. »Kein Mensch redet über dich.«

Meine erste Frau Dale mit meinem ersten Sohn Jamie (1971)
Quelle: Arthur Rubens

»Ihr redet sehr wohl über mich«, heulte sie. »Ich weiß es genau.«

Dann rannte sie aus dem Zimmer und polterte die Treppen hoch in ihr Schlafzimmer.

Ein paar Minuten später, als die Gäste sich gerade zu Tisch begaben, hörten sie einen Schuß von oben.

»Achtet nicht darauf«, sagte Bogie zu seinen Freunden. »Das ist nur Mayo, die mit ihrer Pistole herumfuchtelt.«

Dann war noch ein Schuß zu hören.

»Ich schätze, wir gehen besser mal nachsehen«, sagte Bogie. Es ging hinauf. Mayo hatte sich im Schlafzimmer eingesperrt.

»Mach auf, Sluggy«, sagte Bogie.

»Nein«, brüllte Mayo.

Bogie hämmerte gegen die Tür. »Sluggy, mach die Tür auf, oder ich trete sie ein.«

»Hau ab, oder ich schieß' dich über den Haufen«, rief Mayo.

Schließlich gelang es Bogie, die Tür aufzubrechen. Er fand Mayo heulend auf dem Bett.

In den Medien wurden sie bekannt als die kämpfenden Bogarts. Und sie waren berüchtigt dafür, in feinen Geschäften Porzellan und Glas zu zerschlagen.

Ein typischer Streit ereignete sich in New York. Eines frühen Morgens erhielten sie einen Anruf. Mayo nahm das Gespräch an und drehte sich dann zu meinem Vater um. »Es ist für dich«, sagte sie und ließ den Hörer auf seinen Kopf fallen.

Bogie war verärgert und klebte ihr eine.

Dann sprangen sie beide nackt aus dem Bett und fingen an, sich mit Gegenständen zu bewerfen. Das ging eine ganze Weile so, bis Mayo schließlich eine Topfpflanze nahm, um sie Bogie an den Kopf zu werfen, dabei aber das Gleichgewicht verlor und auf dem Hintern landete. Das brachte beide zum Lachen, und sie gingen wieder zur Tagesordnung über.

Sam Jaffe erzählte: »Ich erinnere mich, wie sie einmal in New York im Algonquin waren. Ich besuchte sie dort. Auf der

Stelle fingen sie an, über Roosevelt zu streiten. Mayo warf eine Lampe nach deinem Vater. Bogie stürmte aus dem Zimmer. Später rief sie mich ununterbrochen an und sagte, er sei vermutlich bei einem Verkehrsunfall ums Leben gekommen. Als mich dein Vater am nächsten Morgen anrief, erzählte er mir, er habe die Nacht mit seiner früheren Frau Helen Menken verbracht.«

In Nachtclubs stritten die kämpfenden Bogarts sowohl miteinander als auch mit anderen. Zuweilen taten sie sich zusammen, um mit Dritten einen Streit anzufangen. Einmal bekamen Bogie und Mayo im »21« als Paar Hausverbot. Sie durften gerne einzeln kommen, hieß es, aber nicht mehr zusammen. Das »21« war übrigens nicht der einzige Ort, an dem sie als Paar unerwünscht waren. Als sie in Übersee waren, um die Truppen bei Laune zu halten, gerieten sie so oft in Streit, daß die United-States-Organization Ehepaaren in Zukunft untersagte, gemeinsam fürs Militär auf Tour zu gehen.

Dad erzählte Geschichten über Mayo mit großem Vergnügen. Aber ein Vorfall, mit dem er nicht prahlte, war die Nacht, in der Mayo auf ihn eingestochen hatte.

Bogie ging an jenem Abend in ein Dampfbad auf dem Sunset Boulevard, um vor Mayo zu flüchten, aber sie war überzeugt, er hatte ein Bordell aufgesucht. Als er nach Hause kam, summte Mayo »Embracable You«, ein sicheres Zeichen, daß sie die Grenze zwischen dem nüchternen Jekyll und dem betrunkenen Hyde überschritten hatte. Er konnte sehen, sie hatte getrunken und auch geweint. Er sagte nichts.

Ein paar Minuten später entfachte sich ein gewaltiger Streit zwischen ihnen, und Mayo ging plötzlich mit dem Küchenmesser auf Bogie los. Der duckte sich und rannte zur Tür. Sie verfolgte ihn.

»Der große Filmstar Humphrey Bogart hält Roosevelt für einen tollen Kerl, was? Das kannst du deinen Nutten erzählen«, brüllte sie.

»Laß den Scheiß, Sluggy«, brüllte er zurück.

Aber als Mayo ihn einholte, stach sie ihm mit dem Messer in

den Rücken. Bogie stolperte zum Telefon. Ihm war schwindelig, aber statt einen Arzt zu rufen, rief er Sam Jaffe an.

»Sam, wir haben ein Problem«, sagte er.

»Was ist los?« fragte Sam.

»Ich glaube, du solltest besser herkommen«, sagte Bogie.

»Warum?«

»Mayo hat mit dem Küchenmesser auf mich eingestochen.«

»Um Gottes willen!«

Sam schickte Mary Baker zu Bogies Haus. Als sie dort eintraf, war Mayo völlig hysterisch.

»Ich hab' nichts getan. Ich hab' nichts getan«, kreischte sie. Aber Bogie lag auf dem Boden und kam gerade wieder zu sich, nachdem er ein paar Minuten ohnmächtig gewesen war, und seine Jacke war voller Blut. Er erklärte Mary, sie hätten sich über Roosevelt gestritten und Mayo habe auf ihn eingestochen. Mary sagte zu Mayo, sie dürfe das Messer unter keinen Umständen wieder herausziehen. Dann rief sie einen Arzt, den sie bestachen, damit er die Geschichte nicht weitergab. Bogie wurde wieder zusammengeflickt, und Mayo hatte schreckliche Schuldgefühle. Sie war mit einemmal voller Zärtlichkeit für ihren Mann und übersäte ihn mit Küssen.

An einem Morgen nach der Messerstecherei lud Dad Sam Jaffe zu sich nach Hause ein.

Sie saßen im Wohnzimmer. Dad war von dem Vorfall immer noch mitgenommen. »Sam«, sagte er, »siehst du die Wasserflasche dort?« Er deutete auf eine Flasche, die in einer Ecke stand.

»Was ist damit?« fragte Sam.

»Sie hat damit kürzlich nach mir geworfen. Sie hat mich verfehlt.«

»Und?«

»Irgendwann wird sie nicht danebenwerfen.«

»Und?«

»Und dann wird es vielleicht keine Flasche sein«, sagte Bogart. »Ich finde, du solltest mich versichern lassen.«

242

»Nicht nötig«, sagte Sam.

»Sieh mal«, sagte Bogie. »Du hast eine Menge Zeit und Geld in meine Karriere investiert. Wenn Mayo je lernt, besser zu zielen, könnte dir das alles verlorengehen. Schließ bitte eine Versicherung ab.«

Also schlossen Jaffe & Baker für meinen Vater eine Lebensversicherung in Höhe von 100.000 Dollar ab. Zum Glück lernte Mayo nie, besser zu zielen.

Schon lange Zeit vorher hatte ein Psychiater bei Mayo eine paranoide Schizophrenie diagnostiziert. Sie hatte auch mindestens einen ernsthaften Selbstmordversuch unternommen, bei dem sie sich die Pulsadern aufgeschnitten hatte. Nach dem Vorfall mit dem Messer empfahl der Psychiater, Mayo in eine Anstalt einzuweisen. Aber Bogie weigerte sich. Er sagte damals: »Meine Frau ist Schauspielerin. Es ist nur so, daß sie momentan nicht arbeitet. Aber eine Schauspielerin muß selbst dann Szenen spielen, wenn sie gerade keine Arbeit hat. Und in dem Fall bin ich es, der ihr den Einsatz gibt.«

An einem Abend bedrohte Mayo Bogie sogar mit einer Pistole. Er hatte beiläufig erwähnt, er müsse allein verreisen, da rastete Mayo aus. Sie verfolgte ihn mit einer Pistole. Dad flüchtete ins Badezimmer, von wo aus er den PR-Mann des Studios per Telefon zu Hilfe rief. Während der Mann mit dem Wagen zu Bogies Haus unterwegs war, versammelten sich die anderen im Studio ums Telefon und lauschten dem Drama. Sie hörten, wie Bogie durch die Türe versuchte, Mayo zu beruhigen, aber sie wurde nur noch hysterischer. Schließlich war sie so frustriert, daß sie anfing, auf Dads Koffer zu schießen. Das war so absurd, daß Bogie lachen mußte und mit ihm die Leute im Studio, die am anderen Ende der Leitung zuhörten. Obwohl ich vermute, mein Vater hatte anfangs Angst gehabt, diesmal werde Mayo ihn tatsächlich umbringen, kam er dann offenbar zu dem Schluß, sie könne es nicht wirklich tun. Als der PR-Mann schließlich eintraf, lag Bogie bereits wieder in der Badewanne, um sich zu entspannen. Dieser Vorfall wurde wie so viele andere vom Studio vertuscht und fand seinen Weg nicht in die Zeitung.

Während ich heranwuchs, hörte ich viele Geschichten über Bogie und Mayo. Und seit ich angefangen habe, Erkundigungen über meinen Vater einzuziehen, habe ich noch viele weitere gehört. Aber etwas hat mich an all diesen Geschichten irritiert. Sie klingen irgendwie unglaubwürdig. Sie klingen nach Showbusineß. Sie klingen wie die Screwballkomödien der vierziger Jahre, in denen sich auch immer zwei Leute mit Dingen bewarfen und Minuten später darüber lachten.

Ich kann nicht leugnen, daß viele dieser Kämpfe tatsächlich stattgefunden haben. Sicher sind einige der Geschichten im Laufe der Jahre ausgeschmückt worden, aber im wesentlichen sind sie wahr. Viele Leute erinnern sich ganz genau an die Handgreiflichkeiten zwischen meinem Vater und Mayo Methot, die zu den bizarrsten Episoden in der Geschichte Hollywoods gehören. Ich finde am bizarrsten an diesen Kämpfen nicht die Tatsache, daß sie stattgefunden haben, sondern daß sie mit soviel Humor über die Bühne gegangen sein sollen. Warum hätten zwei Menschen, die wie Hund und Katze waren, zusammenbleiben sollen?

»Diese Kämpfe«, sagt ein Freund, »waren eine Art Balztanz. Sie stritten gerne miteinander, weil ihr Sex dadurch besser wurde. Ihre Ehe wurde zusammengehalten durch diese Auseinandersetzungen, durch die besondere physische Anziehungskraft, die zwischen ihnen bestand, und durch ihre gemeinsame Liebe zum Segeln.«

In der Tat behaupten ziemlich viele Leute mit bemerkenswerter Überzeugung, die Kämpfe hätten den Sex der beiden interessanter gemacht. Aber ich vermute mal, dieses Wissen stammt bestenfalls aus zweiter Hand.

Für mich findet sich der Schlüssel zum Verständnis der Beziehung meines Vaters zu Mayo und seines Lebens überhaupt in einer Sache, die er einmal in einem Interview vor seiner Hochzeit mit Mayo erwähnte.

»Wir tragen erstklassige Kämpfe aus«, erklärte er. »Wir sind beide Schauspieler, also fangen wir leicht zu streiten an.

Schauspieler erkennen schneller als andere Leute das dramatische Potential einer Situation und können nur schwer der Versuchung widerstehen, es zur Geltung zu bringen. Wir haben beide begriffen, daß eine der wichtigsten Sachen, die es in der Ehe zu meistern gilt, die Technik des Streits ist.«

Später, als er mit Mutter verheiratet war, schrieb Dad: »Alle meine Frauen waren Schauspielerinnen. Betty ist nicht nur darin gut, sie sieht auch gut aus. Ich schätze, es wäre die reinste Hölle, eine schlechte Schauspielerin zu heiraten. Das würde ich nicht ertragen. Wenn allerdings ein Schauspieler eine Schauspielerin heiratet, dann werden ihre Unterschiede mit der Zeit natürlich größer, als sie anfangs sind. Plötzlich ertappt man sich dabei, wie man eine dramatische Szene aufführt. Einige der Diskussionen, die ich als verheirateter Mann gehabt habe, wurden noch lange fortgesetzt, als sich schon keiner von beiden mehr erinnern konnte, womit es eigentlich angefangen hatte. Ich schätze, wir genießen es beide, eine Hauptrolle zu spielen.«

Sicherlich waren Mayos Eifersucht und ihr Verfolgungswahn sehr real. Und natürlich auch das Alkoholproblem, schließlich starb sie daran. Aber in gewisser Weise waren die Kämpfe auch inszeniert: Bogie und Mayo spielten sich dadurch ihre Wut und ihren Frust von der Seele. Bogie liebte gute Witze und dramatisierte auch gern. Man kann sich vorstellen, wie die Ehe zwischen zwei Leuten aussieht, die beide so sind. Und mit Mayo hatte Bogie eine Frau geheiratet, die in der Hinsicht genau war wie er. Sie sagte einmal über Bogie: »Ich habe einen Mann geheiratet, der sich wie ein Mann benimmt. Ein Mann, der mir nicht nur Sicherheit bietet, sondern auch eine gewisse Aufregung.« Bogie und Mayo zogen ihr gemeinsames Leben sicher auch zu einem Teil als Show für die Öffentlichkeit auf. In gewisser Weise tat Bogie das eigentlich immer, glaube ich.

Was mich an diesen Geschichten stets gestört hat, waren die Schläge. Hatte mein Vater seine Frau tatsächlich geschlagen? Hatte er Frauen überhaupt geschlagen?

»Nein«, versicherte mir Gloria Stuart, »dein Vater hat niemanden geschlagen. Auch keine Frauen. Aber er schlug Mayo und sie ihn. Sie schlug immer zuerst zu. Es war Teil ihrer Beziehung. Tatsächlich habe ich nur ein einziges Mal gesehen, wie dein Vater zurückschlug.«

Also hat Bogie Frauen für gewöhnlich nicht geschlagen. Aber dennoch ist es schwierig, heutzutage über meinen Vater und seine Frauen zu sprechen, ohne daß es den Anschein hat, als sei er politisch so unkorrekt wie möglich gewesen. Er lebte in einer anderen Welt als ich. Er nannte Frauen »Mädchen«, und das war völlig in Ordnung. Er sagte: »Ich habe eine Aversion gegen jede Gruppe von Frauen, die ein Ziel oder eine Mission hat.« Er machte Witze über die Rolle der Frau, und auch das war offenbar in Ordnung.

»Es war eine andere Zeit für Männer und Frauen«, sagt Gloria Stuart. »Damals machten die Leute noch Witze über Vergewaltigungen. Männer und Frauen sprachen damals einfach anders, und keiner dachte sich etwas dabei.«

Als Dad beispielsweise von den Dreharbeiten zu *African Queen* heimkam, machten sich die Zeitungen über ihn lustig, indem sie ein Foto veröffentlichten, auf dem meine Mutter anscheinend Wäsche aufhängt, während er in der Hängematte schlummert. Die Schlagzeile lautete: HOLTE BOGIE BACALL NACH AFRIKA, DAMIT SIE SEINE WÄSCHE SAUBERHÄLT? Bogie leugnete das. »Glauben Sie, Baby würde das zu Hause für mich machen?« fragte er. »Nie im Leben. Kaum reise ich mit ihr um die halbe Welt, wird sie plötzlich zur perfekten Hausfrau. In Hollywood würde sie nicht einmal ein Taschentuch waschen. Ohne Witz!«

Die Geschichte wirkt altmodisch, aber heutzutage bekäme sie einen ganz anderen Dreh: Bogie würde als sexistisches Ungeheuer hingestellt.

In seinen Interviews wimmelt es von Bemerkungen über Frauen, die heutzutage empörend wären, aber damals irgendwie einnehmend klangen. Er sagte einmal: »Frauen haben uns am Wickel. Wir hätten sie nie freilassen sollen. Sie sollten immer noch in Ketten gehalten und ans Haus gefesselt werden, wo sie hingehören.« Und nachdem er versichert hatte, kein Kommunist und bei seinem Ausflug nach Washington »schlecht beraten« gewesen zu sein, fragte ein Reporter ihn, ob das gleiche auch für seine Frau gelte.

»Ich gebe die Erklärung ab«, sagte er, »aber was ich sage, gilt auch für sie. Ich glaube immer noch daran, daß ein Mann zu Hause die Hosen anhaben sollte, und was ich sage, gilt für die ganze Familie.«

Vieles von dem, was Bogie über Frauen dachte, erschließt sich aus seinen Äußerungen über Schauspielerinnen. 1953 gab er dem *London Daily Mirror* ein Interview, in dem er sagte: »Vier heiße Miezen überragen alle anderen, denen ich während meiner 25jährigen Filmkarriere begegnet bin.« Wenn er heute von heißen Miezen reden würde, müßte er schleunigst in Deckung gehen.

Bei den vieren handelte es sich um Katharine Hepburn, Bette Davis, Barbara Stanwyck und natürlich Lauren Bacall.

»Ich habe gar nichts gegen die süßen, wohlgeformten Mädels in unserem Gewerbe«, sagte Bogie. »Sie sind in Ordnung. Aber was mich angeht, gilt: Mach einen Film mit ihnen, und vergiß sie dann. Was sie besitzen, liegt quasi auf dem Präsentierteller aus. Das macht Bogart aber nicht an. Für mich muß eine Schauspielerin unnahbar wirken. Das bedeutet schlicht und einfach, daß sie sagt: Hier ist es, jetzt komm und kämpf drum. Das wäre schätzungsweise für alle Frauen gut.

Hepburn besitzt diese Unnahbarkeit. Sie ist eine in der Wolle gefärbte Exzentrikerin. An ihr ist nichts Falsches. Sie ist nicht schön, sondern eigentlich eher ein in Nylon gehülltes Skelett. Sie ist auch nicht mehr die Jüngste, aber sie hat dennoch etwas Faszinierendes, und ihr ungewöhnlicher Sex-Appeal stellt eine Herausforderung dar, mit der es nicht jeder Mann aufnehmen kann. Sie ist schüchtern. Bei Interviews zittert sie wie Espenlaub, aber sie hat den Mumm, es nicht zu zeigen. Sie hat vielleicht ein halbes Dutzend Freunde in Hollywood und bewegt sich nur in ihrem Kreis. Man sieht sie nie in Nachtclubs. Wenn man sechs Wochen mit einer Frau auf einem Boot im Dschungel verbringt und alle mit Malaria darniederliegen, dann lernt man sich kennen. Ich habe Katie wie ein Lieblingsbuch kennengelernt.

Bette Davis ist anders. Sie ist im Kopf nicht so gut organisiert wie Katie. Sie hat verdammt ausgeprägte Meinungen, und es ist kaum möglich, daran zu rütteln. Ich habe *Opfer einer großen Liebe (Dark Victory)* mit Bette gemacht, und obwohl ich keine Narben zurückbehalten habe, werde ich es doch nie vergessen.

Ich habe nie Probleme mit ihr gehabt, aber es kann schon sein, daß mancher sie im Umgang schwierig findet. Tatsache ist aber, sie ist ein talentiertes, wenn auch temperamentvolles Fohlen mit einem eigenen Willen. Wenn man nicht sehr groß ist, kann sie einen umhauen. Es wird langsam besser, aber wenn jemand sie schlecht behandelt, kann sie ziemlich schrullig werden. Aber insgesamt ist sie ein verdammt tolles Mädchen.

Als sie jünger war, sah sie richtig appetitlich aus – wenn sie auch nicht mein Typ ist. Ich weiß eine gute Figur zu schätzen, und Bette hat ein klitzekleines bißchen zuviel Oberweite und etwas zu kräftige Beine. Aber ich mag sie verdammt gern. Sie hat einen gut geschulten Verstand, und sie spielt die meisten anderen Damen in unserem Gewerbe in Grund und Boden. Wenn man Bette Davis engagiert, muß man auch alles andere, was dazugehört, in Kauf nehmen. Und ich schätze, ich mag all das, was bei Bette Davis dazugehört.

Barbara Stanwyck ist an Unnahbarkeit kaum zu übertreffen. Sie hat eine großartige Figur und ein Talent, das in jeder Szene zum Ausbruch kommt.

Ich kann schlechte Schauspielerinnen nicht ertragen. Wenn ich spiele, sprechen sie so laut, daß ich keinen Satz sagen kann. Wir haben einen miserablen Film mit dem Titel *Konflikt (Conflict)* zusammen gedreht und uns dabei zu Tode gelangweilt. Aber Stanwyck war gut. Wenn sie eine gefühlvolle Szene spielen mußte, warteten wir alle, während sie einen kleinen Spaziergang machte, um in Stimmung zu kommen. Dann kam sie zurück und war bereit. Gott beschütze den Techniker, der sie im falschen Moment unterbricht. Sie ist ein toller Typ, diese Stanwyck, ziemlich robust. Ihr Haar wird langsam grau, und sie kommt in die Jahre, doch sie macht immer noch Filme, die das gewisse Etwas haben.

Was Lauren Bacall angeht, sicher, sie ist Mrs. Bogart. Aber sie gehört nicht nur deshalb zu meinen bevorzugten vieren. Sie ist ein großes, bildschönes Kind, das sich in dieser Branche einen Namen machen wird. Sie ist klug und bei Frauen so beliebt wie bei Männern. Man muß nur ihr Gesicht ansehen. Es ist wie eine Karte von Mitteleuropa, die über die hohen Backenknochen und großen grünen Augen gespannt ist. Als Schauspielerin hat sie nicht viel Erfahrung. Es dauert lange, bis man das hat. Aber Baby wird es schaffen. Sie ist nicht der Typ Frau, der herumhängt und sich von der Sekretärin des Chefs aufhalten läßt. Als Frau hat sie alle Trümpfe in der Hand. Sie ist schön, eine gute Mutter, eine gute Ehefrau, und sie weiß, wie man einen Haushalt führt.

Sie ist honigblond, und mit hohen Absätzen reicht sie mir bis zu obersten Stirnfalte. Sie hat die Figur eines Models, breite Schultern und eine Taille wie ein Mädchen. Ich habe sie bei *Haben und Nichthaben* kennengelernt, danach machten wir *Tote schlafen fest* zusammen. Nach dem Film sagte ich: ›Das ist mein Baby‹, und seither nenne ich sie Baby.«

Ich konzentriere mich mehr und mehr auf die Stimme meiner Mutter. Sie redet über ihn. »Dein Vater hat Hunde geliebt«, sagt sie. Dann etwas anderes. »Er hat immer seinen Frottee-Bademantel getragen, wenn er draußen auf der Terrasse war.« Sie redet mit mir, vergewissert sich aber nicht, ob ich zuhöre. Sie weiß, daß ich auch früher nicht immer zuhörte, wenn sie über Dad sprach. Sie läuft herum und trägt ihre Erinnerungen wie Sätze aus einem Film vor. Und ihre Worte finden einen Widerhall in einer Handvoll Bildern, die mit den Jahren durch Dinge, die sie gesagt hat oder die ich von Freunden gehört habe, in mir entstanden sind. Mutter hat mir oft von ihrer Liebe zu Humphrey Bogart erzählt. Ich schwöre, von jetzt an werde ich aufmerksam zuhören.

9

> »Wenn die Dreharbeiten vorbei sind,
> vergißt Bogart dich sofort.
> Dann siehst du ihn nie wieder.«
> *Howard Hawks zu Lauren Bacall*

In der letzten Woche des Jahres 1943 nahm der Regisseur Howard Hawks meine Mutter, die damals neunzehn Jahre alt war, in das Studio mit, in dem Humphrey Bogart gerade *Hollywood und die Nazis (Passage to Marseilles)* drehte.

Damals stand meine Mutter bei Howard Hawks unter Vertrag, und obgleich er sicher daran interessiert war, eine Rolle für sie zu finden, erwähnte er das an diesem Tag nicht. Er erzählte ihr allerdings, er besitze die Filmrechte an dem Roman *Haben und Nichthaben* von seinem Freund Ernest Hemingway und er hoffe, Bogie für die Hauptrolle zu gewinnen.

Während einer Drehpause stellte er Bogie meiner Mom vor. »Es gab«, sagt sie, »kein Feuerwerk und keinen Paukenschlag, nur ein freundliches ›Hallo‹ und ›Wie geht's‹.« Mom erinnert sich, vor allem davon beeindruckt gewesen zu sein, daß Bogart viel kleiner war, als sie erwartet hatte.

Ein paar Wochen später kam es im Leben meiner Mutter zu einiger Aufregung wegen Bogart, aber das hatte nichts mit Liebe zu tun. Es ging um ihre Karriere. Hawks erzählte ihr, sie sei für eine Rolle in *Haben und Nichthaben* zu Probeaufnahmen eingeladen.

»Und übrigens«, sagte er, »habe ich auch Bogart gekriegt.« Sie sollte die berühmte »Du-weißt-doch-wie-man-pfeift«-Szene vorspielen, und Mutter probte sie wieder und wieder mit einem etablierten Schauspieler, wobei es ihr peinlich war, ihn jedesmal küssen zu müssen. Bogie war inzwischen nach Casablanca gereist, um die Truppen zu unterhalten. Es wäre ohnehin ungewöhnlich für einen Schauspieler seines Ranges gewesen, wenn er an Probeaufnahmen mit einer unbekannten Schauspielerin wie meiner Mutter teilgenommen hätte, einer Frau, die damals noch Betty hieß und nicht Lauren. Ein paar Tage nach den Probeaufnahmen, als Bogie wieder zurück war, lief Mom ihm im Studio über den Weg.

»Ich habe Ihre Aufnahmen gesehen«, sagte er. »Wir werden eine Menge Spaß zusammen haben.« Mom hatte also die Rolle. Sie war außer sich vor Freude. Aber sie war auch nervös, und das änderte sich im Laufe der nächsten Wochen nicht mehr.

»Am ersten Tag der Dreharbeiten war ich reif für die Zwangsjacke«, erzählt sie. Sie erinnert sich, wie sie den Satz »Hat jemand Feuer?« wieder und wieder drehen mußte, weil sie so verspannt war, zitterte und schwitzte: »Dein Vater versuchte, meine Nervosität mit einem Witz zu vertreiben. Er war ganz wunderbar, wenn er sich bemühte, andere Schauspieler aufzulockern.«

Obwohl Bogie von Anfang an freundlich zu Bacall war und auf ihre Jugend und Unerfahrenheit Rücksicht nahm, flirtete er nicht mit ihr. Mom flirtete gerne, aber Bogie hatte den Ruf, sich nie mit seinen Filmpartnerinnen auf einen Flirt einzulassen. Deshalb begann die Beziehung, die während der Dreharbeiten von *Haben und Nichthaben* ihren Anfang nahm, als Freundschaft, was womöglich der Grund dafür ist, warum sie von Dauer war. Von Beginn an nannten sie einander Slim und Steve, so wie die Figuren in dem Film es taten, obwohl sie eigentlich Marie und Harry hießen.

254

Oben und unten:
Bogie (als mein Namensvetter
Steve) und Bacall (als Marie)
verlieben sich in *Haben
und Nichthaben* (1945)
Quelle: Warner/Foto:
Mac Julian/MPTV

255

Bogie und Bacall redeten nonstop, und wahrscheinlich erkannten die anderen, bevor sie es selbst wahrnahmen, wie es zwischen ihnen funkte. Mom sprach über ihre Kindheit und ihre Träume vom Erfolg in Hollywood. Sie bewunderte Bette Davis und Leslie Howard und war begeistert, als sie erfuhr, daß Bogie beide kannte. Es muß ziemlich berauschend gewesen sein. Bogie gab ihr Schauspieltips und erzählte von seinen frühen Bühnenjahren.

Er sprach von den Zwanzigern als der »guten alten Zeit«. Und er redete über seine Ehe mit Mayo. Er machte Witze über seine Kämpfe mit »Madame«, wie er sie nannte, aber Mom konnte erkennen, wie einsam er war.

Die Beziehung blieb platonisch, bis Bogie eines Abends, etwa drei Wochen nach Drehbeginn, in Moms Garderobe kam, um ihr eine gute Nacht zu wünschen.

»Er stand hinter mir«, erzählt sie. »Wir machten Scherze, so wie immer. Dann plötzlich beugte er sich vor und legte seine Hand unter mein Kinn. Er hob mein Gesicht zu sich hoch und küßte mich. Es war sehr romantisch, wirklich unglaublich lieb, und dein Vater schien in der Situation ziemlich schüchtern. Dann zog er ein altes Streichholzbriefchen aus der Tasche und bat mich, meine Telefonnummer hineinzuschreiben.«

In jener Nacht rief Bogie Mom an. Er wolle nur wissen, was sie gerade mache, sagte er. Sie redeten stundenlang.

Danach, sagte Mutter, war alles anders. Sie strahlten, wenn sie sich trafen. Während der Pause zog es sie zueinander hin, als gäbe es keine anderen Orte. Wenn Bogie Schach spielte, stellte sich Mom hinter ihn und sah zu. Während sie vorher getrennt gegessen hatten – Mom im Studio aus einer braunen Tüte, Dad im Lakeside Golf Club –, fuhren sie nun beide nach Lakeside. Eines Tages rief die Klatschkolumnistin Hedda Hopper bei meiner Mutter an und sagte: »Seien Sie lieber vorsichtig, sonst fällt Ihnen noch ein Scheinwerfer auf den Kopf«, eine Anspielung auf Mayos bekannte Neigung, mit Sachen um sich zu werfen. Eine andere Kolumnistin schrieb: »Im Lakeside bekommt man jeden Tag ein B&B-Lunch« – eine Bemerkung, die Mayo Methot besonders interessant gefunden haben muß.

Bogie und Bacall waren ganz beschwingt in ihrer Verliebtheit. Sie führten sich auf wie Kinder und alberten herum. Die Anziehung war echt. Die erotische Spannung zwischen meinen Eltern war so greifbar, daß im Drehbuch Änderungen vorgenommen werden mußten. Ursprünglich sollte Bogie mit einer anderen Frau eine Beziehung eingehen, aber kein noch so gutes Spiel konnte darüber hinwegtäuschen: Steve wollte Slim, und Slim wollte Steve.

Jahre später lautete Bette Davis' Kommentar zu dieser chemischen Reaktion: »Bis Betty Bacall auftauchte, waren Bogie Liebesszenen peinlich gewesen. Und das kam als eine gewisse Reserviertheit rüber. Mit ihr ließ er sich gehen, und es war großartig. Sie paßte zu seiner Unverschämtheit. Betty lief Bogie genau zur richtigen Zeit über den Weg. Er war reif, und sie war ein Kind, und ich glaube, er wollte ihr zeigen, wo es im Leben langgeht.«

Nach dem Dreh fuhren sie abends oft in getrennten Autos fort und hielten dann in einer kleinen, kaum befahrenen Seitenstraße. Bogie stieg aus seinem Wagen und kletterte in Moms Auto, wo sie dem Tag zusätzliche zwanzig Minuten abrangen, Händchen hielten und turtelten. Dann kletterte Bogie wieder in seinen Wagen und fuhr nach Hause zu Mayo. Mom folgte in ihrem Wagen, und wenn Bogie in die Horn Avenue einbog, dann winkte er ihr zu, und sie winkte zurück und fuhr nach Beverly Hills, wo sie eine weitere schlaflose Nacht verbrachte.

Hawks, der ein finanzielles – und vermutlich auch ein persönliches – Interesse an meiner Mutter hatte, bekam mit, wie sich die Romanze entwickelte. Er kochte ein paar Wochen vor sich hin, bis er eines Tages explodierte.

»Du verdammte Närrin! Bogart ist 45 Jahre alt«, sagte Hawks zu meiner Mutter. »Er ist ein Säufer. Er ist verheiratet. Diese Beziehung führt zu nichts. Es bedeutet ihm nichts. So etwas passiert dauernd, er meint es nicht ernst mit dir. Du wirfst eine Chance fort, für die jeder seinen rechten Arm hergeben würde. Und ich werde dabei nicht zusehen, das sage ich dir.« Hawks drohte, Mutter zu Monogram Pictures zu schikken, was damals etwa so war, als wenn man einem jungen Reporter der *New York Times* sagen würde, man werde ihn zum *National Enquirer* schicken.

Mutter war den Tränen nahe, als Hawks endlich aufhörte. Es ist nicht wahr, dachte sie, es ist einfach nicht wahr. Bogie ist nicht so. Aber dennoch war sie sich nicht ganz sicher. Vielleicht war sie nur eine Hollywoodaffäre für ihn. Als sie später in Bogies Armen weinte, fühlte sie sich besser. Er versicherte ihr, sie sei ihm wichtig und er werde sie beschützen, außerdem sei sie ein viel zu hoffnungsvolles Talent, als daß Hawks sie gehen lassen würde.

Als sich die Dreharbeiten dem Ende zuneigten und Mutter voller Furcht dem Tag entgegensah, an dem sie nicht länger durch diesen Film zusammengebracht werden würden, konnte sie nicht mehr essen und nicht mehr schlafen. Sie dachte nur noch an Bogie. Die Abende verbrachte sie oft mit ihrer Freundin Carolyn Morris, die sich ebenfalls in einen verheirateten Mann verliebt hatte, so daß sich die beiden gegenseitig bemitleiden konnten.

Als der befürchtete letzte Drehtag zu Ende ging, wurden Bogie und Bacall getrennt. Er ging zurück zu seiner Frau und sie zu ihrem Kissen, in das sie weinte. Eine Wocher später schickte mein Vater seinen ersten Liebesbrief.

»Ich wünschte von ganzem Herzen, die Situation wäre anders«, schrieb er. »Sie wird es auch irgendwann ganz bald sein. Ich weiß jetzt, was es heißt, wenn man sagt, jeder Abschied ist ein kleiner Tod, denn als ich beim letzten Mal von Dir fortgegangen bin und Dich da stehen sah, ist ein Teil von meinem Herzen gestorben.« Er unterschrieb den Brief mit »Steve«.

In jener Zeit fing Mom an, mit Carolyn Morris nach Balboa zu fahren, um Bogie an seinen Wochenenden bei der Küstenwache heimlich zu besuchen. Carolyn stieg irgendwo aus, und Bogie und Bacall blieben im Wagen und redeten und schmusten. Wann immer sie sich so trafen, brachten sie einander einen Brief mit, um ihn zu lesen, wenn sie wieder getrennt waren.

Er schrieb: »Baby, ich liebe Dich so sehr, und ich will Dich nie, nie verletzen oder Dir irgendein Unglück bescheren. Ich möchte, daß Du das Schönste im Leben hast, das je ein Sterblicher gehabt hat. Es ist unendlich lange her, Liebling, seit ich so tief für jemanden empfunden habe, daß ich gar nicht weiß, was ich sagen oder tun soll. Ich kann nur sagen, in diesen letzten beiden Wochen habe ich mein Herz geprüft, und nun weiß ich, daß ich Dich zutiefst verehre und daß ich Dich haben muß. Wir müssen nur warten, denn momentan kann nichts getan werden, was nicht für Dich eine Katastrophe bedeuten würde.«

In einem anderen Brief schrieb er: »Es kommt mir so seltsam vor, Dich nach 44 Jahren Streunerei zu treffen und mich in Dich zu verlieben, wo ich schon gedacht habe, so etwas würde mir nie mehr widerfahren. Und es ist tragisch, daß nicht alles einfach für uns sein kann, denn wir könnten so viel Spaß zusammen haben. Aus meiner Liebe zu Dir entsteht der Wunsch, Du mögest nichts als Glück erfahren und niemals Schmerz.«

Howard Hawks war nicht der einzige, den diese Romanze betrübte. Von ihrer Mutter wurde meine Mutter ebenfalls gewarnt, ihr stünde Liebeskummer bevor, weil Bogart Schauspieler, dreimal verheiratet, über vierzig und, was am schlimmsten war, nicht einmal Jude war.

Ich bin sicher, meine Mutter dachte damals, die Vorbehalte ihrer Mutter gegenüber der Liebe ihres Lebens seien völlig übertrieben. Aber die Menschen haben die gespenstische Eigenart, das Verhalten der vorhergehenden Generation zu wiederholen, und so wurde Bacall selbst zu einer Mutter, die die Partnerin ihres Sohnes ablehnte. Als Dale schwanger war und wir beschlossen zu heiraten, war Bacall nicht gerade glücklich.

»Stephen, du bist zu jung, es ist zu früh, du machst einen schrecklichen Fehler.«

»Wie kann es ein Fehler sein, wenn ein Kind einen Vater hat?«

»Aber dieses Mädchen, sie ist nicht die Richtige für dich.«

»Was stimmt mit ihr nicht?«

»Stephen, mal im Ernst. Torrington, Connecticut! Siehst du dort deine Zukunft?«

Und so weiter. Mutter sagte mir vermutlich dieselben Dinge, die ihre Mutter ihr gesagt hatte. Aber ich blieb unnachgiebig. Mein Kind würde einen Vater haben.

Auch nach unserer Hochzeit verstand sich Mom mit Dale nicht. Ich bin sicher, sie warf ihr vor, schwanger geworden zu sein und ihren jungen Sohn in eine alles andere als vollkommene Ehe gezwungen zu haben. Aber es gab noch ein anderes Thema. Meine Mutter glaubte, ich täte nicht genug, um die Erinnerung an meinen Vater aufrechtzuerhalten. Damals sah Mutter in allem, was ich machte – in den schlechten Noten, den miesen Jobs, dem Umzug nach Connecticut, der Ehe –, eine Verleugnung meines Vaters.

»Stephen, ich möchte, daß du stolz darauf bist, Humphrey Bogarts Sohn zu sein«, sagte sie, was meiner Meinung nach nichts anderes hieß als: »Zieh in eine große Stadt, such dir einen vernünftigen Job, tu etwas in deinem Leben.«

Meine Mutter hat nie ganz verstanden, daß ich weder stolz auf meinen Vater war noch mich seiner schämte; ich wollte einfach nicht von ihm erstickt werden. Mein ganzes Verhalten, das sie für destruktiv hielt, war nichts als der Versuch, seinem Schatten zu entfliehen, um ich selbst sein zu können. Mutter dachte, meine Frau hielte mich in dem kleinen Ort in Connecticut fest und sie wäre verantwortlich dafür, daß ich nicht weiterkam, mich nicht entwickelte. Dabei wollte ich es so.

Niemand dachte, meine Ehe mit Dale würde lange halten, nicht einmal ich selbst, doch sie bestand dreizehn Jahre lang.

Zwar fiel ein großer Teil davon in die Phase der offenen Ehe, aber dennoch hielt sie länger als irgendeine der Ehen meines Vaters.

Ich weiß nicht, ob meine Mutter ans Heiraten dachte, als sie Bogie kennenlernte, doch auf alle Fälle liebte sie ihn. Seit ihr Vater sie verlassen hatte, als sie noch ein Kind war, verspürte sie das dringende Bedürfnis, einen Mann zu lieben, und in Bogie hatte sie diesen Mann gefunden.

Mutter haßte die Heimlichtuerei. Nicht nur weil sie Schuldgefühle hatte, sondern auch weil sie Mayos Zorn fürchtete. Einmal besuchte Mutter Bogie auf dem Boot eines Freundes und mußte sich in der Kajüte verstecken, als Mayo auftauchte.

Während Hawks, meine Großmutter und ein paar andere gegen die Bogart-Bacall-Hochzeit waren, schien die breite Öffentlichkeit sehr dafür. Obwohl die Affäre durch Zeitungsberichte bekannt wurde, mußte Bacall sich nie als »die andere« oder als Familienzerstörerin bezeichnen lassen. Die Leute mochten sie, und sie wußten, was für eine verrückte Frau Mayo war.

Am 10. Mai 1945 ließen sich Bogie und Mayo scheiden. Dad brannte zwar darauf, Mom zu heiraten, er mußte den endgültigen Bruch mit Mayo jedoch ein paarmal verschieben, aus Angst, sie würde ihn, Bacall, sich oder alle drei zusammen erschießen. Aber es lag noch an etwas anderem. Wie jeder weiß, der sich hat scheiden lassen, üben die Jahre gemeinsamer Erfahrungen einen gewaltigen Einfluß aus, und der Abschied ist kaum je einfach. Bogie und Mayo hatten sich einst sehr geliebt. Sie hatten schöne Zeiten miteinander verbracht, und wenn Mayo nicht trank, konnte sie eine liebenswerte und reizende Frau sein. Ihrer Eifersucht zum Trotz unterstützte sie Bogies Karriere insgesamt sehr. Es war Mayo, die Morgan Maree als Manager für ihn gewonnen hatte. Und als Bogies Mutter Maude an Krebs erkrankte, lud Mayo sie in ihr Haus ein und kümmerte sich um sie, bis sie mit 75 Jahren starb. Mayo erledigte auch die ganzen Beerdigungsformalitäten. Mein Vater war ihr dafür sehr dankbar, trotz ihrer stürmischen Beziehung.

Es gibt vielleicht noch einen weiteren Grund, weshalb mein Vater es so schwierig fand, seine geisteskranke Frau zu verlassen. Seine Schwester Frances, genannt Pat, war ebenfalls geisteskrank und mußte sich seit Jahren immer wieder in Behandlung begeben. 1930 hatte Pat bei der Geburt ihrer Tochter

Patricia 27 Stunden lang qualvollste Wehen gehabt. Diese Erfahrung brachte sie für immer aus dem Gleichgewicht. Sie wurde manisch-depressiv und mußte regelmäßig in eine Nervenheilanstalt. 1935 bestand Maud darauf, daß Pat sich von Stuart Rose scheiden ließ, um ihn von der Last der Ehe mit ihr zu befreien. Dann wurde Pat in eine Anstalt an der Westküste überführt, und mein Vater kümmerte sich um sie. Wegen ihres Zustands konnte sie nur selten ihre Tochter sehen, aber sie schrieben sich Briefe. Und von Zeit zu Zeit war Pat in der Lage, ihren Bruder, den Filmstar, zu besuchen.

»Sie war eine große, kräftig gebaute Frau, die man sich gut auf einem Pferd vorstellen konnte«, erinnert sich meine Mutter. »Sie sah deinem Vater sehr ähnlich. Sie war schüchtern und nett und ganz normal, als ich sie sah. Dein Vater ging sehr sanft mit ihr um, und sie bewunderte ihn.«

Wenn die Probleme mit Mayo und Pat etwas von der Traurigkeit erklären konnten, die meine Mutter in Bogies Augen entdeckte, dann machten sie auch verständlich, warum er überglücklich war, eine schöne junge Frau zu haben, gesund und ohne Alkoholprobleme, die ihn so sehr liebte. Elf Tage nach der Scheidung von Mayo wurden Bogie und Bacall auf Louis Bromfields Malabar Farm in Ohio getraut. Bromfield, der meinen Vater schon seit Jahrzehnten kannte, war ein angesehener Romancier, der sich ins Landleben verliebt hatte und Farmer geworden war. Seine politische Einstellung unterschied sich völlig von Dads Haltung. Er war Republikaner, aber die beiden respektierten einander sehr.

Die Hochzeit erwies sich als riesiges Medienereignis, und das Haus war umzingelt von Reportern und Fotografen aus aller Welt. Ein paar schafften es sogar, ins Haus zu schlüpfen. Mutter war mit den Nerven am Ende und mußte immer wieder ins Badezimmer laufen.

Mom schreibt: »Meine Knie zitterten so, daß ich fürchtete, die Treppe hinunterzufallen. Bogie stand da und sah so verletzlich und elegant aus – wie ein jugendlicher Held. Mutter war so nervös wie ich und kämpfte gegen die Tränen, hatte aber ein

Lächeln auf ihrem freundlichen Gesicht. Meine Knie schlugen gegeneinander, meine Gesichtsnerven zuckten – würde ich irgendeinen Ton herausbringen bei den Versuch ›Ich will‹ zu sagen? Wir gingen die letzten Stufen hinunter. Als ich Bogie erreichte, nahm er meine Hand – die riesigen, wunderschönen weißen Orchideen, die ich hielt, waren vor lauter Gezittere dabei, ihre Blüten abzuwerfen; wie ich da stand, gab es nichts an mir, das nicht in Bewegung war. Der Friedensrichter sprach – zu mir –, und ich hörte eine Stimme, die ich nie zuvor gehört hatte, diese zwei einfachen Worte absoluter Hingabe sagen. Bogie schob einen Ring über meinen Finger – erst blieb er am Fingerknöchel hängen, wobei das Zittern der Sache nicht gerade dienlich war, doch dann gelangte er an seinen vorgesehenen Platz. Als ich zu Bogie blickte, sah ich Tränen über sein Gesicht laufen – sein ›Ich will‹ war jedoch kräftig und klar. Als Richter Shettler sagte: ›Ihr seid nun Mann und Frau‹, wandten wir uns einander zu – Bogie beugte sich zu mir, um mich zu küssen, und ich hielt ihm scheu die Wange hin; all diese Zuschauer machten mich sehr befangen. Er sagte: ›Hello, Baby.‹ Ich umarmte ihn, und es heißt, ich hätte gesagt: ›Oh, prima.‹ Schwer zu glauben, aber vielleicht waren es tatsächlich meine Worte.«

Die Tage, die folgten, waren nicht weniger romantisch als die Tage, die vorausgegangen waren. Mutter, die nicht kochen konnte, schwor, sich all die zu jener Zeit für die Hausfrau erforderlichen Kenntnisse anzueignen, obwohl Bogie aus Gewohnheit seine Köchin May und seinen Gärtner Aurelio behalten wollte.

Zuerst lebten sie im Garden of Allah, der Bungalowsiedlung, in der viele von Bogies Freunden und Trinkgefährten wohnten. »Es war ein großartiger Ort für einen Junggesellen«, sagt meine Mutter. Aber Bogie war kein Junggeselle, und meine Mutter sehnte sich nach einem Haus, in dem man Kinder großziehen konnte. Dennoch gestaltete sich das Leben im Garden of Allah durchaus aufregend. Bogies Freunde dort waren faszinierende Leute mit Geist und Witz, die meisten von ihnen Autoren, alle Trinker.

Bogie verschwendete keine Zeit, Mom in die Gemeinschaft der Segler einzuführen, oder versuchte es zumindest. Er stellte sie seinen Segelfreunden in Newport Beach vor, die alle nichts mit dem Showbusineß zu tun hatten und Schauspieler im Grunde für sonderbare Menschen hielten, von ihrem Freund Bogie einmal abgesehen.

»Dein Vater nahm mich auf seinem Boot mit nach Catalina, als wir gerade verheiratet waren«, erzählte mir Mutter. »Das war, bevor er Dick Powell die Santana abkaufte. Er schien so aufgeregt. Es war ihm wirklich wichtig, daß ich das Meer genauso liebte wie er. Er zeigte mir, wie man ein Boot steuert, und ich kochte uns etwas in der Kombüse. Als das Boot zu schaukeln anfing, dachte ich, o Gott, ich werde seekrank. Mir wurde übel. Ich wollte das um jeden Preis vor deinem Vater verbergen, weil ich wußte, was ihm das Segeln bedeutete. Nach einer Weile fühlte ich mich besser, und wir aßen zu Mittag, was ein Fehler war. Wieder wurde mir schlecht. Schließlich merkte dein Vater, was mit mir los war, und riet mir, zum Horizont zu blicken, das werde mich beruhigen. Es schien zu funktionieren. Wir fuhren danach viele Male nach Catalina, und ich liebte die Insel, konnte mich aber nie übermäßig für die Fahrt dorthin begeistern.«

Die Beziehung, wie sie sich in der ersten Zeit der Ehe meiner Eltern entwickelte, ist oft mit der von Nick und Nora Charles aus *Der dünne Mann (The Thin Man)* verglichen worden. Sie war lebhaft und romantisch, witzig und liebevoll. Sie war ein verbales Tennismatch, in dem Boogie in der Regel die Punkte machte, aber Bacall am Ende immer den Satz gewann.

Er sagte Dinge wie: »Ich hätte Junggeselle bleiben sollen. Ich lerne nie dazu. Jedesmal denkt man, es wird schon klappen, man kennt ja mittlerweile all die Tricks. Man hat begriffen, daß man das Badehandtuch wegräumen soll und nach dem Rasieren keine Haare im Waschbecken zurücklassen darf. Aber beim nächsten Mal ist es wieder etwas anderes. Man hat einen Schrank für Drinks, und man möchte die Gläser so plazieren, daß man an sie herankommt, und dann stellt sich heraus, die

Mom und Dad auf der Santana (1946)

Frau möchte sie aber lieber in Pyramiden aufstellen, schon liegt man wieder daneben.«

Sie sagte Dinge wie: »Bogie tut im Haushalt nichts, aber auch gar nichts. Er ist kein Hausmann. Er will, daß alles seine Ordnung hat, aber er baut keinen Grillplatz und keine Mauern und kennt auch kein Rezept für Spaghetti.« In den vier Jahren ihrer Ehe vor meiner Geburt hatte Mom die Freiheit, ihrer Karriere nachzugehen. Dad beschloß, sich nicht einzumischen, auch nicht, indem er ihr behilflich war. Das heißt, er bestand nicht darauf, daß Bacall in seinen Filmen eine Rolle bekam. Mutter hingegen erschien es so, als hätten die Leute vergessen, daß sie Schauspielerin war. Sie sahen in ihr nur noch Mrs. Humphrey Bogart.

Was die Kritik angeht, wurde sie ziemlich in die Mangel genommen. Nach *Haben und Nichthaben* fand man meine Mutter absolut umwerfend. Die Kritiker stellten sie auf eine Stufe mit den großen Schauspielerinnen jener Zeit. Sie sagten ihr eine einzigartige Karriere voraus. Als nächstes war sie in *Confidential Agent* als Engländerin zu sehen, einer lächerlichen Fehlbesetzung, und die Kritiker verrissen sie. Sie hätten sich geirrt, sagten sie. Bacall habe doch keine Zukunft. Aber als *Tote schlafen fest* in die Kinos kam, hieß es wieder, sie hätten es immer schon gewußt, Bacall sei ein großes Talent mit einer noch größeren Zukunft. Sie müsse bei *Confidential Agent* selbst fest geschlafen haben, sagten sie schlauerweise, obwohl Mom den Film *Tote schlafen fest* mit Dad vorher gedreht hatte.

Nachdem Bogie und Bacall ihren dritten gemeinsamen Film *Schwarze Natter (Dark Passage)* abgedreht hatten, überredete sie ihn, das Haus im Benedict Canyon zu kaufen, wo ich entstanden bin. Der Benedict Canyon war noch nicht erschlossen, und dies war ein richtiges Bauernhaus, das der Schauspielerin Hedy Lamarr gehörte. Es hatte acht Zimmer, alle auf einer Etage, einen Pool und einen Hof für Enten und Hühner.

Neben den gefiederten Haustieren hielten meine Eltern im Benedict Canyon noch ein paar Vierbeiner. Louis Bromfield hatte ihnen zur Hochzeit einen Boxer geschenkt. Bogie nannte den Hund Harvey – nach dem unsichtbaren Hasen in dem Film *Harvey* mit James Stuart –, weil er laut Bogie »der unsichtbare Hund ist; er ist nie da, wenn man ihn braucht«. (Harvey war auch einer der Kosenamen meiner Mutter während der Zeit, als sie sich heimlich trafen – sie sollte »unsichtbar« bleiben.) Später schafften meine Eltern eine Spielkameradin für Harvey an und nannten sie Baby. Als Harvey und Baby Junge bekamen, behielten sie eines und nannten es George.

Oskar Levant behauptet, wann immer er meine Eltern in ihrem Haus im Benedict Canyon besucht haben, sei die größte Gefahr – abgesehen von meinem Vater – von den beiden riesigen Boxern ausgegangen. Er sagt, die Hunde hätten den ganzen Abend mitten im Wohnzimmer gelegen und geschlafen und alle hätten laut sprechen müssen, weil die Hunde so geräuschvoll schnarchten. Sie hatten aber offenbar noch eine viel unangenehmere Angewohnheit als das Schnarchen, denn Levant erinnert sich ebenfalls daran, wie die Anwesenden dauernd Streichhölzer anzünden mußten, um den Geruch loszuwerden.

Mein Vater war den Hunden völlig ergeben. Benedict Canyon war damals noch sehr ländlich, und eines Nachts stellte Dad fest, daß Baby von einer Klapperschlange gebissen worden war. Er trampelte die Schlange tot und fuhr den Hund zum Tierarzt. Als er zurückkam, wurde Harvey gerade von einer Wildkatze bedrängt, und Bogie vertrieb sie mit einem Gewehr. Die Zeitung bekam Wind von den Vorfällen und nannte ihn einen Helden, der sich für seine Haustiere einsetze.

Ich wohnte nur als Baby in Benedict Canyon, deshalb setzt meine Erinnerung an die Hunde erst mit der Zeit am Mapleton Drive ein. Ein Vorfall gibt eine ganz gute Vorstellung davon, was für ein Hundefreund Bogie war.

Die Tiere bellten oft spätnachts, und nach einiger Zeit unterzeichneten die Nachbarn, unter ihnen Art Linkletter, eine Petition, wonach den Hunden ein Maulkorb verpaßt werden sollte.

Über einen der Männer, die sich über das Gebell beschwert

hatten, sagte mein Vater: »Der Hurensohn kann Hunde nicht leiden? Was für ein Ungeheuer ist das? Er sollte froh sein, daß er den wunderbaren Klang des Gebells überhaupt hören darf.«

Einige Zeit später, als die Hundesache vorüber war, ließ derselbe Mann eine harmlose Petition zirkulieren, in der es um einige Änderungen ging, die er auf seinem Grundstück vornehmen wollte. Dad sprach gerade mit Sammy Cahn am Telefon, als der beiläufig erwähnte, er habe die Petition unterzeichnet.

»Was?« sagte Bogie. »Du hast unterschrieben?«

»Sicher«, meinte Sammy. »Warum auch nicht?«

»Wie kannst du für diesen gottverdammten Hundehasser etwas unterschreiben?« fragte Bogie.

Als er aufgelegt hatte, grübelte Bogie eine Weile nach. Er konnte es nicht ertragen, daß einer seiner Freunde einen Mann unterstützte, der seine Hunde kritisiert hatte. Schließlich rief er Cahn erneut an.

»Sammy«, sagte er, »diese Petition für den Hundehasser. Hat irgend jemand gesehen, wie du unterschrieben hast?«

»Nein«, antwortete Cahn.

»Dann ist es auch nicht rechtskräftig«, sagte Dad und hängte auf.

Im selben Jahr, in dem Bogie das Haus in Benedict Canyon für seine wahre Liebe kaufte, erwarb er auch seine andere wahre Liebe, die Santana.

»Das Boot hatte Dick Powell und June Allyson gehört«, sagt Mom, »aber Dick hatte Probleme mit den Stirnhöhlen und sollte sich in trockenerem Klima aufhalten. Also mußte er das Boot verkaufen, was entsetzlich für ihn war, weil er das Meer genauso liebte wie dein Vater. Einmal gingen wir mit Dick und June segeln. Bogie verliebte sich wie verrückt in die Santana. Nachdem er das Boot gekauft hatte, besaß Bogie alles, was er sich ersehnte.«

Es sieht also so aus, als sei das Leben meines Vaters nach der Begegnung mit Bacall eine einzige Fahrt ins Glück gewesen, ohne Hindernisse, abgesehen von der Trennung von Mayo. Und vielleicht war es das tatsächlich.

Aber wie bei so vielen Dingen im Leben meines Vaters gibt es auch in diesem Fall eine andere Version der Geschichte.

Die Friseuse und Toupetspezialistin Vera Thompson behauptet, sie habe mit meinem Vater eine Affäre gehabt, als er noch mit Mayo Methot verheiratet war, und diese Affäre sei auch noch aufrechterhalten worden, nachdem er meine Mutter geheiratet hatte.

Vera behauptet, sie habe meinen Vater auf einer Party nach Drehschluß kennengelernt und danach seien sie tanzen und etwas trinken gegangen. Am nächsten Tag habe Bogie sie zum Mittagessen eingeladen.

»Dann«, sagt sie, »überraschte er mich. Er sagte: Ich gehe zurück zum Set und sehe nach, ob sie mich brauchen. Ich stelle mich krank oder so, und wir treffen uns in einer Stunde bei dir. Ist das in Ordnung?«

Vera war nicht nur überrascht, weil Bogie damals noch mit Mayo verheiratet war, sondern weil auch sie selbst verheiratet war. Sie sagte ja.

Als Bogie sich mit meiner Mutter einließ, sei die Affäre beendet worden, sagt sie, drei Monate nach seiner Hochzeit mit Bacall hätten sie sie wiederaufgenommen. Sie wurde seine Hairstylistin, und ihren Angaben zufolge trafen sie sich heimlich in ihrer Wohnung, auf seinem Boot und im Beverly Hills Hotel. Sie sagt, sie habe gedacht, meine Eltern würden sich scheiden lassen, zumindest bis ich geboren wurde, aber dann habe sie die Hoffnung aufgegeben. 1982 schrieb sie all das in ihrem Buch *Bogie and Me* nieder.

Ist etwas Wahres daran? Oder ist sogar alles wahr? Ich weiß es nicht. Und ich denke auch nicht viel darüber nach. Eigentlich glaube ich nicht, daß mein Vater sich mit anderen Frauen einließ, nachdem er meine Mutter geheiratet hatte. Natürlich war Dad kein Heiliger. Aber mir kommt es so vor, als seien ihm zu viele andere Dinge wichtig gewesen, als daß er die Zeit und die Energie gehabt hätte, mit anderen Frauen herumzumachen. Er war, wie ich schon sagte, ein Mann für Männer, ein Trinker und Seemann und Pokerspieler, kein Liebhaber. Außerdem war er einer der größten Stars seiner Zeit, und ich kann mir nicht vorstellen, daß Vera Thompson seine erste Wahl gewesen wäre unter allen den Frauen, die er hätte haben können, wenn er interessiert gewesen wäre. Aber unglücklicherweise leben wir in einer Zeit, in der sich eine Menge Leute daran »erinnern«, eine Affäre mit irgendeiner Berühmtheit gehabt zu haben, die tot ist und sich nicht wehren kann.

Andererseits kann ich nicht mit Sicherheit behaupten, das alles habe sich nicht so zugetragen.

Ich habe erfahren, daß mein Vater etwas Unergründliches besaß und sich niemals völlig offenbarte, auch nicht gegenüber Bacall. Wir wünschen uns Legenden stets absolut: »Bogie hat immer die Wahrheit gesagt«, »Bogie hatte einen unverrückbaren Moralkodex« und so weiter. Aber Legenden sind auch nur Menschen, und Menschen sind nie aus einem Guß. Niemand sagt immer die Wahrheit. Bogie zum Beispiel erzählte eine Menge Lügengeschichten, als er nach Hollywood kam. Er behauptete, einen Bahnhof in Frankreich zu besitzen. Oder er erzählte, er sei ins Gefängnis gegangen, um sich auf seine Rolle in dem Film *Der versteinerte Wald* vorzubereiten. Und niemand hat, soweit ich weiß, einen unverrückbaren Moralkodex. Hat Bogie also Bacall betrogen? Ich bezweifle es. Aber wenn er es getan hat, ist das nicht die rauchende Pistole, die seine Unvollkommenheit beweist. Er war wie wir alle von Anfang an unvollkommen.

Untreu oder nicht, mein Vater war auf jeden Fall ein Romantiker, der fest an die Liebe glaubte.

»Ich glaube an die Institution der Ehe«, sagte er einmal. »Die Institution ist richtig, es sind die Menschen, die falsch sind. Ich glaube an die Liebe, aber nicht an die eine Liebe des Lebens, so hübsch das klingen mag. Es kann nicht nur eine Liebe geben. Unter fünfzig Millionen Menschen wäre es reichlich schwierig, sie zu finden.«

»Die Liebe ist etwas sehr Warmes, Ermutigendes und Angenehmes«, sagte er ein anderes Mal, »eine notwendige Übung für das Herz, die Seele und den Geist. Wenn man nicht liebt, dann trocknet man aus. Am Ende ist der beste Beweis, den ein Mann für seinen Glauben an die Liebe und die Ehe erbringen kann, wenn er mehr als einmal heiratet. Wenn man nicht verheiratet oder verliebt ist, dann ist man vogelfrei, und das ist kein schöner Zustand. Liebe ist auch tröstlich. Es ist das einzige Gefühl, das uns, wenn überhaupt, aus unserer schrecklichen naturgegebenen Einsamkeit erlösen kann.«

Diese Einstellung habe ich mit meinem Vater gemeinsam. Er sagte das, bevor er Lauren Bacall traf, vielleicht hat er also die Liebe seines Lebens doch noch gefunden. Alle scheinen sich einig zu sein, daß die beiden einander verehrten. Ich weiß, ich habe in Barbara die eine Liebe meines Lebens gefunden. Und ich weiß, ich habe das vielleicht wegen meiner Krankheit immer über alles andere gestellt. Und das habe ich auch nie bedauert.

»Vielleicht sollten wir einen Blick ins Schlafzimmer werfen«, sagt meine Mutter. Ich erschrecke. Ich wollte das eigentlich vermeiden.

»Ich dachte, du hättest es schon getan«, sage ich. »Als wir oben waren.«

»Nein«, sagt Mutter. Sie starrt in die Luft. »Ich bin nicht reingegangen.«

Wir gehen durch das Eßzimmer. Auf die Treppe zu. Irgendwo in der Ferne höre ich ein Flugzeug. Ich werde bald zu Barbara und den Kindern zurückfliegen, denke ich.

Das Geräusch des Flugzeugs bringt eine andere Erinnerung mit sich. Es ist nicht wirklich eine Erinnerung an ein Ereignis. Es ist die Erinnerung daran, wie ich mir das Ereignis vorstellte, als ich alt genug war, um davon zu wissen.

Es ist der 12. März 1951. Ich bin zwei Jahre alt. Mein Vater hat sich vertraglich verpflichtet, mit Katharine Hepburn unter der Regie seines Freundes John Huston in African Queen zu spielen. Dad freut sich darauf, wieder mit Huston zu arbeiten, weil, wie er sagt, John sein Freund ist und gute Filme macht.

Bogie und meine Mutter fliegen zusammen nach Afrika. Sie werden vier Monate lang fort sein, ein Sechstel meines gesamten Lebens zum damaligen Zeitpunkt.

Während meine Eltern auf dem schwarzen Kontinent sind, soll ich in der Obhut meines Kindermädchens Mrs. Hartley bleiben, einer rosigen, fülligen Frau, die mich fest in den Armen hält, als ich meiner Mutter und meinem Vater zusehe, wie sie in eine riesige mysteriöse Maschine aus Metall steigen. Es ist, sagt sie, ein großer Silbervogel. Auf Veranlassung von Mrs. Hartley winke ich mit meiner kleinen Hand Mommy und Daddy ein letztes Mal zu. Das Flugzeug rollt die Startbahn entlang. Nur Gott weiß, welche Angst ich ausstehe, als ich den großen Silbervogel mit meinen Eltern in den Himmel steigen und von mir

273

fortschweben sehe. Ich klammere mich an Mrs. Hartley. Ich begreife nicht, warum Mommy und Daddy fort sind, aber wenigstens habe ich mein Kindermädchen. Und in diesem Moment, als sie mich festhält und meine Eltern am Horizont des nächtlichen kalifornischen Himmels verschwinden, bekommt Mrs. Hartley einen Hirnschlag und fällt tot um.

10

»Plötzlich sagt man sich: ›Wo zum Teufel fahre ich eigentlich hin –
was tue ich da nur?‹ Aber natürlich weißt du,
was du tust – du fährst mit deinem Mann fort,
der nicht an Trennungen in der Ehe glaubt
und arbeiten muß.
Dein Leben mit ihm kann nicht aufhören
wegen deines Sohnes.«
Lauren Bacall

Natürlich erinnere ich mich nicht an den Flughafentod von Mrs.
Hartley. Ich war zwei Jahre alt. Aber hier ist die Geschichte, wie
keine Geringere als die Hollywoodkolumnistin Louella Parsons
sie am nächsten Tag im *Los Angeles Examiner* beschrieb:

Der kleine Stephen Bogart, der zwei Jahre alte Sohn von Lau-
ren Bacall und Humphrey Bogart, entging um Haaresbreite
Verletzungen, als sein Kindermädchen Mrs. Alyce Louise Hart-
ley, die ihn in ihren Armen hielt, einen Hirnschlag erlitt und
beinahe auf der Stelle starb.

Glücklicherweise kam Carolyn Morris' Mutter, die auch am
Flughafen war, herbeigeeilt, um den Jungen dem stürzenden
Kindermädchen abzunehmen, und verhinderte so Stephens
Sturz.

Das also ist passiert, und wenn ich mich auch nicht daran erinnern kann, so glaube ich doch, das Ereignis hat mich einiger-

maßen mitgenommen. Mrs. Hartleys Tod war an der Sache jedoch nicht das Schlimmste. Was als nächstes eintrat, ist etwas, worüber ich mein Leben lang nachgedacht habe.

Meine Mutter kam nicht zurück.

Mein Vater mußte natürlich nach Afrika. Er war Schauspieler. So verdiente er seinen Lebensunterhalt. Dies war eine Chance, mit Hepburn und Huston zu arbeiten. Aber meine Mutter spielte in dem Film nicht mit. Sie mußte nicht fahren.

In ihrem Buch *Mein Leben* berichtet meine Mutter mit erstaunlicher Offenheit (wenn sie sich dabei auch in die zweite Person flüchtet) darüber, wie sie mich verließ. Sie schreibt: »Ich spüre einen Schmerz in der Magengrube, wenn ich daran denke, wie ich mich fühlte, als ich Steve zurückließ ... Dein Leben mit ihm [deinem Mann] kann nicht aufhören wegen deines Sohnes. Und – gib es doch zu – du willst diese unbekannten Orte sehen. Also brummt das Hirn – das Herz pocht – der Magen schmerzt. Ich muß mich gut hundertmal umgedreht haben, um nach Steve zu sehen und zu winken, mit Tränen in den Augen.«

Meine Eltern machten Zwischenstation in Chicago, als sie die Nachricht von Mrs. Hartleys Tod erhielten.

»Ich überlegte hin und her, ob ich zurückkommen sollte«, erzählt meine Mutter. »Ich wußte, meine Mutter würde sich um dich kümmern, aber ich fragte mich, ob ich nicht vielleicht doch zurückkehren sollte. Ich telefonierte immer wieder mit deinem Arzt Dr. Spivak. Er sagte, ich solle mir keine Sorgen machen, er werde ein gutes Kindermädchen für dich finden. In der Zwischenzeit war meine Mutter für dich da. Als das Flugzeug in New York landete, hatte Dr. Spivak eine Kinderschwester gefunden. Ich sprach lange mit ihr aus einer Telefonzelle im ›21‹. Ich telefonierte auch mit den Hausangestellten, und sie versprachen mir, Bericht zu erstatten. Ich versuchte, mit dir zu sprechen, Stephen, aber du weigertest dich, mit mir zu reden. Ich sprach noch mal mit dem Arzt. Er sagte mir, du seist schon in Ordnung. Es war keine Frage, um deine körperlichen Bedürfnisse würde man sich kümmern.«

Das ist wahr. Aber ich habe mich oft nach den seelischen Bedürfnissen gefragt. Es gibt Leute, die behaupten würden, ein zweijähriger Junge braucht seine Mutter, wenn sein Vater fort ist und sein Kindermädchen gerade tot umgefallen ist, während es ihn auf dem Arm hielt.

Andererseits läßt sich die Entscheidung meiner Mutter sicher auch verteidigen. Ich habe es selbst oft genug getan. Ich hatte schließlich ein sicheres und schönes Zuhause. Ich hatte Bedienstete, die mich fütterten. Ich hatte die neue Kinderschwester, die mich anzog und Fieber maß, wenn ich krank wurde. Ich hatte meine Großmutter, die nach mir schaute. Ich wurde nicht gerade in einem Korb im Wald zurückgelassen.

Und offen gesagt war der Druck für meine Mutter, bei Bogie zu bleiben, sehr groß. Sie war ihm unglaublich ergeben und wollte bei ihm sein. Und Bogie war ein Mann, der fest daran glaubte, der Platz einer Frau sei an der Seite ihres Mannes. Weil er 25 Jahre älter als Bacall war, kann ich mir vorstellen, er hielt jeden Moment mit ihr für besonders kostbar. Selbst wenn beide gleich alt werden würden, blieben immer noch 25 Jahre, die er nicht mit ihr verbringen könnte. Er wollte nicht jedesmal vier Monate dieser kostbaren Zeit verlieren, wenn er auswärts drehen mußte. Ich kann das verstehen; ich hasse es schon, wenn ich von meiner Frau nur vier Tage getrennt bin.

Ich weiß, daß ich anders gehandelt hätte, wenn es um mich und meine Kinder gegangen wäre. Ich wäre zurückgekommen. Aber jeder von uns tut, was er für richtig hält. Und meine Mutter hat sich 1951 eben so entschieden.

Ich hingegen war in dem Moment und noch all die Jahre danach wütend und voller Vorwürfe. Das war immer ein Thema zwischen mir und meiner Mutter. Ich bin sicher, ein guter Therapeut würde mir sagen, so einfach sei es nicht:

»Steve, du mußt verstehen, daß dein Gefühl des Verlassenseins sich nicht nur auf die Reise deiner Eltern nach Afrika bezieht. Es bezieht sich auf den Tod deines Vaters und die Bedrohung deiner Identität durch Leute, die in dir nur Bogarts Sohn sehen.« Und so weiter, und so fort, blablabla.

Vermutlich stimmt das. Aber ich mache meine eigene Therapie. Die Hälfte der Zeit sage ich mir: »Steve, deine Gefühle sind berechtigt.« Die andere Hälfte sage ich: »Laß es hinter dir, Steve, das war vor 43 Jahren.« Ich glaube, ich bin jetzt darüber hinweg.

Aber weil diese Espisode in meinem Leben so vieles überschattet hat, wollte ich, als ich anfing, mich nach meinem Vater zu erkundigen, herausfinden, wie diese vier Monate für meinen Vater und meine Mutter gewesen sind. Ich sprach mit Mutter und ihren Freunden und anderen Leuten, die meinen Vater kannten. Aber hauptsächlich redete ich mit Katharine Hepburn darüber.

Ich kenne Kate Hepburn schon mein ganzes Leben, denn seit *African Queen* ist sie gut mit meiner Mutter befreundet. Ich erinnere mich, wie ich als Sechsjähriger zum ersten Mal in ihrem Haus war, oben auf einem Hügel in Beverly Hills, Kalifornien. In meiner Erinnerung wirkt das Haus wie eine Burg, irgendwie gespenstisch und mysteriös. Spencer Tracy war auch da, und ich bedaure, ihn nie wirklich kennengelernt zu haben.

Während der Dreharbeiten zu *The African Queen* entwickelten sich zwischen Kate und meinem Vater eine große Zuneigung und Achtung voreinander.

»Ich habe ihn geliebt, und er hat mich geliebt«, sagt Kate. »Er war ein richtiger Mann, dein Vater, es gab an ihm nichts, was nicht männlich gewesen wäre. Er war ein Aristokrat und ein Gentleman. Er war sehr stolz darauf, Schauspieler zu sein, und das kommt selten genug vor. Dein Vater war ein Engel, ein echter Engel.«

Vater bewunderte Kate ebenfalls, aber er drückte seine Zuneigung, wie es für ihn typisch war, weniger direkt aus. Als er und Huston sie zum ersten Mal trafen, machte Kate irgendeine Bemerkung der Art, normale Frauen verstünden mehr von Männern als schöne Frauen. Dad meinte später zu Huston: »Sie ist eine Krähe, also muß sie es ja wissen.« Aber nach den Dreharbeiten zu *African Queen* erzählte er der Presse: »Ich

Oben: Dad und Katharine Hepburn während der Dreharbeiten zu dem Film
African Queen, für den mein Vater einen Oscar erhält (1951)
Quelle: Romulus-Horizon /MPTV
Unten: Als Charlie Allnut in *African Queen* (1951)
Quelle: Romulus-Horizon

habe festgestellt, niemand besitzt mehr Sex-Appeal als Kate, besonders vor der Kamera, und sie hat Beine wie die Dietrich. Man kann einen Hut auf Katie werfen, und er bleibt in jedem Fall irgendwo hängen.«

The African Queen, ein Buch von C.S. Forester, erzählt die Geschichte von Charlie Allnut, einem Gin schluckenden, nichtsnutzigen englischen Flußkapitän, und Rosie Sayer, einer mageren, Lieder singenden Missionarin. Eines der seltsamsten Paare, die man sich vorstellen kann. Es hatte früher einmal den Plan gegeben, die Geschichte mit Charles Laughton und Elsa Lanchester zu verfilmen. Später sollten John Mills und Bette Davis die Hauptrollen spielen. 1951 wollte der Produzent Sam Spiegel dann Bogart und Hepburn.

Es war ein Film, sagt mein Vater, »über eine Frau, die Missionarin werden will, aber am Ende, nachdem sie einige Zeit in einem kleinen Boot mit mir verbracht hat, eine Frau wird«.

Obwohl mein Vater Spencer Tracy seit Jahren gut kannte, war er Hepburn immer nur flüchtig begegnet. Ehe er und John Huston zu jenem kalifornischen Haus fuhren, um Kate für die Rolle der Rose zu gewinnen, hatte Bogie schreckliche Sachen über sie gehört und fuhr deshalb, wie er sagte, »mit berechtigter Skepsis« dorthin. Bogie hatte gehört, Kate verhandele mit Produzenten knallhart, sie halte Hollywood für ein notwendiges Übel, gebe keine Autogramme und, das war am schockierendsten, sie trinke nicht.

»Dein Vater war meinetwegen ein wenig nervös«, sagt Kate. »Er dachte, ich wäre ein Menschenfresser.«

Hepburn fürchtete sich genauso vor Bogart und Huston, weil sie wiederum gehört hatte, die beiden seien völlig verdorben. Nachdem sie ihnen einen Vortrag über das Laster des Trinkens gehalten hatte, sagte Bogie zu ihr: »Du hast völlig recht, Kate. Jetzt hol dir einen Stuhl, und trink mit uns.«

Kate, die damals 42 Jahre und immer noch ziemlich glamourös war, wurde von Huston gebeten, etwas einigermaßen Riskantes zu tun: eine 55jährige Frau zu spielen.

»Rosie war spindeldürr«, sagt Kate. »Sie war ausgemergelt.

Sie wurde durch den Schmutz von Afrika gezerrt. Es war keine glanzvolle Rolle. Das habe ich geliebt.«

Mein Vater mochte Foresters Geschichte ebenfalls und hielt sie für eine willkommene Abwechslung: »Wir glaubten alle an die Aufrichtigkeit und den Charme der Geschichte«, sagte er. »Und ich wollte den Trenchcoat ablegen, den ich in allen Filmen, gleich ob als Teufel oder als Heiliger, getragen hatte.« Bogie, der normalerweise Gefühle vermied, war sehr sentimental, was *African Queen* anging. »Wir haben diese beiden albernen Leute auf dem Boot geliebt«, sagte er.

In Wirklichkeit war mein Vater John Huston zufolge anfangs nicht besonders begeistert von Charlie Allnut.

»Bogie mochte die Rolle zuerst nicht«, sagt Huston. »Aber sobald er einmal in die Haut des runtergekommenen, zerlumpten, absurden und tapferen kleinen Mannes geschlüpft war, sagte er zu mir: ›John, laß es mich nicht verlieren. Achte darauf, daß ich es nicht verliere.‹«

Nachdem sie sich getroffen hatten, waren sich alle einig, Kate würde Rosie und mein Vater Charlie Allnut spielen und Allnut sollte Kanadier sein, um dem Akzent meines Vaters entgegenzukommen. Also fuhren die Erwachsenen nach Afrika.

So war es nicht ganz. Nachdem meine Eltern mich und die selige Mrs. Hartley am Flughafen zurückgelassen hatten, fuhren sie nicht auf direktem Weg nach Afrika. In New York gingen sie an Bord des Schiffes Liberté und segelten nach England. Als sie in London ankamen, erfuhren sie, daß ein paar von Spiegels Geldgebern abgesprungen waren und nun kein Geld da war, um *African Queen* zu machen. Schnell wurden finanzielle Entscheidungen getroffen: Mein Vater würde eigenes Geld in den Film stecken, und Bogie, Hepburn und Huston wollten ihre Gagen zurückstellen, bis Geld hereinkam.

»Ich bestand darauf, daß mir mein Hotelzimmer in London bezahlt wurde«, sagt Kate. »Es machte mir nichts aus, den Film umsonst zu machen, aber ich wollte für dieses Privileg nicht auch noch zahlen müssen.«

Anschließend fuhren sie durch die französische Provinz und

ließen es sich gutgehen, während ich in Holmby Hills schmollte. Sie hielten an Straßencafés. In Paris besichtigten sie den Eiffelturm und den Arc de Triomphe und aßen mit Art Buchwald und Frank Capra zu Abend. Sie wohnten im Ritz, wo es, wie meine Mutter sagt, »unglaubliches französisches Brot« gab. Meine Mutter verliebte sich unsterblich in Paris. Aber mein Vater fand Italien am schönsten und machte später auch zwei Filme dort.

Mein Vater nahm von Zeit zu Zeit einen Stift zur Hand und schrieb seine europäischen Abenteuer auf: »Wie die meisten Amerikaner habe ich meine größten sprachlichen Schwierigkeiten in Frankreich. Meine Theorie ist, daß die Pariser mein Phillips-Andover-Französisch verstehen, aber so tun, als täten sie es nicht. Andererseits tun die Italiener aus Höflichkeit so, als verstünden sie meine Experimente mit ihrer Sprache, obwohl sie es nicht tun. So oder so habe ich Probleme.«

Vielleicht war es gut so, daß meine Eltern diese idyllischen Tage in Europa verbrachten. Denn wie es für Huston, den mein Vater »Monster« nannte, typisch war, mußte *African Queen* im entlegensten Dschungel von Belgisch-Kongo (heute Zaire) und Uganda gedreht werden. In der Regel hielt mein Vater nicht viel von Außenaufnahmen. Er zog die Annehmlichkeiten eines Studios vor. Aber er wußte, wenn man einen Film mit Huston drehte, mußte man darauf vorbereitet sein, sich in Dschungeln oder auf Bergen einzurichten.

Bogie war bereits zuvor mit Huston an rauhen Orten gewesen. Zum Beispiel hatten sie *Der Schatz der Sierra Madre* in einem entlegenen Dorf in Mexiko gedreht. »John wollte immer alles perfekt haben«, sagte Bogie über die Exkursion. »Wenn er einen Berg entdeckte, der gute Bilder abgeben würde, dann taugte der Berg nichts, wenn er zu einfach zu erreichen war. Wenn wir einen Drehort fanden, ohne durch ein paar Flüsse zu waten und bei brütender Hitze durch Gegenden zu laufen, in denen es Schlangen gab, dann war es nicht das richtige.«

Die Dreharbeiten in Afrika waren in jeder Hinsicht ein Alptraum.

»Wir lebten in Bambusbungalows«, sagt Kate. »Die Hälfte der Zeit wußten wir nicht, was wir gerade aßen, und wollten es auch gar nicht wissen. Und in meiner Toilette fand ich einmal eine Schlange.«

Persönliche Konflikte zwischen den Hauptdarstellern waren das geringste Problem. Meine Mutter und Kate verstanden sich sehr gut. Anfangs schien Kate Dad jedoch etwas zu hochnäsig. »Wir sind eine Million Kilometer von der Zivilisation entfernt und schlafen in Bambushütten, und sie möchte eine Garderobe mit knöcheltiefen Teppichen und einem Stern an der Tür«, sagte er später voller Zuneigung. Aber damals sagte er zu ihr etwas anderes: »Kate, du häßliches, altes Klappergerüst, warum kommst du nicht mal auf die Erde?«

Kate antwortete: »Dorthin, wo du herumkriechst? In Ordnung!« Vielleicht war das der Beginn ihrer wunderbaren Freundschaft.

Bogie und Huston waren ja bereits Freunde. Und Kate verstand sich mit Huston ganz gut, wenngleich sie ihn für sadistisch hielt – eine unglückselige Eigenschaft, die auch anderen schon an Huston aufgefallen war. Ich erinnere mich am ehesten an John Hustons Freundlichkeit, als ich ein Kind war. Er war ein faszinierender Mann, und man findet eine ganz interessante Beschreibung von ihm in Peter Viertels Roman *Weißer Jäger, schwarzes Herz.* Viertel war der Drehbuchautor von *African Queen,* und sein Roman über Huston in Afrika wurde später mit Clint Eastwood in der Hauptrolle verfilmt.

Während ich mir früher immer vorstellte, meine Eltern hätten in irgendeinem exotischen Land einen glanzvollen Urlaub verbracht, habe ich mittlerweile herausgefunden, daß die Schauspieler und das englische Team damals von Plagen biblischen Ausmaßes heimgesucht wurden. Die erste war das schlechte Trinkwasser. Alle außer Bogie und Bacall bekamen die Ruhr. Meine Mutter hatte offenbar einfach nur Glück. Mein Vater kam davon, weil er kein Wasser, sondern Scotch trank.

»Seine Stärke war der Scotch«, sagt Huston. »Ich glaube, alle sind irgendwie krank gewesen, außer Bogie.«

»Ich hatte die Ruhr«, sagt Kate, »weil ich die ganze Zeit Wasser trank, um Huston und deinen Vater vom Alkohol abzubringen. Aber das Wasser war voller Krankheitserreger. Ich bekam so schlimme Krämpfe, daß ich dachte, ich würde sterben.«

Die Ruhr war noch harmlos, verglichen mit den anderen Krankheiten, die das Team bedrohten. Ein Großteil der Dreharbeiten fand am Lualaba River in Pontheirville in Belgisch-Kongo statt. Huston liebte den Fluß, weil er wegen der Gerbsäure aus der ihn umgebenden Vegetation fast schwarz aussah. Der Lualaba war jedoch mit Parasiten verseucht, die eine unheilbare Blutkrankheit verursachen konnten. Es gab Fälle dieser Krankheit, bei denen den Patienten Würmer unter der Haut wuchsen. Als mein Vater davon hörte und außerdem erfuhr, daß der Fluß voller Krokodile war, fand er, es sei besser, die Szenen, in denen er mit Kate unter Wasser war, nicht hier, sondern später im Studio in England zu drehen.

Dazu regnete es häufig, was zu Drehunterbrechungen führte. Wann immer das passierte, ging Huston, der sich für einen großen weißen Jäger hielt, auf Elefantenjagd. Mein Vater, der an der Tötung von Tieren keinen Gefallen fand, blieb im Camp. Dort trank er Scotch, erzählte Anekdoten, schlief auf einem Floß in der Hängematte und las die vielen Bücher, die er mitgebracht hatte.

Der Regen verschärfte unglücklicherweise einige der kleinen persönlichen Konflikte. Kate zum Beispiel hielt Huston, weil er jagen ging, für einen Mörder, tröstete sich jedoch damit, daß er, wie sie sagte, »einen Elefanten nicht einmal mit einem Blasrohr treffen« würde.

Mein Vater war auch verärgert, wenn Huston auf die Jagd ging. Er fand, ein Regisseur solle sich mehr um seinen Film kümmern, selbst wenn der Regen die Dreharbeiten verhinderte. Das war aber nicht der einzige Grund, warum Bogart in sein komfortables, wohltemperiertes Haus in Kalifornien zurückwollte. Ein anderer Grund war, beim Film bedeutet Zeit mehr als anderswo Geld, und in diesem Fall handelte es sich um eine große Summe seines eigenen Geldes. Huston seinerseits hatte es nie eilig, exotische Drehorte wieder zu verlassen. Er schien sich in Sümpfen und Wüsten wohl zu fühlen.

Zum Regen und den Krankheiten kamen die Insekten. »Überall Ungeziefer, besonders an den Menschen«, sagte Bogie. Nach den ersten zwei Tage dauernden schweren Regenfällen, kurz nach ihrer Ankunft, tauchten Millionen von Moskitos auf, die keinerlei Schwierigkeiten hatten, durch die Netze über den Betten zu schlüpfen. Kate sagt, bald habe sich jeder gekratzt und sie seien alle mit roten Flecken übersät gewesen.

Außer meinem Vater natürlich. Er behauptete, wenn ihn Moskitos beißen würden, seien sie entweder auf der Stelle tot oder betrunken. »Ich habe eine solide Mauer aus Scotch zwischen mir und den Viechern aufgebaut«, sagte er. Später kam es zu einer Invasion für den Menschen gefährlicher roter Ameisen, die die Filmleute aus ihrem Camp vertrieben und zwangen, ein anderes Camp außerhalb von Entebbe in Uganda zu beziehen. Dort regnete es noch mehr, und ein paar Mitglieder der Crew bekamen Malaria. O ja, sie hatten eine tolle Zeit.

Das war noch nicht alles. Es gab auch Probleme mit den Ugandern. Ein ganzes Dorf, das das Team für diese Szene aufgebaut hatte, mußte abgebrannt werden, und Huston vereinbarte mit einem Häuptling, das Filmdorf solle mit Eingeborenen bevölkert werden. Am Tag des geplanten Drehs kamen die Eingeborenen jedoch nicht. Es stellte sich heraus, in jener Gegend war Kannibalismus nichts Ungewöhnliches, und die Menschen hatten Angst, Huston wolle ihnen nur eine Falle stellen, um sie zu fangen und zu fressen. (Für unsereins mag das verrückt klingen, aber für wie verrückt müssen die Eingeborenen Huston und die anderen weißen Männer erst gehalten haben, die ein ganzes Dorf aufbauten, nur um es dann wieder niederzubrennen.) Es gab auch Eingeborene im Filmteam, und irgendwann traten sie in Streik für höhere Löhne.

Das Zentrum der Dreharbeiten war eine bizarre Karawane aus vier Floßen, die zusammengebunden wurden. Das erste war ein Modell der *African Queen*, das Boot von Charlie Allnut. Dort wurde am meisten gedreht. Das zweite Floß trug die Scheinwerfer und Kulissen. Das dritte den Stromgenerator. Und auf dem vierten befand sich Kates Garderobe samt großem Spiegel. Nach ein paar Tagen mußte Kates Floß losgebunden werden; das Boot zerrte zu sehr an den anderen. Irgendwann bekam die *African Queen* ein Leck und sank. Es dauerte fünf Tage, bis sie wieder geborgen war. »Die Eingeborenen sollten darauf aufpassen«, sagte Bogie. »Das haben sie auch getan. Sie haben aufgepaßt, wie sie gesunken ist.«

Obwohl mein Vater in Afrika nicht krank wurde, maulte er unablässig über die Hitze, die Feuchtigkeit, den Gestank und das herumkrabbelnde Getier. Während ich zu Hause war, erging es ihm und Bacall nicht besonders gut. Kate meckerte jedoch nicht, und Bogie staunte, wie sie trotz Krankheit und Erschöpfung alle Torturen gutgelaunt überstand. Oft brüllte er: »Die verdammte Hepburn, zum Teufel mit ihr, sie ist so verdammt fröhlich.«

»Huston und ich tranken«, sagte Bogie. »Aber was für mich und John Huston gut ist, muß nicht auch für den Rest der Welt gut sein. Katharine Hepburn trank nicht, und sie verhielt sich die ganze Zeit so, als handelte es sich um einen Wochenendausflug nach Connecticut. Mit ihrer Kamera fällt sie über Flora und Fauna her wie ein Kind an Weihnachten über die Geschenke. Jede zweite Minute ringt sie begeistert die Hände und ruft: ›Was für göttliche Eingeborene, was für göttliche Trichterwinden.‹ Junge, das fordert einem Respekt ab.«

Ein paar Jahre nach den Dreharbeiten zu *African Queen* äußerte sich mein Vater in *The American Weekly* etwas ernsthafter über seine Erlebnisse mit Kate Hepburn. Er beschrieb, wie er mit John Huston in den Dschungel ging, um die Kolonne zu finden, die die Kameras, die Scheinwerfer und die Tonausrüstung transportierte. Als sie die Laster, die von Eingeborenen gefahren wurden, gefunden hatten, steckten einige davon fest.

Andere waren umgekippt, und die Fahrer hatten die mißliche Lage dazu benutzt, mit den Einwohnern des nahegelegenen Dorfes zu plaudern.

»Seilzüge sind den Eingeborenen ein ebenso großes Rätsel wie mir die Funktionsweise einer Atombombe«, sagte Bogie.

Nachdem sie erkannt hatten, daß es unmöglich war, die Eingeborenen zur Arbeit anzutreiben, beschlossen Huston und Bogie, im Dschungel nach Drehgelegenheiten zu suchen.

»Katie hätte warten können«, schrieb er, »aber sie zog es vor, mit uns durch den Dschungel zu marschieren – wie John und ich vorhergesehen hatten.«

Bogie saß mit Kate und John Huston auf einer kleinen Dschungellichtung, als ein riesiges Wildschwein mit seiner Familie auftauchte.

»Es war eine schreckliche Kreatur«, sagte Bogie, »groß wie ein enormer Schäferhund mit gefährlichen Hauern an beiden Seiten des Mauls. Glücklicherweise hatten wir Gegenwind, sonst hätte das Biest uns gerochen und angegriffen. Ich erstarrte. Huston auch. Aber nicht Katie. Ehe wir sie hindern konnten, trat sie auf die Lichtung und hielt ihre 16-mm-Kamera vors Auge. Huston und ich wagten nicht, sie zurückzurufen, aus Angst, der Keiler würde sonst angreifen. Um ihn nicht in Panik zu versetzen, durften wir uns nicht bewegen. Und wir konnten ihn auch nicht erschießen, weil Katie zwischen ihm und uns stand.

Als sie langsam auf das Vieh zuging, mit dem Kamerasucher am Auge, stierte es sie direkt an. Ich war wie erstarrt, aber fasziniert, und in diesen schrecklichen Augenblicken des Wartens, die uns wie Stunden vorkamen, bemerkte ich etwas Seltenes und Wunderbares an Katie.

Ich dachte, sie ist eine furchtlose Frau. Ich spürte auch, sie glaubte nicht, ein Tier würde sie verletzen. Sie ist nicht dumm, aber plötzlich erkannte ich, daß sie der Ansicht war, wenn sie ein Bild des Keilers machen wollte, könne er nichts dagegen haben. Und als sie auf ihn zuging, strahlte sie auch keine Furcht aus. Huston und ich waren diejenigen, die Angst hatten. In einer verzweifelten Situation verlasse ich mich jederzeit lieber auf Katie als auf Huston – oder mich.«

Schon möglich. Aber in einer anderen verzweifelten Situation war es Bogie, der Mut bewies. Meine Eltern und Peter Viertel fuhren in einem kleinen benzingetriebenen Boot den Fluß hinab. Ihr Bootsmann hatte Schwierigkeiten, den Motor in Gang zu setzen, und ließ ihn absaufen. Er ging also hinunter, mit einem brennenden Streichholz nach dem Rechten zu sehen, und da flog der ganze Motor in die Luft. Als der Bootsmann auf Deck gerannt kam, brannte er lichterloh, doch er rettete sich mit einem Sprung in das Wasser. Inzwischen bestand die Gefahr, daß das ganze Boot in Flammen aufging. Bogie warf einem anderen Boot, das am Ufer vertäut war, ein Seil zu, und irgendwie fand er eimerweise Sand, ging unter Deck und löschte damit das Feuer. Es hätte sonst eine Katastrophe geben können.

Die Dreharbeiten gingen auf passende Weise zu Ende. Als laut Plan nur noch zwei Tage zur Verfügung standen, verkündete Huston, er brauche aber noch drei Drehtage, was die Flugpläne und den Rücktransport über Land hoffnungslos durcheinanderbrachte. Bogie war stocksauer und dachte, Huston und Hepburn versuchten gemeinsam, ihn auf ewig in Afrika festzuhalten. Huston setzte sich jedoch durch. Die Ausrüstung wurde nach und nach abtransportiert, so daß am letzten Tag niemand und nichts mehr da war außer Bogie, Bacall, Hepburn, Huston und der Kamera. Meine Mutter und mein Vater reisten dann zusammen nach London, wo sie mich am Flughafen treffen wollten.

»Dein Flugzeug kam gegen Mittag an, und ich war irrsinnig nervös«, sagt meine Mutter. »Die Tür ging auf, und da standest du. Sofort bekamst du diesen typischen Gesichtsausdruck und liefst lachend die Gangway hinunter. Ich war so glücklich, dich wieder in den Armen zu halten. Ich hatte dich in Afrika schrecklich vermißt. Dein Vater war auch sehr gerührt, dich wiederzusehen. Du redetest pausenlos wie ein Wasserfall. Wir hatten dich noch nie zuvor so viel reden hören. Ich war ehrlich froh, daß das Afrika-Abenteuer vorbei war und unsere Familie wieder zusammen.«

Das Afrikaabenteuer war für mich natürlich nicht vorbei. Jahrzehntelang hegte ich die Überzeugung, von meiner Mutter verlassen worden zu sein. Manchmal, wenn ich mir den Familienfilm ansehe, auf dem Mom und Dad und Kate in Afrika arbeiten und spielen, dann kann ich nicht anders, als zu denken, die meisten Eltern eines Zweijährigen wollen, besonders wenn es sich um ihr Erstgeborenes handelt, nicht einen Tag mit ihrem Kind missen, weil es jeden Tag besser zu sprechen lernt und unentwegt neue Entdeckungen macht. Ich jedenfalls habe bei meinen Kindern so gefühlt. Das macht es mir nur noch schwerer, meine Eltern zu verstehen.

Die Monate, in denen meine Eltern in Afrika drehten, waren zweifellos eine prägende Zeit für mich. Es war aber auch für andere eine Zeit des Übergangs. In Afrika erfuhr Kate vom Tod ihrer Freundin Fanny Brice. Dort erfuhr mein Vater vom Tod seiner Exfrau Mayo Methot. Und in Afrika erfuhr John Huston, daß seine Frau ein Mädchen zur Welt gebracht hatte. Sie nannten sie Anjelica, und heute ist sie eine unserer besten Filmschauspielerinnen. (Vor ein paar Jahren lernte ich Anjelica Huston endlich kennen. Und ihre ersten Worte lauteten: »Es wurde auch Zeit, daß wir uns mal begegnen.«)

Das Afrikaabenteuer hatte aber durchaus auch einige erfreuliche Auswirkungen. Eine davon war die Freundschaft meiner Eltern mit Kate Hepburn. Eine andere der großartige Film, den sie gemeinsam im Dschungel gemacht hatten. Und eine dritte war Dads Oscar-Nominierung als bester Schauspieler.

Mein Vater rechnete sicher nicht damit, den Oscar zu gewinnen. Er dachte, Marlon Brando, der für *Endstation Sehnsucht (Streetcar Named Desire)* nominiert war, würde die Auszeichnung erhalten. Bogie bewunderte Brando ungemein, obwohl er ein »Method Actor« war. Er hielt Brando für den besten unter den jungen Schauspielern. Bogie glaubte, auch Montgomery

Clift habe eine gute Chance mit seiner Rolle in *Ein Platz an der Sonne (A Place in the Sun)*.

Meinem Vater war die ganze Sache irgendwie sogar peinlich. Er hatte schließlich die Oscars verhöhnt, indem er sagte, die einzige Art, wie ein Oscar für den besten Schauspieler Sinn machen könnte, sei, wenn sie alle schwarze Strumpfhosen anziehen und Hamlet rezitieren müßten. Jahre zuvor hatte er sich über die Oscars lustig gemacht, indem er vorschlug, man sollte diese Auszeichnung an Tiere vergeben. Im ersten Jahr ging der Oscar an Skippy, den Hund in *Schreckliche Wahrheit (The Awful Truth)*. Im nächsten Jahr verlieh er ihn an den Wasserbüffel in *Gute Erde (The Good Earth)*. Obwohl das Ganze von ihm natürlich als Witz gemeint war, gab es später die Tier-Oscars wirklich, und zwar in Form des von der ASPCA (American Society for the Prevention of Cruelty to Animals) jährlich vergebenen »Patsy«.

Aber die große Nacht der Verleihung kam, und Bogie war dort. Meine Mutter saß neben ihm und hielt fest seine Hand. Der Oscar für die beste Nebendarstellerin ging an Kim Hunter für *Endstation Sehnsucht*. Dann ging der Oscar für den besten Nebendarsteller an Karl Malden für denselben Film. Anschließend mußten Bogie und Bacall zusehen, wie Kate als beste Schauspielerin den kürzeren zog. Der Oscar ging an Vivien Leigh. Drei Schauspieler-Oscars für *Endstation Sehnsucht*. Brando würde als bester Schauspieler die Sammlung vervollständigen. Dann kam die Verleihung für den besten Schauspieler. Greer Garson verkündete: »Der Oscar geht an Humphrey Bogart für *African Queen*.« Der Beifall war ohrenbetäubend.

Mein Vater, der sonst nie um einen Spruch verlegen war, stotterte sich durch seine vorbereitete Rede. Er war offensichtlich sehr gerührt.

»Es ist ein weiter Weg von Belgisch-Kongo auf diese Bühne«, sagte er schließlich. »Es ist schön, hier zu sein. Vielen Dank.« Er dankte Kate, Huston, Spiegel und der Crew. »Keiner schafft das alleine«, sagte er. »Wie beim Tennis braucht man einen guten Gegner oder Partner, der das Beste aus einem herausholt.

John und Katie haben mir geholfen, dorthin zu kommen, wo ich jetzt bin.«

Was meinen Vater mehr als der Preis selbst erstaunte, war die Tatsache, daß es eine so populäre Entscheidung war. Er wußte nie, wie sehr ihn die Leute in Hollywood mochten, und er war von alledem sehr bewegt. Lange bevor Sally Field schluchzte: »Ihr mögt mich, ihr mögt mich wirklich«, muß mein Vater dasselbe gefühlt haben.

Später im Pressezelt fand Bogie wieder zu seiner gewohnten Form und ließ seine alten Scherze vom Stapel über Schauspieler, die in schwarzen Strumpfhosen Hamlet rezitieren sollten. Aber er machte keinem etwas vor. Es war offensichtlich, daß er sich freute und gerührt war.

Später gab er das unter Freunden im Romanoff's auch zu. Mein Vater war jetzt auf dem Höhepunkt seiner Karriere. Er hatte einen Oscar, eine wunderschöne junge Frau, einen hinreißenden Sohn, und demnächst würde er auch eine Tochter bekommen.

Ich weiß nicht, ob ein Dreijähriger klug genug ist, eine kleine Metallfigur als Symbol zu erkennen und all seine Wut und seinen Groll darauf zu konzentrieren. Aber ich glaube mich zu erinnern, als mein Vater den Oscar nach Hause brachte, wollte ich dieses Symbol für alles, was er in Afrika erreicht hatte, nehmen und ihm an den Kopf werfen. Ich muß jedenfalls ziemlich wütend gewesen sein.

Der Oscar steht jetzt übrigens bei mir zu Hause in einem Regal.

Als wir in den Raum kommen, der einst das Schlafzimmer meiner Eltern gewesen ist, empfinde ich Schmerz. Ich habe das erwartet. Jetzt stehen dort die Besitztümer einer anderen Hollywoodfamilie, aber ich blicke durch sie hindurch und sehe den Raum so, wie er war. Ich erinnere mich an die Position des Betts, an das Tischchen mit dem Schachbrett, an die Abende, an denen ich mit meinem Vater fernsah, an die Gutenachtküßchen, an den Geruch von Medizin.

»O Gott«, sage ich zu meiner Mutter, »es ist so merkwürdig. Ich erinnere mich, wie ich als Kind in dieses Zimmer kam. Das Bett stand an der Wand. Ich erinnere mich, wie ich mich neben das Bett stellte und ihn ansah. Ich sah ihn oft in diesem Bett liegen.«

»Er lag erst kurz vor seinem Tod dort«, sagt sie.

»Ich habe ein Bild von ihm im Kopf«, sage ich, »und davon, wie Leslie und ich heraufkommen. Ich kann ihn wirklich daliegen sehen«, sage ich. Ich spreche mehr zu mir selbst als zu meiner Mutter.

»Er saß aufrecht«, sagt meine Mutter. »Er saß im Bett, wenn du ihn besuchtest.«

Trotz des Schmerzes, den mir diese Erinnerungen verursachen, lächle ich. Es scheint mir auf einmal lachhaft, daß meine Mutter nicht einfach meiner Meinung sein kann.

»Ja, Stephen, du hast völlig recht«, sage ich laut, aber sie versteht es nicht.

Ein Gefühl von Traurigkeit überkommt mich.

»O Gott, 36 Jahre ist das her«, sage ich. Ich spüre immer noch den Schmerz, aber ich glaube nicht, meiner Mutter ist das bewußt.

Ich weiß, was ich fühle. Der Schmerz rührt nicht von den Erinnerungen im Schlafzimmer her. Es hat mit der Zeit zu tun, als ich nicht ins Schlafzimmer durfte. Ich versuche, den Schmerz irgendwie abzuschütteln.

11

»Wenn ein Mann krank ist, lernt man ihn kennen.
Man findet heraus,
ob er aus weichem oder hartem Holz geschnitzt ist.
Ich mochte Bogie mit jeder Visite lieber.
Er war wirklich aus sehr hartem Holz geschnitzt.«
Dr. *Maynard Brandsma*

Ich erinnere mich an den Rollstuhl, den mein Vater in den letzten Wochen seiner Krankheit brauchte. Es war eine faszinierende metallische Vorrichtung mit Scharnieren, glänzenden Speichen und einem Ledersitz, der ein schnalzendes Geräusch von sich gab, wenn er aufgeklappt wurde. Dad bewegte sich damit fort, indem er die Räder mit seinen verwelkten, knochigen Händen packte. Der Rollstuhl war greifbar, wenn auch exotisch, ein Gegenstand, mit dem ich etwas anfangen konnte, weil er den Dingen nicht unähnlich war, die ich mit meinen Baukästen zusammensetzte. Also ist der Rollstuhl das lebendigste Bild, das mir von diesen zumeist verblaßten Erinnerungen an die Krankheit meines Vaters geblieben ist.

Unser Gärtner war damals Aurelio Salazar. Erstaunlicherweise kümmert er sich noch heute um den Garten in Holmby Hills. Nun ist er alt und braun wie eine Kaffeebohne von all den Jahren in der Sonne und immer etwas zur Erde hinabgebeugt, die er so lange bearbeitet hat. Aber damals war Aurelio jung und kräftig, und ich erinnere mich, wie er jeden Tag um fünf Uhr hinauf ins Schlafzimmer meines Vaters ging. Zusammen mit meiner Mutter half er Bogie beim Anziehen einer Hose, eines bequemen Hemds und einer Hausjacke. Bogie meinte scherzhaft, er müsse etwas Gewicht zulegen, sorgte sich um sein Boot und fragte, ob die Ausbesserungsarbeiten am Rumpf beendet seien. Dann schob Aurelio seine starken Arme unter die Schultern meines Vaters und hob ihn vom Bett in den Rollstuhl. Bogie schimpfte und maulte und bestand darauf, soviel wie möglich selbst zu tun, dann fuhr er mit dem Rollstuhl zum Speiseaufzug in einer Ecke des Schlafzimmers.

Aurelio hob Bogie noch mal hoch und setzte ihn in den Speiseaufzug, der umgebaut worden war, um meinem Vater als Fahrstuhl zu dienen. Er saß darin auf einem kleinen Hocker. Die Decke des Aufzugs war abgenommen worden, damit er genügend Platz hatte, aber sonst mußte traurigerweise nichts getan werden. Mein Vater hatte nach und nach an Gewicht verloren, und heute weiß ich, was mir als Kind nicht so auffiel: Bogie, immer schon schlank, war mittlerweile zum Skelett abgemagert. Am Ende wog er nur noch 36 Kilo.

Aurelio ging hinunter in die Küche und zog an den Seilen, die meinen Vater langsam durch den Aufzugschacht in die Küche hinabließen. Der Schacht war dunkel, und obwohl die ganze Sache nur zwanzig Sekunden dauerte, muß es eine schmerzhafte, demütigende Fahrt für meinen Vater gewesen sein, allein in dem düsteren Schacht, kaum schwerer als ein Kind und seiner eigenen Hilflosigkeit ausgesetzt.

Aber sobald Aurelio ihn aus dem Aufzug gezogen und ihn zurück in den Rollstuhl gesetzt hatte, begann der beste Teil des Tages für meinen Vater: Cocktails mit Freunden. Er fuhr ins Arbeitszimmer, schwang sich in einen bequemeren Stuhl, glättete seine Hosenbeine und zündete sich eine Zigarette an. Mutter reichte ihm dann ein Glas Scotch.

»Habt ihr nichts Besseres zu tun, als hierherzukommen und mich zu stören«, sagte er zu jedem, der zu Besuch kam. Dann fing das Geplauder an, und für etwa eine Stunde verwandelte sich Dad, trotz der Schmerzen, trotz der Momente der Verzweiflung, wieder in Bogie.

Dies ist eine der wenigen, kostbaren Erinnerungen, die ich aus der Zeit zwischen Februar 1956 und Januar 1957, der Zeit der Krankheit meines Vaters, habe.

Ich war damals sieben Jahre alt und verstand garantiert nichts von bösartigen Zellen, Biopsien, Chemotherapie und Schmerzmitteln. Aber diese Dinge prägten den Alltag meines Vaters. Seine Krankheit war mir weitgehend ein Rätsel, ein namenloses Ding, das eines Tages in unser Haus eingedrungen war und unser Leben für immer verändert hatte. Sicher verstand ich, daß Daddy krank war. Aber ich war auch schon krank gewesen und doch immer wieder gesund geworden.

Ich erinnere mich, wie ich an manchen Abenden mit Leslie und meiner Mutter im Schlafzimmer bei meinem Vater saß und wir gemeinsam fernsahen. Und ich erinnere mich, wie ich jeden Abend mit Leslie in sein Zimmer ging, um ihm einen Gutenachtkuß zu geben. Ich erinnere mich, daß ich einen Schlafanzug anhatte, weiß noch, wie sich mein Frotteebademantel anfühlte, und spüre den Geruch von Medizin im Raum. Ich erinnere mich an ein paar Trips mit der Santana, als mein Vater nicht mehr in der Lage war, übers Deck zu klettern und zu singen und so fröhlich zu sein, wie er sonst immer auf dem Boot gewesen war.

Betrüblicherweise sind es nicht die Momente mit meinem Vater während seiner Krankheit, an die ich mich am besten erinnere, sondern die Momente ohne ihn. Ich erinnere mich, daß ich ihn nicht sehen durfte, wenn ich ihn brauchte. Ich erinnere mich, daß ich nicht mehr auf ihn draufspringen und die Hunde nicht mehr mit ihm spielen lassen durfte. Ich erinnere mich, daß er mich nicht mehr hochhob und herumwirbelte.

Bis vor kurzem machte mir mein Mangel an Erinnerungen nicht besonders viel aus. Ich nahm es als gegeben hin, daß die Krankheit und der Tod meines Vaters traumatisch für mich waren und ich einfach viel davon ausgeblendet hatte.

Als ich mit meiner Schwester darüber sprach, erinnerte sie

sich natürlich an noch weniger. Sie war erst drei Jahre alt, als er krank wurde, und vier, als er starb.

»Ich erinnere mich, wie Daddy in seinem Bademantel auf einem Stuhl sitzt«, sagt sie. »Ich erinnere mich, daß Mutter, als er krank wurde, der Meinung war, du seist alt genug, um das zu verstehen, und ich sei das nicht, weshalb sie sich mit dir und sich selbst und Vater befaßte, aber mit mir nicht. Ich vermute, ich war deshalb wütend und eifersüchtig. Ich erinnere mich auch nicht an viele Familienangelegenheiten aus dieser Zeit. Ich erinnere mich nicht daran, daß er da war. Aber ob er da war oder nicht und ob wir uns daran erinnern oder nicht, er war unser Vater, und er muß einen großen Einfluß auf uns ausgeübt haben. Er war eine starke Persönlichkeit, ob wir das begriffen oder nicht.«

Leslie hat recht. Der Tod meines Vaters muß sehr prägend für mich gewesen sein, ob ich mich an Einzelheiten erinnere oder nicht. Als ich mich auf die Suche nach meinem Vater machte, wollte ich seine Freunde nach seinen letzten Lebensmonaten fragen, nach den Monaten, die mich auf eine Weise geformt haben könnten, die mir nicht bewußt ist. Ich wollte die Lücken in meinem Gedächtnis schließen, wollte etwas erfahren über die Welt, in der Humphrey Bogart während jener schmerzhaften Monate lebte. Und ich hoffte, mir würde im Laufe der Gespräche viel von dem einfallen, was ich vergessen hatte.

Einer der ersten, mit denen ich sprach, war Julius Epstein, der Koautor von *Casablanca*. Epstein ist ein mittlerweile 85 Jahre alter, kleiner, kahler Mann. Ich traf ihn in Boston, wo er seinen Sohn, den Schriftsteller Leslie Epstein, besuchte.

Julius Epstein war keiner der engen Freunde meines Vaters. Sie kannten sich hauptsächlich durch den Film *Casablanca*. Aber ganz Hollywood war von Dads Krankheit ergriffen, und Epstein erinnert sich an diese letzten Monate nicht so sehr als jemand, der meinen Vater gesehen hatte, sondern als jemand, der Teil der Welt war, in der Dad lebte.

»Wenn ich mich recht erinnere, war es um Weihnachten herum«, sagte er. »Das war 1955, nachdem dein Vater *Schmutzi-*

298

Dad bringt mir das Fahrradfahren bei (1955)
Quelle: Stephen Bogart

ger Lorbeer gedreht hatte. Bogie trank Orangensaft bei Romanoff's. Das war seine Stammkneipe. Und er stellte fest, daß es im Hals schmerzte, wenn er Orangensaft trank. Außerdem hustete er viel. Also ging er zum Arzt.«

Tatsächlich war es Greer Garson, die Schauspielerin, die Dads Oscar verkündet hatte, die Bogie eines Nachmittags zum Arzt schleppte, weil sie seine Hustengeräusche beunruhigend fand.

Garsons Arzt Maynard Brandsma teilte meinem Vater mit, sein Hals sei entzündet. Dad nahm es auf die leichte Schulter, obwohl er schon seit längerer Zeit regelmäßig heftige Hustenanfälle hatte. Der Arzt riet ihm, seine Ernährung umzustellen und beim Scotch und den Zigaretten kürzerzutreten.

»Klar, Doc«, sagte Bogie.

»Und kommen Sie in drei Wochen wieder.«

»Klar, Doc.«

Als Bogie heimkam und meiner Mutter erzählte, er sei beim Arzt gewesen, fand sie das nicht alarmierend. Die bloße Tatsache jedoch, daß Bogie zum Arzt gegangen war, hatte etwas Beunruhigendes. Er hustete schon seit Jahren, aber ihre Bitte, er solle einen Arzt aufsuchen, war immer mit eisigem Schweigen oder einer verächtlichen Antwort quittiert worden.

Drei Wochen später tauchte Bogart wieder in Brandsmas Praxis auf. Das Schlucken schmerzte immer noch.

»Haben Sie getan, was ich Ihnen gesagt habe?« fragte der Arzt.

»Nein.«

»Ich kann Ihnen nicht helfen, wenn Sie sich selbst nicht helfen wollen.«

»Ja, ja, es wird schon vorbeigehen«, versicherte Bogie dem Arzt.

Er sah einfach über seinen Husten und die Schmerzen beim Schlucken hinweg und bereitete seinen nächsten Film vor. Bogie und meine Mutter, die zusammen bereits *Haben und Nichthaben, Tote schlafen fest, Schwarze Natter* und *Key Largo* gedreht hatte, planten ihren ersten gemeinsamen Auftritt

seit acht Jahren. Der Film sollte *Melville Goodwin, USA* heißen – mit meinem Vater als Armeeoffizier und meiner Mutter
als einer nach dem Vorbild von Claire Booth Luce gestalteten
Figur.

Aber der Husten wurde schlimmer, und schließlich begann
Bogie sich Sorgen zu machen. Er rief den Arzt.

»Bringen Sie mir eine Probe des Auswurfs«, forderte der ihn
auf.

Die Probe, die mein Vater brachte, machte Brandsma arg-
wöhnisch. Er forderte Bogie auf, wiederzukommen für eine
Bronchoskopie, eine Prozedur, bei der eine Gewebeprobe aus
der Speiseröhre entnommen wird. Obwohl Bogie mit dem
Essen Probleme hatte und auch Gewicht verlor, dachten er und
Mutter immer noch, sie hätten es lediglich mit irgendeiner
Virusinfektion zu tun. Nach der Bronchoskopie fuhren sie zu
Frank Sinatra nach Palm Springs, damit sich Bogie eine Woche
ausruhen konnte.

Als meine Eltern nach Hause zurückkamen, war sich der
Arzt sicher. Bogie hatte Krebs. »Der Tumor ist klein, und wir
haben ihn früh entdeckt«, sagte Brandsma. »Ich glaube, wir
können ihn rausholen.«

»Großartig«, sagte Bogie. »Lassen Sie uns tun, was getan
werden muß. Sobald ich mit dem Film fertig bin, machen wir
das.«

»Es heißt, Sie seien ein Mann, den man nicht anlügen soll«,
sagte Brandsma.

»Das stimmt«, erwiderte Bogie.

»Nun, dann sage ich Ihnen, daß Sie ihn besser jetzt rausneh-
men lassen. Wenn Sie die Operation verschieben, um einen
Film zu machen, dann wird das Ihr letzter Film sein.«

»Ich kann diesen Film nicht verschieben«, sagte Bogie. »Das
würde das Studio zuviel Geld kosten.«

»Machen Sie den Film«, sagte Brandsma, »und das ganze
Team kann zur Beerdigung kommen.«

Also wurde ein Operationstermin festgesetzt und der Film
auf Eis gelegt. Die Presse erfuhr nichts von dem Krebs, es hieß

nur, Bogie begebe sich wegen einer Speiseröhrenentzündung ins Krankenhaus.

Ich erinnere mich an den Tag, an dem mein Vater ins Good Samaritan Hospital fuhr, es war der 29. Februar 1956. Meine Mutter holte mich und Leslie ins Wohnzimmer. Sie setzte uns irgendwie formell hin und ging dann in die Knie, um auf Augenhöhe mit uns zu reden.

»Daddy geht für eine Weile fort«, sagte sie. »Er muß sich vom Arzt etwas aus dem Hals holen lassen. Es gibt keinen Grund zur Sorge, aber er wird ein paar Wochen fort sein.« Wir verstanden nicht wirklich, aber ich nehme an, wir nickten mit dem Kopf und gingen davon aus, bald wäre alles wieder in Ordnung. Ein paar Minuten später erschien eine große weiße Limousine vor unserem Haus. Dad gab Leslie und mir einen Abschiedskuß und fuhr in dem Wagen fort. Wenn ich der Sohn eines Automechanikers gewesen wäre, der jeden Abend nach Hause kam, hätte mich das vielleicht verstört. Aber während meines kurzen Lebens war mein Vater oft Wochen oder sogar Monate von zu Hause weg gewesen. Leslie und ich waren nicht beunruhigt.

Am nächsten Morgen wurde mein Vater operiert, und die Ärzte stellten einiges fest, das nicht in Ordnung war. Dr. John Jones, der Chirurg, endeckte, daß der Krebs in die Lymphknoten gestreut hatte. Er nahm sie zusammen mit einem Teil der Speiseröhre heraus. Das war aber noch nicht alles. Das Chirurgenteam mußte Dads Magen anheben, um ihn mit dem, was von der Speiseröhre übrig war, zu verbinden. Dafür war es notwendig, seinen Brustkorb aufzuschneiden und seinen Bauch, weil sie eine Rippe herausnehmen mußten, um überall heranzukommen. Als sie die Prozedur meiner Mutter erklärten, sagten sie ihr auch, Bogie werde von nun an das Gefühl haben, das Essen lande direkt in seinem Magen, und das werde vermutlich Übelkeit hervorrufen, bis er sich daran gewöhnt habe. Für meine Mutter muß es ein Alptraum gewesen sein, dies alles zu hören. Meine Eltern hatten beide kaum Erfahrung mit Ärzten und Krankenhäusern.

Dad wurde neuneinhalb Stunden lang operiert. Mutter blieb natürlich im Krankenhaus und rief alle paar Stunden zu Hause an, um uns zu sagen, alles sei in Ordnung und wir sollten uns keine Sorgen machen.

Als Bogie aus dem Operationssaal geschoben wurde, sah meine Mutter zu ihrem Entsetzen, daß seine linke Hand und sein linker Arm unglaublich dick angeschwollen waren, weil er in den Stunden der Operation auf einer Seite gelegen hatte.

In den nächsten drei Wochen sahen Leslie und ich unsere Mutter kaum. Sie rief oft an, kam aber meistens gerade nur so lange nach Hause, wie sie brauchte, um ihre Kleidung zu wechseln, und eilte dann wieder ins Krankenhaus. Obwohl ich damals oft quengelig war, weiß ich jetzt, was sie in diesen Wochen durchmachte. Sie mußte hilflos zusehen, wie der Mann, den sie liebte, mit Nadeln gestochen wurde, von allerlei Schläuchen und Flaschen umgeben war und an einer kalten, roboterähnlichen medizinischen Maschine hing. Sie mußte zuhören, wenn freundliche, sich aber oft unverständlich ausdrückende Ärzte versuchten, ihr zu erklären, was sie im Körper ihres Mannes angestellt hatten. Sie mußte gehorchen, wenn kompetente, aber oft übereifrige Schwestern ihr sagten, wann sie ihren Mann sehen durfte und wann nicht.

»Am meisten haßte er die Absaugmaschine«, erzählte sie mir. »Sie mußten seine Atemwege frei halten, damit er keine Lungenentzündung bekam. Aber es war schrecklich für ihn. Einmal, als sie Vorbereitungen trafen, ihn anzuschließen, hörte ich, wie er heulte: ›Bitte nicht mehr.‹ Dein Vater mußte schon sehr, sehr große Schmerzen haben, um so etwas zu sagen. Während seiner ganzen Krankheit war das das einzige Mal, daß er sich beklagte.«

Als es meinem Vater besserging, bekam er mehr und mehr Besuch. Nicht nur seine guten Freunde aus Hollywood tauchten auf, sondern auch andere Hollywoodstars, die er weniger gut kannte, wie John Wayne und Fred Astaire. Irgendwann entschied meine Mutter, es gehe ihm gut genug, um ihm einen

Streich zu spielen. John Huston kam aus England und wartete vor dem Zimmer meines Vaters. Als Bogie ins Bad ging, kletterte Huston in sein Bett und versteckte sich unter der Decke. Bogie kam zurück und sah die seltsame Form unter seiner Decke. Dann sprang Huston auf, überraschte Bogie, und die beiden schütteten sich aus vor Lachen.

Sie sprachen über die Filme, die sie zusammen gemacht hatten, und über die, die sie in Zukunft noch machen würden. Huston hatte bereits fünf große Filme mit Bogart gedreht. Jetzt sehne er dessen Genesung herbei, sagte er, weil er ihn mit Clark Gable zusammenbringen wolle für eine Verfilmung von Rudyard Kiplings *The Man Who Would Be King*. (Der Film wurde dann natürlich nicht realisiert. 1960 plante Huston erneut eine Verfilmung, immer noch mit Clark Gable, doch während er noch überlegte, mit wem er die ursprünglich Bogie zugedachte Rolle besetzen sollte, starb Clark Gable. 1975 schließlich drehte Huston den Film unter dem Titel *Der Mann, der König sein wollte* mit Sean Connery und Michael Caine, einem großen Bogart-Fan, der seinen Nachnamen aus einem der Filme meines Vaters hatte, *Die Caine war ihr Schicksal*.)

Noch während mein Vater im Krankenhaus lag, gab es einen beängstigenden Rückschlag. Eines Nachts begann er heftig zu husten, und durch die Spasmen platzte die Naht an seinem Bauch und fing an zu bluten. Glücklicherweise war meine Mutter bei ihm und konnte Hilfe holen.

Am Morgen der Rückkehr meines Vaters fuhrwerkte meine Mutter im Schlafzimmer herum, machte das Bett, rückte es genau an die richtige Stelle und sorgte dafür, daß seine Bücher, seine Brille und sein Schachbrett sich in Reichweite befanden. Leslie und ich spielten im Haus. Wie unsere Mutter waren auch wir sehr aufgeregt. Es war wie Weihnachten. Schließlich hörte Mutter in der Auffahrt eine Tür schlagen.

»Kinder, euer Vater ist wieder da«, rief sie. Wir versammelten uns oben an der Treppe, ich auf der einen Seite meiner Mutter, Leslie auf der anderen. Dad wurde von zwei jungen Männern auf einer Trage hereingebracht. Er sah zu uns hoch und lächelte.

»Seht ihr«, sagte er zu den Krankenpflegern, »deshalb lohnt sich die Ehe.« Dann an Mutter gewandt: »Ich habe vergeblich versucht, diese beiden sturen Kerle davon zu überzeugen, daß es großartig ist. Daß es nichts Schöneres gibt, als eine Frau und Kinder zu haben, die einen begrüßen, wenn man von einem netten Erholungsurlaub nach Hause kommt.«

Die Pfleger ließen sich aufziehen und halfen Bogie in sein Bett. Später bleute Mutter Leslie und mir zum hundertfünfzigsten Mal die Regeln ein: »Kein Herumspringen auf eurem Vater! – Wenn ihr laut sein wollt, spielt draußen! – Paßt auf, daß die Hunde euren Vater nicht anspringen!«

Ein paar Wochen später begann die Strahlentherapie. Zwei Monate lang mußte er fünfmal wöchentlich nach Los Angeles fahren und sich mit Röntgenstrahlen behandeln lassen. Man sagte ihm nicht, daß er immer noch Krebs hatte, sondern nur, daß die Stellen bestrahlt würden, wo er am ehesten wiederauftauchen könnte. Mehr und mehr hatte ich den Eindruck, es passierten Dinge, von denen ich nichts wußte.

In den Wochen der Strahlentherapie aß Bogie wenig, obwohl meine Mutter immer ein Tablett mit Essen vor ihn hin an den Kamin stellte. Ihm war ständig übel von der Bestrahlung. Hin und wieder nahm er ein paar Bissen zu sich oder fragte sogar nach etwas Besonderem, und Mutter war dann voller Optimismus. Wenn er sich später wieder schwach und müde fühlte und ihm übel wurde, dann fiel sie erneut in sich zusammen. Manchmal, wenn Leslie und ich abends mit ihm fernsahen, gab er Geräusche von sich, als hätte er Schmerzen. Dann schloß er schnell die Augen und tat so, als schliefe er, damit wir dachten, er habe nur einen schlechten Traum gehabt.

Dads erster Rückschlag war seelischer Natur. Am Anfang der Strahlentherapie verlor er seinen Freund Louis Bromfield. Der Schriftsteller, der die Hochzeit von Bogart und Bacall auf seiner Farm in Ohio ausgerichtet hatte, war plötzlich im Alter von sechzig Jahren gestorben.

Aber Dad wurde von anderen Freunden wieder aufgeheitert. David Niven und Nunnally Johnson kamen zu Besuch, Spencer Tracy und Katharine Hepburn, Mike Romanoff und viele andere. Frank Sinatra erschien fast jeden Abend. Und Swifty Lazar, der jedesmal seine schreckliche Phobie gegen Bakterien und Krankheiten überwinden mußte, kam auch oft. In dieser Zeit dachten Bogies Freunde, sie besuchten einen Mann, der sich von einer Operation erholte, und nicht einen Kranken.

Mein Vater hatte großes Vergnügen daran, die Details der Operation zu erzählen. Er war von den medizinischen Verfahren fasziniert und offenbar in der Lage, seine Krankheit so zu behandeln, als gehörte sie zu jemand anderem.

Raymond Massey, ein gefeierter Filmschauspieler, ehe er als Dr. Gillespie in der Fernsehserie *Dr. Kildare* bekannt wurde, erzählte mir: »Ich wußte nicht, was mich erwartete, als ich ins Krankenzimmer geführt wurde, aber dort saß Bogart in einem Sessel, sah aus wie immer, trank Scotch mit Soda und blickte mich an. Ich fing gerade mit dem Small talk an, als er mich unterbrach. ›Ich erzähl' dir mal, was sie mit mir gemacht haben‹, sagte er. ›Es war furchtbar!‹ Und er erzählte es mir. Und je kränker mich die Geschichte machte, desto gesünder fühlte er sich. Dann verbrachten wir einen herrlichen Nachmittag und erinnerten uns an gemeinsame Abenteuer.«

Während dieser Zeit scherzte mein Vater wie immer, spottete, stichelte und brachte seine Freude über die Besuche in seiner bekannt schnodderigen Art zum Ausdruck: »Herrgott«, sagte er zu einer Gruppe von Freunden, »wie soll ich mich je erholen, wenn jeden Tag Leute kommen wie ihr?«

Obwohl mein Vater dazu neigte, seine Gefühle hinter Scherzen zu verbergen, was ich von mir selbst gut kenne, gab es doch auch ernste, nachdenkliche Momente. Eines Tages erzählte Bogie Alistair Cooke, die Tatsache, daß er Geld, einen Jaguar, ein schönes Haus und ein Boot habe, sei ihm kein Trost mehr, seit er krank geworden war.

Aber Dad blieb optimistisch. Er erzählte Leuten freudig, es gehe ihm besser, und er glaubte auch daran. »Ich habe nur ein bißchen Gewicht verloren, das ist alles«, sagte er. »Wenn ich wieder ein paar Pfund zulegen würde, wäre alles in Ordnung.«

Sicherlich genoß er zu jener Zeit das Leben, so gut es ging. Er trank weiter, wobei er das bereits beträchtlich reduziert hatte, seit er mit meiner Mutter verheiratet war. Und er rauchte weiter, stieg allerdings auf Filterzigaretten um. Das war reichlich leichtsinnig, nehme ich an, da der Alkohol und die Zigaretten doch mit ziemlicher Sicherheit für seinen Krebs verantwortlich waren. Aber Bogie blieb eben Bogie. Er hatte natürlich Probleme bei der Nahrungsaufnahme, das hatte sowieso noch nie zu seinen besonderen Vergnügungen gezählt. Bogie aß schlicht, um sich zu ernähren. Eine weitere Ähnlichkeit zwischen Vater und Sohn.

Er hatte also seine Bücher und seinen Alkohol, und er schrieb Briefe. Ich erinnere mich, daß das Telefon oft klingelte, und manchmal erschreckte mich das, weil ich immer das Gefühl hatte, Schlimmes könnte passieren, wenn ich auch nicht genau wußte, was. Aber bei den Anrufern handelte es sich zumeist um Freunde. Sie waren stets besorgt und boten alle erdenkliche Hilfe an.

Viele der Anrufe kamen auch von Journalisten, die das Gerücht überprüfen wollten, Bogie liege im Sterben. Mein Vater ging ans Telefon.

»Mir scheint es so, als sei ich noch nicht tot«, sagte er dann. »Und ich sterbe auch nicht. Es geht mir gut. Nur etwas Untergewicht.«

Die schwächenden Nebenwirkungen der Bestrahlung waren noch lange nach dem Ende der Behandlung spürbar. Aber im August fühlte mein Vater sich allmählich besser. Er wog sich täglich, und es herrschte große Aufregung, als er schließlich ein Pfund zugenommen hatte. Mutter tanzte praktisch durchs ganze Haus. Das war das Zeichen, auf das alle gewartet hatten, der Beweis, daß alles in Ordnung kommen würde.

Meine Mutter, deren Karriere zum Stillstand gekommen

war, fing an, mit Gregory Peck *Warum hab' ich ja gesagt?* *(Designing Women)* zu drehen. Mein Vater forderte Aurelio auf, den Thunderbird zur Inspektion zu bringen. »Ich nehme Stephen mal wieder nach Newport mit«, sagte er.

Das tat er auch. Aber nun war er zu schwach, um viel zu tun, und Pete, der Skipper, mußte das Boot flottmachen. Ich erinnere mich nicht an den Ausflug. Aber ich erinnere mich daran, wie ich mit meinem Dad an Deck stehe, seine Hand auf meiner Schulter. »Irgendwann werde ich dir beibringen, wie man segelt, Steve«, sagte er. »Ich glaube, du hast das Zeug zu einem guten Segler. Und dann können wir losfahren, du und ich und Pete, und auf Reisen gehen. Nur wir Männer.« Er lachte. »Die Frauen lassen wir zu Hause.«

Er fuhr noch häufiger zu seinem Boot hinaus, doch nicht zum Segeln, sondern um einfach an Bord zu sein. Eine Zeitlang sah es so aus, als hätte sich die dunkle Wolke verzogen.

Das war aber nicht der Fall. Mein Vater bekam plötzlich Schmerzen in der linken Schulter. Die Ärzte sagten ihm, das komme von verletzten Nerven, nichts Ungewöhnliches nach einer Operation. Aber als er wieder ins Krankenhaus mußte, eröffneten sie meiner Mutter die schreckliche Wahrheit: Der Krebs war zurückgekehrt.

Im Krankenhaus unterzog man ihn nun einer Stickstofflost-Therapie. Bogie wurde nicht über den erneuten Ausbruch seiner Krankheit informiert. Die Ärzte sagten ihm, sie behandelten die beschädigten Nerven. Seltsamerweise war mein Vater erleichtert, wieder für ein paar Tage im Krankenhaus zu sein, denn er haßte das Gefühl, uns zu Hause zur Last zu fallen.

Als er diesmal aus dem Krankenhaus kam, war er schrecklich schwach. Eines Abends brach er im Wohnzimmer zusammen. Mutter war entsetzt. Wie war es möglich, daß der unbezähmbare Bogie stürzte?

Sie stellte einen Pfleger ein, der ihn die Treppen hinaufund hinuntertragen sollte. Aber das funktionierte nicht. Als schließlich das Gehen für Bogie immer beschwerlicher wurde, besorgte Aurelio den Rollstuhl und richtete den Speiseaufzug als Fahrstuhl her.

Mittlerweile hatten Bogies Freunde die Hoffnung aufgegeben, er müsse »nur ein paar Pfund zulegen«, und sahen der Wahrheit ins Auge. Bogie würde sterben.

Was aber fühlte ich, frage ich mich heute. Dachte ich, Daddy würde sterben? Ich weiß es nicht genau. Meine Gefühle von damals sind größtenteils vergessen. Aber ich denke nicht, daß ich glaubte, mein Vater würde sterben, denn er glaubte es selbst nicht. Und falls er es doch tat, schirmte er seine Ängste vor uns ab.

Bogie benahm sich wie jemand, der vorhatte, noch lange zu leben. Zum Beispiel arbeitete er weiter an seiner Karriere, machte Pläne für Filme – sogar mit dem berüchtigten Harry Cohn.

Harry Cohn war damals der Boß von Columbia Pictures und der gefürchtetste und meistgehaßte Mann Hollywoods. Er war bekannt für seine Vulgarität und seine Skrupellosigkeit und für allerlei andere Dinge, wie zum Beispiel das Ausspionieren seiner Angestellten mit versteckten Mikrophonen. Er war ein vielschichtiger Mann, der seine schlimmen Taten hinausposaunte und Akte der Freundlichkeit geheimhielt.

Seiner Reputation als herzloser Hurensohn zum Trotz schien Cohn für meinen Vater Sympathien zu hegen. Bogie hatte als Leihgabe von Warner Brothers Filme für die Columbia gemacht, und er hatte sogar seine Produktionsfirma Santana Productions für eine Million Dollar an Columbia verkauft. Seinen letzten Film, *Schmutziger Lorbeer,* drehte Dad übrigens für die Columbia.

Jetzt, als Bogie erschreckend schnell abnahm und die meiste Zeit im Bett verbrachte, kündigte Cohn regelmäßig in der Presse an, mein Vater werde in *The Good Shepherd* auftreten, der Verfilmung eines Bestsellers von C. S. Forester. Er rief meinen Vater fast jede Woche an, um ihm zu sagen: »Die Rolle ist großartig, wir wollen bald anfangen, also schieb deinen Arsch hier rüber.«

Bogart erzählte einem Freund: »Ich sage dir, warum ich glaube, daß ich diese Sache besiegen werde. Wegen Harry Cohn. Er ruft dauernd an und sagt, ich soll zur Arbeit kommen. Du weißt, dieser alte Bastard würde nicht anrufen, wenn er nicht überzeugt wäre, daß ich es schaffe. Vielleicht ist er doch nicht so ein Mistkerl.«

Selbst meine Mutter war von dem, was Cohn tat, gerührt. »Harry Cohn wußte, Bogie würde es nicht schaffen«, sagte sie. »Aber er spielte das Spiel weiter.«

Die Freunde kamen nach wie vor zur Cocktailstunde, aber jetzt bestand meine Mutter darauf, daß nie mehr als zwei Besucher zur selben Zeit anwesend waren, und sie bat die Leute, vorher anzurufen und einen Termin auszumachen. Judy Garland und Truman Capote kamen und Adlai Stevenson und Richard Burton und David und Jennifer Selznick. Selbst Jack Warner, der der schlimmste Feind meines Vaters gewesen war. Und natürlich der innere Kreis, der keine Verabredungen treffen mußte: Sinatra, Niven, Hepburn, Tracy, Lazar und John Huston, der meinen Vater mit Geschichten von Dreharbeiten zu *Moby Dick* amüsierte, die er gerade abgeschlossen hatte.

Und sie saßen bei ihren Besuchen nicht weinend an Bogies Bett, sondern er kam zu ihnen, fuhr im Speiseaufzug hinunter, dann mit dem Rollstuhl ins Arbeitszimmer, wo sie tranken und lachten und kluge Sachen sagten. Sie fragten meinen Vater nicht, wie es ihm ging. Er haßte es, danach gefragt zu werden. Während seiner Krankheit herrschte eine Atmosphäre der Verleugnung. Bogie und seine Freunde waren stillschweigend übereingekommen, sich gegenseitig glauben zu machen, er würde wieder gesund werden.

John Huston erzählt: »Eines Abends saßen Betty, Bogies Arzt, Morgan Maree [der Manager meines Vaters] und ich im Wohnzimmer, als Bogie sagte: ›Jetzt seid mal ehrlich. Ihr macht mir doch nichts vor, oder?‹ Ich holte tief Luft und hielt den Atem an. Der Arzt versicherte Bogie schließlich, es seien die Behandlungen, weswegen er sich krank fühle und Gewicht verliere. Jetzt, da er sie hinter sich habe, werde sich sein Zustand schnell verbessern. Wir stießen alle ins gleiche Horn und verstärkten noch die Lüge. Er schien es zu akzeptieren.«

Meine Mutter sagt, sie hätten über seine Krankheit gesprochen, als handelte es sich nicht um lebensbedrohlichen Krebs, sondern um einen Virus, den er loswerden müsse. »Wenn jemand krank ist, muß man sich auf ihn einstellen«, sagte sie mir unlängst. »Wenn er so tun will, als wäre es eine Erkältung, dann tut man ebenfalls so. Man zwingt ihn nicht dazu zu sagen, es sei mehr als nur eine Erkältung. Aber in seinem tiefsten Inneren wußte er es.«

Vater klammerte sich an den Glauben, er werde wieder auf die Beine kommen, wenn er nur noch einen Film machen könnte. »Wenn ich bloß arbeiten könnte«, sagte er zu seinen Freunden. »Wenn ich bloß arbeiten könnte, käme alles wieder in Ordnung.«

In diesen Cocktailstunden war Mom die Gastgeberin, sie lachte, schenkte ein, gesellte sich dazu, hatte dabei aber immer ein Auge auf meinen Vater. Fühlte er sich wohl? Ging man auf ihn ein? Wurde er müde? Sie spielte die Beschützerin und sagte jedem, der zu Besuch kommen wollte, er solle lieber fernbleiben, wenn er sich nicht zusammenreißen könne. Sie bestand darauf, daß alle guter Stimmung waren. Man hielt schließlich keine Totenwache.

Als Clifton Webb einmal zu Besuch kam, war er schockiert, wie ausgemergelt mein Vater wirkte, aber er riß sich zusammen, vermutlich aus Furcht vor Bacall. Als er den Raum verlassen hatte, war es vorbei mit der Beherrschung, und er fing an zu schluchzen.

Spencer Tracy gehörte auch zu denen, die fortwährend gegen ihre Gefühle ankämpfen mußten. »Spence war vor und nach jedem Besuch völlig aufgelöst«, erzählte mir Kate Hepburn.

Es gab ein paar Freunde, die nicht zu Besuch kamen, und meine Mutter war darüber extrem wütend. Der Regisseur Richard Brooks ist einer, den sie erwähnte. Aber sie sagt, es habe auch andere gegeben.

Als sie sich darüber bei meinem Vater beschwerte, sagte er:

»Sie haben Angst vor dem Tod und wollen nicht daran erinnert werden. Ich bin auch nicht gern in Gesellschaft kranker Menschen. Ich bin nicht sicher, ob ich selbst mich besuchen würde.«

Es ist bezeichnend, daß diese Freundschaften während seiner letzten Wochen für Dad im Mittelpunkt standen, denn er hatte sich nie für jemanden gehalten, den die Leute besonders mochten. Diese Freunde bedeuteten ihm während seiner Krankheit alles. Ich erinnere mich an ein kleines schwarzes Notizbuch meiner Mutter, in das er die Namen von allen Leuten schrieb, die ihn besuchten oder Blumen und Karten schickten.

Mit der Zeit machten die Beteuerungen, er verliere nur ein bißchen Gewicht, dem Versprechen Platz, er werde das, was er widerwillig einen Kampf mit dem Tod nannte, gewinnen. »Ich werde ihn besiegen«, sagte er zu Swifty Lazar. »Im Grunde meines Herzens weiß ich, daß ich es schaffen werde.«

Während er allmählich eingestand, sein Feind war der Tod, gab er nie zu, daß er dabei war, diesen Kampf zu verlieren. Jeder, mit dem ich gesprochen habe, sagte dasselbe. Bogie gab nie zu, daß er im Sterben lag.

In den Filmen war mein Vater oft gestorben, besonders in den frühen Jahren. 1942 hatte er bereits 45 Filme gemacht. Achtmal war er dabei auf dem elektrischen Stuhl oder beim Henker gelandet, zwölfmal erschossen worden. Neunmal hatte er lebenslänglich bekommen. Aber in Wirklichkeit besaß Bogie einen unglaublichen Überlebenswillen und war nicht im mindesten bereit zu sterben.

Meine Mutter sagt: »Es gab nur zwei Situationen, in denen ich Bogie etwas sagen hörte, was in die Richtung ging. Das eine Mal befanden wir uns auf dem Weg ins Krankenhaus zu einer Operation. Er sagte zu mir: ›Ich habe noch nie zu Ärzten gemußt. Jetzt werde ich sie schätzungsweise für den Rest meines Lebens regelmäßig sehen.‹ Und das andere Mal war kurz vor seinem Ende, als Dr. Brandsma ihn besuchte. Bogie sagte zu Brandsma, er mache sich Sorgen: ›Also, Doc, entwickeln sich die Sachen so, wie Sie es erwartet haben?‹ – ›Ja‹, antwortete

Brandsma. Aber da war klar, daß er davon ausging, Bogie werde sterben. Abgesehen von diesen beiden Malen sprach Bogie nie darüber, an Krebs sterben zu müssen. Und auch ich dachte nie wirklich: Mein Mann wird sterben. Man gewöhnt sich einfach an dieses Leben. Ärzte kommen. Schwestern kommen. Irgendwie wird es normal, und man denkt, so bleibt es für immer. Er wird krank sein, aber nicht sterben.«

Alistair Cooke erzählte mir: »Dein Vater sprach nie übers Sterben. Und er war bis zu seinem Ende entschlossen, sich zwei Stunden täglich zusammenzureißen, um Freunde um sich haben zu können. Er schaffte es, alle davon zu überzeugen, daß er sich nur manchmal etwas unwohl fühlte, dabei hatte er in Wirklichkeit schreckliche Schmerzen.«

Andere Freunde meines Vaters erzählten dasselbe: Er gab nie zu, Schmerzen zu haben. Nicht einmal seinem Arzt gegenüber.

Eines Nachmittags kamen Samuel Goldwyn und Willie Wyler zu Besuch. Mein Vater war ungeheuer schwach zu der Zeit und sagte nur wenig. Dennoch reichte ihm meine Mutter einen Martini, und er tat sein Bestes, amüsant zu wirken. Selbst in seinen schlimmsten Momenten war er noch in der Lage, der Gesellschaft zuliebe gute Laune zu verbreiten.

Da kam die Schwester ins Zimmer. Es war Zeit für Dads Morphiumspritze.

Bogie sah sie an, dann seinen Besuch. Er hatte nie zuvor in Gegenwart von Gästen eine Spritze bekommen. Aber die Schmerzen waren zu stark selbst für ihn.

Er zog ein Bein seines Schlafanzugs hoch. Mittlerweile bestand er nur noch aus Haut und Knochen. Goldwyn war schockiert. Er sah weg, während die Pflegerin die Spritze setzte. Als es vorbei war, lächelte mein Vater, dem es unangenehm war, Goldwyn so schockiert zu haben, schwach. »Gegen die Schmerzen«, sagte er und dann: »Tut mir leid.« Nie wieder ließ er sich in Gegenwart von Gästen eine Spritze geben. Er zwang sich dazu, die eigene Schmerzschwelle hochzusetzen.

Was die Presse betraf, konnte mein Vater allerdings nicht so viel vertragen. Zuerst behandelten die Zeitungen ihn gut. Sie verfolgten ihn nicht allzusehr. Sie schrieben nicht, daß er Krebs hatte. Aber als er mit der Zeit nicht mehr bei Romanoff's gesichtet wurde und keine Filme mehr machte, konnten sie die sich ausbreitenden Gerüchte nicht länger ignorieren.

Carolyn Morris erzählt: »Die Reporter riefen an, und irgendwann schrie dein Vater, er werde sie verklagen, wenn sie behaupteten, er läge im Koma.« Dann warf er hustend den Hörer auf die Gabel.

Als ein Redakteur anrief, um zu kontrollieren, ob seine Reporter wirklich mit Bogart gesprochen hatten, sagte mein Vater zu ihm: »Wenn Sie Ihren Reportern nicht trauen, dann werfen Sie sie raus.«

Mein Vater explodierte, als Dorothy Kilgallen, eine Reporterin, die er haßte, schrieb, Bogie befinde sich im achten Stock des Los Angeles Memorial Hospital und er sei dem Tod nahe.

Besonders lustig an der Geschichte war, daß das Los Angeles Memorial Hospital gar nicht existierte. Aber mein Vater, der sonst fast alles erheiternd fand, erwies sich diesbezüglich als völlig humorlos. Er rief bei Kilgallens Zeitung an und beschwerte sich lautstark über die »dämliche Schlampe«.

Als er sich wieder einigermaßen beruhigt hatte, rief er Joe Hyams an und bat ihn, eine Erklärung von ihm abzudrucken. Während er sie verfaßte, kehrte Bogies Sinn für Humor offenbar wieder zurück. Er schrieb:

»Mich haben in letzter Zeit die vielen ungeprüften, haltlosen Gerüchte meinen Gesundheitszustand betreffend ziemlich beunruhigt. Nur um das mal klarzustellen, wie man in Washington sagt (und ich habe genauso das Recht dazu wie die in Washington), ein Großteil dessen, was geschrieben worden ist, hat mit der Wahrheit nichts zu tun. Es könnte nötig werden, daß ich ein Wahrheitsteam ausschicke, um sie alle zu verfolgen.

Ich habe gelesen, beide Lungenflügel seien mir entfernt

worden, ich hätte keine halbe Stunde mehr zu leben, ich kämpfte in irgendeinem Krankenhaus, das überhaupt nicht existiert, gegen den Tod, und mein Herz sei herausgenommen und durch eine alte Benzinpumpe aus einer aufgelassenen Tankstelle ersetzt worden. Ich war schon auf dem Weg zu jedem erdenklichen Friedhof von hier bis Mississippi, auch solchen, die meines Wissens nur Hunde zulassen. All das hat meine Freunde sehr aufgeregt, ganz zu schweigen von den Versicherungsgesellschaften ... Also, wie man es in Washington ausdrückt, laßt uns dem amerikanischen Volk die Wahrheit sagen – und hier ist sie.

Ich hatte einen kleinen Tumor im Oesophagus. Damit manche von Ihnen nicht ins Archiv laufen müssen, das ist die Röhre, die vom Hals in den Magen führt. Die Operation, bei der der Tumor entfernt wurde, verlief erfolgreich, obwohl es eine Zeitlang ungewiß war, ob ich oder der Tumor überleben würde.

Wie man in Washington sagt, es geht mir besser denn je zuvor, und alles, was ich brauche, sind 25 Pfunde, die mancher von Ihnen sicherlich erübrigen könnte. Vielleicht sollten wir so etwas wie eine Gewichtsbank für Bogart gründen, und, glauben Sie mir, ich bin nicht wählerisch, von welchem Teil Ihrer Anatomie das stammt.

Um zum Ende zu kommen: Wann immer Sie einen kleinen medizinischen Report über mich veröffentlichen wollen, rufen Sie einfach an. Ich stehe, wie man in der Alten Welt sagt, im Telefonbuch!«

Die Reporter riefen an. Aber nach wie vor erschienen ärgerliche Geschichten: BOGIE KÄMPFT UM SEIN LEBEN. NUR NOCH 35 KILO, BOGIE KÄMPFT GEGEN KEHLKOPFKREBS.

Im Dezember ließ sich die Wahrheit nicht länger verleugnen.

Weihnachten nahte und ging vorüber. Leslie und ich bekamen eine Menge Geschenke. Es war Dads 57. Geburtstag. Zwei

Wochen später hatte ich Geburtstag. Meine Mutter veranstaltete eine Party für mich mit vielen meiner Freunde.

Jeder wußte, daß das Ende bevorstand. Mittlerweile hatte Dad Schwierigkeiten zu atmen, und man brachte ihm Sauerstoffflaschen. Ich erinnere mich an zwei große grüne Flaschen, eine für oben, eine für unten.

Bald kamen die Freunde zum letzten Besuch.

Einer derjenigen, mit denen ich über die letzten Tage meines Vaters sprach, ist Phil Stern, ein bekannter Fotograf in Hollywood, der für *Look, Life* und die *Saturday Evening Post* Stars ablichtete. Mit seinen 75 Jahren ist er immer noch ziemlich aktiv in Hollywood.

Er erinnert sich an den Mapleton Drive, das herrliche Haus, den Hof, den Pool. Und er erinnert sich an seinen letzten Besuch bei meinem Vater.

»Es war wirklich ein Abschied«, sagt er. »Ich war nur einer von den vielen, den Hunderten, die kamen. Ich weiß noch, wie Bacall mich an der Tür begrüßte und sagte: ›Du kommst, um den großen Mann zu sehen.‹ Ich ging hinein, und Bogart lag auf der Couch. Er war ausgemergelt. Ich hatte gerade ein Buch mit Fotos veröffentlicht. Bogie hielt das Buch in der Hand. Er sah zu mir auf und sagte: ›Du hast gute Arbeit geleistet, Junge.‹«

Und Phil Gersh erzählt: »Kurz vor seinem Ende ging ich nach oben, das war das letzte Mal, daß ich ihn sah. Er wog nur noch vierzig Kilo.

›Hey, Kid‹, sagte er. ›Wo bleiben die Drehbücher?‹

›Sie sind im Wagen‹, antwortete ich. Das war so eine Redensart zwischen uns, ein Dialog, den wir oft bei Romanoff's geführt hatten.

›Und, für wen sind sie?‹

Ich nannte ihm ein paar Namen. ›Hal Wallis will dich haben‹, sagte ich – oder Joe Pasternak oder Stanley Kramer.

›Halten sie die Rollen offen für mich?‹

Ich sagte: ›Selbstverständlich, Bogie.‹ Er rauchte. Es machte zu dem Zeitpunkt auch keinen Unterschied mehr, nehme ich an.«

316

Die letzten Besucher meines Vaters waren Kate Hepburn und Spencer Tracy. In den vergangenen Wochen waren sie jeden Abend um halb neun gekommen. Tracy saß auf einem Stuhl am Bett, und Kate setzte sich neben ihn auf den Boden. Tracy erzählte Witze.

Mein Vater und Tracy waren dreißig Jahre lang miteinander befreundet. Es gab eine Zeit, als sie die besten Freunde waren, sich jeden Tag sahen und jeden Abend zusammen tranken. Tracy gehörte wie mein Vater zu den Weltklassetrinkern. Dann kam eine Zeit, in der sie sich nur selten trafen, und sie fanden sich anscheinend wieder, als sie beide Stars geworden waren. Die beiden paßten gut zueinander: Bogie sprach, und Tracy hörte zu. Obwohl sie in verschiedenen Kreisen verkehrten, standen sie sich immer nahe. Und sie bewunderten sich gegenseitig sehr wegen ihrer beruflichen Leistungen. Mein Vater behauptete, Tracy sei der beste Schauspieler überhaupt. Er sagte, bei ihm sehe man nie etwas Mechanisches: »Er verbirgt das, und er übertreibt nie; man hat nicht mal den Eindruck, er spielt. Ich versuche das ebenfalls, und es gelingt mir auch, aber nicht so wie Spence. Er hat einen direkten Kontakt zu einem Publikum, das er nie sieht.«

An jenem Abend benötigte Spencer Tracy sein ganzes schauspielerisches Geschick, denn er war am Ende.

Kate Hepburn hat mir diesen letzten Besuch so beschrieben: »Ich begleitete Spencer. Wir verbrachten einige Zeit mit deinem Vater. Bevor wir gingen, gab ich ihm einen Gutenachtkuß, wie jedesmal, und Spencer legte eine Hand auf Bogies Schulter. Bogie schenkte ihm eines dieser großartigen Bogart-Lächeln und sagte: ›Auf Wiedersehen, Spence‹, aber diese Worte, Stephen, sie waren so bedeutungsvoll. Man wußte, Bogie meinte es als endgültigen Abschied, denn in der Vergangenheit hatte er immer gute Nacht gesagt und nicht auf Wiedersehen. Wir gingen die Treppe seines hübschen Hauses hinunter, und Spence blickte mich an. Er war schrecklich traurig, und er sagte zu mir: ›Du weißt, daß Bogie sterben wird.‹ Er meinte damit, Bogie würde sehr bald sterben.«

Obwohl mein Vater während seiner Krankheit fast nie über das Sterben sprach, sieht es so aus, als habe er es gegen Ende gewußt. Selbst sein Arzt berichtet, Bogie habe sich bei seinem letzten Besuch verabschiedet und ihm für alles gedankt, was er für ihn getan hatte. »Ich bin sicher, an jenem Abend wußte er, daß er sterben würde«, sagt Brandsma.

Nachdem Tracy und Hepburn gegangen waren, sahen sich meine Mutter und mein Vater *Urlaub in Hollywood (Anchors Away)* an, einen Film mit Gene Kelly und Frank Sinatra. In letzter Zeit hatte meine Mutter in einem anderen Bett geschlafen, um Bogies Schlaf nicht zu stören. Aber an jenem Abend bat er sie, bei ihm zu bleiben. Die Nacht wurde für beide der reinste Horror. Dad litt die ganze Zeit unter klaustrophobischen Alpträumen, zupfte ständig an seinem Körper herum, griff sich an die Brust, rang darum, wie es schien, seinen Körper zu verlassen. Ich kann nur versuchen, mir vorzustellen, was meine Mutter durchmachte, während sie hilflos neben ihm lag. Später erfuhr sie, das so etwas vor dem Tod häufig vorkommt.

Am Morgen schien es Dad etwas besser zu gehen, wie immer, wenn der Tag anbrach. Es war Sonntag, und Mutter brachte Leslie und mich zur Sonntagsschule in die All Saints Episcopal Church. Als sie zurückkam, sprachen sie und Dad eine Weile miteinander, und als sie aufbrach, um uns wieder abzuholen, sagte er zu ihr: »Auf Wiedersehen, Kleine.« Das waren die letzten Worte, die er an sie richtete, und später wurde es in der Presse so dargestellt, als hätte Bogie gewußt, daß das seine letzten Worte sein würden. Aber meine Mutter sagt, er habe auf dieselbe Weise »Auf Wiedersehen, Kleine« gesagt, wie er es immer getan hatte.

Als meine Mutter mit uns nach Hause kam, lag mein Vater im Koma.

Dr. Brandsma wurde gerufen. Er sagte meiner Mutter, Bogie würde möglicherweise aus dem Koma wieder erwachen, aber es sei wahrscheinlich, daß dies das Ende bedeutete. »Er hat mehr als irgendein anderer gekämpft«, sagte Brandsma zu ihr. »Und er hat länger gelebt, als wir erwarten durften. Er hätte schon vor vier Monaten sterben müssen, aber das hat er nicht getan, denn er hat einen so starken Willen.«

Meine Mutter zitterte. »Was ist mit Steve?« sagte sie. »Wie erklärt man einem achtjährigen Jungen, daß sein Vater im Sterben liegt?« Sie fragte Brandsma, ob er mit mir reden könne.

Dann rief sie mich ins Walnußzimmer. »Steve, Dr. Brandsma möchte mit dir sprechen.«

Mutter sagte mir, ich solle mich setzen. Ich muß etwas von dem Schlimmen geahnt haben, was mich erwartete, denn ich erinnere mich, wie ich auf der Stuhlkante saß. Brandsma saß mir gegenbüber.

»Stephen«, sagte er, »du weißt, daß dein Daddy sehr krank ist.«

»Ja.«

»Und ich habe alles versucht, damit es ihm wieder bessergeht«, fuhr er fort. »Aber das war nicht genug.«

Ich nickte.

»Stephen, dein Dad schläft jetzt. Er wird vielleicht in einen noch tieferen Schlaf fallen. Und vielleicht wird er nicht mehr aufwachen. Verstehst du, was ich dir zu sagen versuche?«

Ich nickte. Meine Mutter hatte ihren Arm um mich gelegt. »Stephen, verstehst du, was der Doktor sagt?«

Ich rannte aus dem Zimmer.

Später fand mich meine Mutter. »Daddy schläft jetzt ganz tief«, sagte sie. »Komm, laß uns zu ihm gehen.« Wir betraten das Zimmer, in dem der schreckliche Geruch nach Krankheit und körperlichem Verfall hing. Wir setzten uns auf das Bett. Mutter fürchtete sich mehr als ich. Dann nahmen wir gemeinsam Bogies Hand und saßen da, ohne miteinander zu sprechen, in unsere Gedanken und Gefühle versunken. Einen Augenblick später beugte ich mich zu meinem Vater hinunter und küßte ihn auf die Wange. Mutter tat dasselbe.

Später fand sie mich erneut im Schlafzimmer, wo ich neben dem Bett mit meinem schlafenden Vater stand. Sie fragte mich, warum ich zurückgekommen sei. »Weil ich es wollte«, sagte ich.

Das ist also die ganze Geschichte. Ich kenne sie aus den Gesprächen mit meiner Mutter und in Bruchstücken aus meiner eigenen Erinnerung. Die meiste Zeit meines Lebens konnte ich nur raten, was ich damals fühlte: Angst, Wut, Trauer wegen des Verlusts. Ich konnte mir nur einen Teil der Szene ins Bewußtsein rufen, so als hätte ich lediglich von einem Versteck aus einen kurzen Blick darauf geworfen. Und ich erinnerte mich an keine meiner Empfindungen. Erst in letzter Zeit ist einiges zurückgekehrt – Blicke, geflüsterte Worte und ein so schmerzhaftes Bedauern, daß mir dafür die Worte fehlen.

An jenem Abend kam die Schwester zu meiner Mutter. »Mrs. Bogart«, sagte sie, »Mr. Bogart ist gestorben.« Meine Mutter weinte die ganze Nacht. Da sie die ganze Zeit so getan hatten, als handelte es sich um eine vorübergehende Infektion und als befände Bogie sich auf dem Weg der Besserung, hatte meine Mutter so vieles zurückhalten müssen. Doch jetzt, da er fort war, brachen all diese gefangenen Emotionen aus ihr heraus. Sie konnte endlich die Gefühle ausleben, die sie seit Monaten zu leugnen versucht hatte. Ich frage mich manchmal, ob diese Bruchstücke von Erinnerungen, die ich habe, genug sind oder ob ich nicht auch so einen Moment brauche.

Bei Tagesanbruch kam sie in mein Zimmer.

»Mein Liebling, es tut mir so leid, dein Vater ist heute morgen gestorben.«

Sie sagt, ich hätte dagelegen und mir mit den Fäusten die Augen gerieben. Meine Augen seien feucht und rot gewesen, aber ich hätte nicht geweint.

»Ist er im Himmel?« fragte ich.

»Ja, er ist im Himmel«, sagte sie. »Und er sieht auf uns herab, also mußt du tapfer und stark sein. Er war so stolz auf dich. Und er hat dich sehr geliebt.«

Dann ging sie zu Leslie und erzählte es ihr. Ich erinnerte mich, daß Leslie weiterspielte, während meine Mutter es ihr erzählte, und da ich traurig war und Leslie einfach spielte, dachte ich, das mache mich irgendwie zu etwas Besserem als sie. Natürlich spielte Leslie weiter. Sie war erst vier Jahre alt.

Ich verlor also meinen Vater, als ich acht war, und binnen eines Jahres verlor ich auch noch mein Zuhause, meine Schule und meine Freunde. All diese Verluste, an die ich mich erinnere, bereiteten mir natürlich Kummer. Aber etwas war in jenen letzten Wochen passiert, das mir mein ganzes Leben lang noch mehr Kummer bereitet hat. Eines Tages war ich im Zimmer meines Vaters. Ich weiß nicht, ob ich mit ihm redete oder einfach nur spielte. Und ich weiß nicht, ob es Tage oder Wochen vor seinem Tod war. Aber nachdem ich wieder draußen war, bat mein Vater meine Mutter, mich und Leslie nicht mehr zu ihm zu lassen.

Ich bin jetzt 45 Jahre alt und kann mir ungefähr ausmalen, was mein Vater damals empfand, was ihn dazu brachte, so etwas zu sagen. Der Schmerz, die eigenen Kinder dem aussetzen zu müssen, wie schwach und dünn er war und wie bemitleidenswert, muß unerträglich für ihn gewesen sein. Er muß geweint haben bei dem Gedanken, uns nicht aufwachsen sehen zu können. Vielleicht war es für Bogie sogar quälender als der Krebs selbst, seinen kleinen Jungen und sein kleines Mädchen in der Sonne spielen zu sehen, die durch das Schlafzimmerfenster schien, und zu wissen, das Licht würde viel zu bald erlöschen.

Aber es ist der große Steve Bogart, der sich mit seinem Erwachsenenverstand diese Dinge zusammenreimt. Damals war ich acht Jahre alt. Und ich habe das Gefühl, ihn nicht sehen zu dürfen, irgendwie ausgesperrt zu sein, von meinem Vater in seinen letzten Tagen zurückgewiesen zu werden, all die Jahre am Leben erhalten. Die Erinnerung an dieses Gefühl hat mich immer begleitet. Vielleicht erklärt das zu einem Teil, warum ich mich stets weigerte, über das Leben meines Vaters zu sprechen.

Dad in seinem Element, auf der Santana (1952)
Copyright © 1978 by Sud Avery/MPTV

Mutter und ich stehen hinter dem Haus. Wir starren auf den Swimmingpool.

»Der war noch nicht da, als wir hier einzogen«, erklärt sie. »Ich habe ihn für euch Kinder bauen lassen.«

Sie deutet auf die Stelle, wo Leslie und ich vor Jahrzehnten unsere kleinen Fußabdrücke im Zement hinterließen. Von unseren Erinnerungen überwältigt, stehen wir am glitzernden Wasser, als steckten jetzt unsere Füße im Zement. Unser Besuch im Haus am Mapleton Drive ist zu Ende, aber wir sind noch nicht bereit zu gehen. Es weht ein leichter Wind, und ich höre das leise Plätschern des Wassers, wenn es an die Ränder des Swimmingpools schlägt. Ich hole eine Erinnerung hervor, die ich schon viele Male hervorgeholt habe.

Ich segle mit meinem Vater auf seinem Boot nach Catalina. Dann bin ich am Strand. Mein Vater ist auf dem Boot. Er schickt Pete im Skiff, um mich zu holen. Aber ich will nicht geholt werden. Ich will zu Dad hinüberschwimmen, will ihm zeigen, wie gut ich das schon kann. Ich winke ihm zu. »Ich schwimme zu dir«, rufe ich. Er ruft Pete zu, er solle mich schwimmen lassen, aber im Auge behalten. Ich fange an zu schwimmen.

Das Wasser ist kalt, und an der Oberfläche schwappt es und spritzt mir von Zeit und Zeit ins Gesicht. Ich halte meinen Mund geschlossen, aus Angst, Wasser zu schlucken. Ich schlage mit den Beinen, wie es mir beigebracht worden ist. Mit den Armen rudere ich wild vorwärts. Ich kann gut schwimmen, denke ich.

Mein Vater steht auf dem Vorderdeck und sieht mir zu. Er hält die Hände an den Rand seiner Fischermütze, um die Sonne abzuschirmen. Er feuert mich an, als wäre es ein Wettrennen und ich sein Favorit. »Komm schon, Steve, mein Junge!« Ich schwimme weiter. Ich will bei ihm ankommen. Ich will nicht versagen.

Ich höre nicht auf zu schwimmen, doch das Boot scheint jetzt weiter weg als am Anfang. Ich fühle langsam ein Brennen in meiner Brust. Ich bin müde, aber entschlossen, und ich werfe meine Arme nach vorne und schaufle das Wasser hinter mich. Dad feuert mich an. Die Santana schaukelt ein wenig. »Läuft prima, Steve«, ruft mein Vater. Pete bleibt mit dem Skiff in meiner Nähe. Ich schwimme weiter. Schließlich kommt das Boot näher. Ich schaffe es, denke ich. Ich schwimme energischer und atme schneller. Ich werde es schaffen. Ich fühle mich so gut. Kurz vor dem Ziel sammle ich meine letzten Kräfte für einen Endspurt. Ich habe es geschafft, denke ich, ich bin bis zum Boot, denke ich, ich bin bis zum Boot geschwommen. Ich fange an, die Leiter hinaufzuklettern. Mein Vater kommt aufgeregt angelaufen und hilft mir an Bord. Ich habe den ersten Platz erreicht. Er hebt mich hoch und wirbelt mich herum. »Großartiger Lauf, Junge«, sagt er. »Ich bin so stolz auf dich.«

Die Erinnerungen kommen jetzt rasch, und während die Santana vor meinem inneren Auge verblaßt und Mutter und ich schließlich den Pool verlassen, schießt mir plötzlich eine andere Erinnerung durch den Kopf, ein Vorfall, der sich erst ein paar Wochen vor diesem Ausflug nach Kalifornien ereignet hat.

Ich bin zu Hause und sehe mir die Videos alter Familienfilme an. Da ist mein Vater, der mich kopfüber im Hof herumschwingt. Da sind Leslie und ich, wie wir im Pool planschen. Da ist mein Hund Harvey, der über die Wiese läuft. Da ist die junge Bacall mit ihrem Bogie. Plötzlich ist ein Bild von mir als Erwachsenem über den Bildschirm geblitzt. Ich bin verwirrt.

»Wie ist das Bild von mir auf dieses Band gekommen?« frage ich Barbara.

Sie sieht mich mit einem seltsamen Blick an. »Steve«, sagt Sie. »Das bist nicht du. Das ist dein Vater.«

Ich sehe mir die Stelle erneut an. Barbara hat recht. Zum ersten Mal sehe ich mich im Gesicht meines Vaters. In letzter Zeit habe ich immer öfter etwas von meinem Vater in mir gesehen. Ich habe mich mit Fragen beschäftigt, die sich mir nie

zuvor gestellt hatten. Bin ich der Sohn meines Vaters? Auf wel-
che Weise sind wir uns ähnlich? Worin unterscheiden wir
uns?

Jetzt, als meine Mutter und ich um das Haus am Mapleton
Drive herum zum Vorgarten gehen, erscheint mir der Morgen
sehr hell – wie in meiner Kindheit. Den Geruch des Grases und
der Bäume erlebe ich wie zum ersten Mal. Ich fühle mich, als sei
ich am Ende zweier Reisen angelangt, die alle Menschen auf die
eine oder andere Weise machen müssen. Die eine Reise trat ich
vor einem Jahrzehnt an, als meine Frau zu mir sagte: »Finde
etwas über deinen Vater heraus.« Die andere, eine Reise der
Selbsterkenntnis, kann ein Leben dauern oder ein Jahr oder
einfach nur die Zeit, die es braucht, durch ein Haus zu gehen, in
dem man einst gelebt hat.

Deine Suche ist vorbei, denke ich. Die Worte kommen mir
plötzlich, als hätte sie der Wind herangetragen. Ich habe die
meiste Zeit meines Lebens damit zugebracht, vor dem Schatten
meines Vaters davonzulaufen, doch nun habe ich erkannt, daß
wahr ist, was Barbara zu mir gesagt hat: Ich muß ihn nicht, nur
weil ich kein Leben als »Bogies Sohn« führen will, ignorieren.
»Bogie hin oder her, er war immerhin dein Vater«, sagte sie.

Wenn ich es auch vorher nicht wußte, so weiß ich es doch
jetzt, da ich im Hof des Hauses meiner Kindheit stehe: Bei die-
ser Suche geht es darum, mein eigenes Leben und das meines
Vaters zu betrachten und möglichst herauszufinden, was die
beiden – wenn überhaupt – miteinander zu tun haben. Es
kommt mir vor, als sei ich auf eine sehr reale Weise endlich zu
Hause angekommen. Ich will meinen Vater umarmen und
nicht vor ihm davonlaufen. Ich weiß, daß es mir nun leichter
fallen wird, über ihn zu sprechen. Und zwar nicht nur in
schriftlicher Form, sondern auch, wenn ich meinen Kindern
von ihrem Großvater erzähle und wenn ich Fremden antworte,
die zu mir sagen: »Sie sind also Bogies Junge, was?« Meine
Mutter und ich sind schweigsam, als wir an diesem Morgen
von dem Haus am Mapleton Drive wegfahren. Ich liebe sie. Sie
ist meine Mutter, und selbst wenn sie meine Schwester und

mich zum Wahnsinn treibt, so liebt sie uns doch. Wir wollen noch ein paar von Humphrey Bogarts alten Freunden besuchen. Ich freue mich darauf, die Leute zu sehen und ihnen Fragen zu stellen. Aber ich freue mich auch darauf, diese Reise hinter mich zu bringen und nach New Jersey zu fliegen, nach Hause. Ich vermisse die Kinder.